互补产品供应链的决策与优化研究

邵灵芝 著

U0432931

东南大学出版社
SOUTHEAST UNIVERSITY PRESS
·南京·

图书在版编目(CIP)数据

互补产品供应链的决策与优化研究 / 邵灵芝著. —
南京 : 东南大学出版社, 2021.12
ISBN 978-7-5766-0016-2

Ⅰ. ①互… Ⅱ. ①邵… Ⅲ. ①产品管理-供应链管理
-研究 Ⅳ. ①F273.2

中国版本图书馆 CIP 数据核字(2021)第 280721 号

责任编辑:张丽萍 **责任校对**:张万莹 **封面设计**:王 玥 **责任印制**:周荣虎

互补产品供应链的决策与优化研究

Hubu Chanpin Gongyinglian De Juece Yu Youhua Yanjiu

著　　者	邵灵芝
出版发行	东南大学出版社
社　　址	南京市四牌楼 2 号(邮编:210096 电话:025-83793330)
经　　销	全国各地新华书店
印　　刷	广东虎彩云印刷有限公司
开　　本	700mm×1000mm 1/16
印　　张	12.5
字　　数	224 千字
版　　次	2021 年 12 月第 1 版
印　　次	2021 年 12 月第 1 次印刷
书　　号	ISBN 978-7-5766-0016-2
定　　价	38.00 元

本社图书若有印装质量问题,请直接与营销部联系,电话:025-83791830。

前言

随着生产分工的精细化和市场竞争的日益加剧，互补产品市场已经成为产业竞争力和企业竞争优势的重要形成因素，捆绑销售和联合定价等互补品战略被越来越多的企业重视和应用。然而，科学技术的飞速发展和全球一体化的快速推进，使得供应链在全世界范围延伸，逐步演化成为一个遍布全球的复杂网络系统。在这样的实践背景下，互补产品供应链的决策与优化研究受到越来越多的关注，其研究目的在于利用互补产品的相关性，研究供应链中互补产品企业的定价、库存、销售和创新等运营决策的优化，使企业和供应链绩效有所提升。

本书从企业和供应链管理的理论、方法等基本知识入手，以互补产品供应商和销售商组成的互补产品供应链为研究对象，运用博弈理论、优化理论、消费者行为理论和创新理论，以提高企业销售利润和改善其所在供应链绩效为目标，定量求解和定性分析相结合，基于互补产品的相关性、捆绑效应和创新溢出效应，分别考虑供应链成员的竞争与合作行为，市场终端的消费者策略行为，以及绿色供应链管理背景下的产品绿色创新行为，系统地研究了互补产品供应链的定价、捆绑和创新决策，以及竞争、合作和营销等优化策略。

本书较为广泛地涉及互补产品和供应链管理的多个方面，根据各个研究内容的重要性，对部分内容进行了初步探讨，对另一部分内容进行重点展开研究。主要研究内容共分为 8 章：第 1 章为绪论，第 2 章为考虑捆绑效应和供应链权力结构的互补产品捆绑和定价决策研究，第 3 章为考虑供应链合作的互补产品供应链捆绑与合作策略研究，第 4 章为考虑供应链竞争的互补产品捆绑和产品竞争策略研究，第 5 章为考虑消费者策略行为的互补产品捆绑与升级策略研究，第 6 章为考虑产品绿色创新的互补产品创新与扩散决策研究，第 7 章为考虑产品绿色创新的互补产品绿色营销与捆绑策略研究，第 8 章为总结与展望。

本书的研究成果将有利于丰富和完善互补产品供应链管理的相关研究理论和方法，帮助企业有效实施互补产品战略，提高运营绩效和市场竞争力，同时有助于提高供应链的整体竞争力。由于时间仓促，本人能力水平有限，本书还有很多不足之处，敬请广大专家和读者批评指正。

邵灵芝

2021 年 6 月

目录

第1章

绪　论

随着生产和消费的精细化和全球化，以及市场竞争的日趋激烈，互补产品战略已经成为一个产业或企业的重要决策内容之一。如何在供应链管理视角下，基于互补产品的相关性，通过互补产品定价、捆绑销售等策略提高企业利润、优化供应链绩效、实现产品升级、促进绿色创新和应对市场竞争成为供应链管理亟需解决的问题。因此，开展互补产品供应链的决策和优化研究，为企业合理、有效地实施互补产品战略，提高利润和市场竞争力提供科学决策依据，具有重要的理论意义和应用价值。

DIYIZHANG

1.1 研究背景与意义

当消费者为了获得某种效用，需要同时购买两种或以上的商品时，这类商品被称作互补产品，例如计算机硬件和软件、DVD 播放器和 DVD、牙膏和牙刷、家用电器和延伸服务等。与普通替代性商品不同，由于产品功用的互补性，互补产品的销售是相互促进的，面向同一目标市场的互补产品企业之间的需求甚至收益是相互关联的。因此，其中一个企业的决策行为也会影响其他互补企业的市场行为和表现，例如当惠普（HP）全面推出激光打印机时，佳能（Canon）也随之向市场提供相应的配件；思科（Cisco）和 HP 推出了联合品牌支持服务，共同营销他们的产品。

在日趋激烈的市场竞争中，互补产品战略正是产业发展的重要竞争手段和决策因素。1985 年，波特在著名的《竞争优势》一书中详述了他对互补产品战略的看法，提出了三种重要的战略实践：控制互补产品、捆绑式经营、交叉补贴。1986 年，格鲁夫在波特五力分析架构中加入第六种影响产业竞争的因素——协业者的力量，即互补产品生产者，他认为互补产品企业之间通常拥有共同的利益，但这种平衡的共生关系也可能因为新技术、新方法或科技的出现而改变。1996 年，Branden Burger 和 Nalebuff 提出了价值网的概念，认为互补产品作为影响厂商获利的五个来源之一，在许多商业规划中是普遍存在的，尤其是当企业处于发展新的商业模式时，互补产品的角色显得格外重要。2001 年，黄太和提出的影响厂商获利能力最主要的八个方面，其中就包括互补产品的助力，认为互补产品对于厂商的获利而言具有提升价值。2005 年，项保华基于波特的钻石模型提出六力互动模型，认为对许多企业来说，在市场开拓和渠道建设中，可以考虑互补产品战略，但需要准确判断两种产品之间的互补关系和互补程度，同时还需要注意互补企业之间短期内存在的“多分饼”竞争冲突。

在企业的运营实践中，互补产品战略提供了新的利润增长点和竞争优势。联想在早期发展过程中正是通过互补产品策略弥补了其技术和品牌的劣势：在硬件设备之外提供了更多硬件的互补产品——软件和服务内容上的支持。Microsoft 和 Intel 共同维护的 Wintel 联盟，通过互补产品战略成功取代 IBM 在 PC 市场上的主导地位，垄断桌面端长达 20 多年。早在 1939 年，通用汽车公司就开始了一项创造性的计划，从而引起了汽车行业新的变革。在这项创新计划中，通用公司成立了通用金融公司，为那些渴望拥有最新款式汽车的消费者提供更好的资金支持，从而使那些通用汽车的忠实客户能够从通用获得更好的产品服务组合。美国无线服务供应商威瑞森在发现顾客对应急救援服务的潜在需求后，将路边救援服务整合到他的移动电话服务中，威瑞森的用户只需要每月增加少许费用，即可以通过电话上的一两个按键获得最近的拖车、机械修理等紧急服务。德国著名相机品牌徕卡，在 2016 年选择牵手华为，试图通过改变以往的产品策略，借助互补优势来应对相机行业整体下滑的困境。

从消费者的角度来看，互补产品的定价决策和捆绑销售等策略都会给其消费行为和效用带来较大的影响。当互补产品制造或销售企业提供捆绑销售时，消费者可以获得其面临问题的整套解决方案，从而在消费中获得便利、节省和专业等一系列的额外增值效用，体现为对商品总体验价值的增加。例如汽车经销商通常会有汽车和金融贷款服务的捆绑产品，或汽车与延伸服务的捆绑产品，为消费者提供整套的汽车购买和使用方案。涂料企业立邦 2011 年在上海推出刷新服务，将涂料和服务进行捆绑销售，为消费者提供墙体刷新的一站式整套解决方案。在一站式涂刷服务中，购买立邦涂料的消费者不需要另行寻找专业的喷涂服务，也省去了那些繁琐的移除、搬运等辅助工作。再例如，旅行社推出的旅游线路产品，通过将交通、住宿、游乐和餐饮等服务进行整合，为消费者提供一整套的旅游方案，而消费者无须再为在一个陌生的地点寻找合适的住宿和餐饮而烦恼，也不需要同时与多人洽谈来完成一次美好的旅行。除此之外，互补产品的捆绑销售在日常生活中也颇为多见，沃尔玛和苏果卖场会有牙膏和牙刷、洗发水和护发素的捆绑销售，苏宁电器可能将电饭煲和延保服务捆绑销售，中国移动会将手机和通信服务捆绑销售。

在供应链运营环境方面，随着绿色发展理念成为当代经济社会发展的必然选择，产品的绿色创新和此背景下的供应链管理成为国内外企业的重要运营实践。华为在《2013 年华为可持续发展报告》中明确提出了“绿色供应链计划”，将生态设计和循环经济要素纳入产品全生命周期管理，开展绿色供应链管理试点，提出以市场为导向，通过节能、环保制造，提升企业市场竞争力。联想通过“绿色生产＋供应商管理＋绿色物流＋绿色回收＋绿色包装”五个维度和一个“绿色信息披露(展示)平台”来打造公司绿色供应链体系。2017 年，国家标准化管理委员会正式发布的《绿色制造——制造企业绿色供应链管理导则》中，对绿色供应链进行了定义。2017 年 10 月，国务院办公厅印发的《关于积极推进供应链创新与应用的指导意见》明确要通过大力倡导绿色制造、积极推行绿色流通等途径，倡导和构建绿色供应链。然而，实践证明绿色供应链管理是全生命周期和全方位的，贯穿在绿色产品生产、销售和回收等环节中，既涉及供应链上下游企业，同时还需要兼顾相关互补产品企业的利益冲突。互补产品（例如汽车与车载设备、汽车服务等；打印机与墨盒、纸张等耗材；家用电器与延伸服务；相机与胶卷；灯具与灯泡）在绿色创新的投入决策和销售运营等方面均存在相互影响和溢出效应，互补产品企业以及零售商在共同分享绿色创新带来的市场绩效的同时，也存在绿色成本投入和运营决策方面的博弈，例如是否同时进行绿色创新和绿色营销、如何进行最优定价和绿色度决策等。

因此，尽管互补产品捆绑会给消费者带来商品体验价值的增加，从而影响企业的产品需求和运营决策，但在面对越来越复杂的供应链环境、结构和成员行为时，互补产品的捆绑销售策略和定价决策变得更加复杂，实施效果也更加模糊。例如，供应链中企业能否通过互补产品捆绑和定价策略实现在生产、交易以及销售成本方面的节约，进而寻找到另一个利润增长途径？市场中在位企业通过捆绑销售是否能够应对竞争、提高利润？在绿色供应链背景下，互补产品如何进行定价和绿色创新决策、捆绑销售策略是否有利于鼓励供应链成员的绿色创新？供应链中企业对于互补产品定价决策和优化更成为一个亟待解决的问题。

在互补产品供应链中，涉及多个供应商和零售商，供应商之间、零售商之间可能同时存在替代竞争和互补关系。因此，互补产品供应链的决策较传统供应链更为复杂，企业的捆绑和定价策略更需要考虑供应链结构、成员间的竞合关系、供应链终端消费者需求特征以及绿色供应链管理新要求。首先，供应链结构是供应链成员进行运营决策的基本环境和假设，同时也是影响成员决策和绩效的重要影响因素。其次，供应链成员间的竞争合作行为和捆绑定价决策是供应链管理的重要内容，同时也相互影响，捆绑策略可能成为供应链成员应对竞争、提高收益的有效手段，而在不同的竞争行为下，成员应该选择合适的定价模式和捆绑策略。再次，供应链终端市场中的顾客越来越会主动趋利避害，表现出行为的策略性，例如有充分耐性的顾客可能会故意等待商家的降价措施而延迟消费。一些研究已经证明消费者策略行为会给供应链管理带来一些麻烦，例如订单决策、库存问题、定价问题等。因此消费者的策略行为必然成为企业进行互补产品捆绑和定价决策时需要考虑的重要因素之一。最后，绿色供应链背景下，产品的绿色创新给互补供应链管理实践和理论带来了新的问题。例如是否同时投入绿色创新技术、考虑互补产品的绿色产品线和产品兼容性如何选择，以及是否采用捆绑策略、捆绑产品组合问题等。而面对供应链下游销售商，实施绿色创新的互补产品企业则需要思考绿色互补产品的扩散渠道和运营模式问题，以及对销售企业的激励政策。

因此，从供应链视角，考虑供应链结构、供应链成员竞争合作行为、消费者策略行为和产品绿色创新，基于互补产品捆绑效应和绿色创新溢出效应研究互补产品的捆绑和定价决策，对企业实践和理论发展都是非常重要的。研究成果将有助于拓展供应链管理理论与方法，且具有重要的实践应用价值，帮助企业管理者认知并有效运用互补产品战略，形成更加有效的供应链管理解决方案。

1.2　国内外研究动态及发展现状

根据本书的研究内容，着重从四个方面对研究现状进行分析。

1.2.1　互补产品捆绑与定价

1. 捆绑销售策略研究

捆绑销售就是将两个或更多的独立商品作为一个整体进行销售[1]。捆绑销售策略在市场中被广泛应用，同时也受到了市场理论研究的关注，Drumwright 研究发现捆绑销售的承诺会促使消费者购买比平常更多的产品[2]，Johnson 等研究了价格信息的捆绑对消费者估价是否有影响，以及影响程度[3]。早期市场营销文献中对捆绑销售的研究主要包括捆绑策略的优化（Bakos 和 Brynjolfsson[4-5]；Eppen，Hanson 和 Martin[6]；Wilson，Weiss 和 John[7]）；消费者对捆绑产品的估价（Soman 和 Gourville[8]；Yadav[9-10]）；企业的定价和捆绑促销政策（Ansari，Siddarth 和 Weinberg[11]；Ben-Akiva 和 Gershenfeld[12]）。另外，经济学者们主要关注了垄断企业捆绑策略的优化（Carbajo，De Meza 和 Seidmann[13]；Pierce 和 Winter[14]；Preston McAfee[15]）；捆绑策略的均衡理论（Chen[16]；Kanemoto[17]；Matutes 和 Regibeau[18]）以及捆绑策略对社会和个人福利的影响（Martin[19]；Salinger[20]）。下面对近期有关捆绑销售的研究文献进行梳理，按照研究背景的市场结构主要分成两类：垄断市场和竞争市场。

在垄断市场中，企业通过相关产品的捆绑销售来减小市场中消费者对商品保留价值的差异性，从而有利于实施价格歧视，获得更高的垄断利润。Olderog和Skiera[21]基于Schmalensee[22]的模型，利用仿真研究分析了纯捆绑、混合捆绑和不捆绑三种销售策略对垄断企业利润和销售的影响，研究结论证明了在何种条件下某种销售策略是最优的，每种策略下企业的利润和销售差距，以及相应的价格特征。Fang和Norman[23]研究了有限产品在价值服从独立对称的对数凹函数分布情形下，捆绑销售策略有效的条件。McCardle等[24]考虑捆绑产品对零售经营的影响，通过建立模型，求解得到了基本产品和时尚产品的最优捆绑定价、订购数量以及捆绑利润，分析了捆绑有效性的条件和建议，研究结论认为捆绑销售策略的有效性与单个产品的需求、捆绑成本，以及捆绑产品之间的相关性有关。Eckalbar[25]基于商品价值的独立均匀分布，求解得到了垄断企业在单独销售、纯捆绑和混合捆绑策略下的最优定价、订购量、利润以及消费者剩余等的最优解，比较了不同捆绑形式下的定价和利润，进而分析了产品成本、产品相关性、替代或互补性对捆绑策略的影响。Chen等[26]利用连接函数建立产品价值之间的随机依赖性模型，研究了产品捆绑有效性的一般性条件，认为当产品的消费者价值之间是独立的、负相关的或者非常微弱的正相关时，多产品垄断企业采用混合捆绑销售比单独销售更有利于利润提高。Prasad等[27]考虑在策略型和近视型混合的消费者市场中的垄断厂商，通过建立模型，对比研究了混合捆绑策略和另一种联合营销模式[保留产品定价(Reserved Product Pricing (RPP)即给予某一种商品买家另一种商品的较大折扣优惠]。研究结论发现，当市场中的近视型消费者所占比例适当，保留产品定价模式相对于混合捆绑策略更有利于提高企业利润。Ma和Mallik[28]考虑由一个制造商和一个零售商组成的供应链，利用博弈理论模型对比研究零售商捆绑和制造商捆绑情形下的均衡结果，结论表明供应链整体绩效在零售商捆绑情形下更优于供应商捆绑情形。该文献还扩展研究了有能力约束情形下的均衡结果。

还有一些文献做了关于捆绑策略的实证研究。Chakravarti等[29]通过两个实验研究了多产品捆绑销售策略中产品的定价形式对消费者的产品估价和选择的影响，研究结论认为，相对于单一价格，分别定价形式中商品的消费者估价更高，更多被选择。Gilbride等[30]利用离散选择数据分析了价格机制对混合价格捆绑的影响，研究发现在联合和集成价格机制中，受访者中选择捆绑产品的比例最高。Dominique-Ferreira等[31]研究了保险客户给予保费、保险公司、中介公司以及捆绑策略的重要性，同时研究了保险产品属性与消费者价格敏感性之间的关系。

另一类文献研究了竞争市场中的捆绑销售策略，企业往往通过产品的捆绑销售来影响竞争对手的运营策略，例如技术投资和产品质量改进决策等，从而影响市场竞争，甚至作为威慑竞争者进入市场、维护自身垄断地位的重要手段之一。Kameshwaran 等[32]研究了寡头竞争市场中多产品寡头企业的捆绑销售策略。Ghosh 等[33]研究了一个多产品生产商和两个单产品生产商组成的竞争市场中，多产品生产商的最优捆绑策略。Choi[34]研究发现捆绑销售可以成为企业承诺在捆绑产品市场追加更多科技投资的一种方式，从而会降低竞争对手在技术投资方面的动力。Armstrong 和 Vickers[35]考虑消费者异质性和市场需求弹性，研究发现竞争市场中捆绑销售的效果将受到消费者的购买成本和品牌偏好程度的影响。Chung 等[36]分析了纵向差异化市场中多产品企业的产品捆绑对质量竞争和消费者剩余的影响，认为高质量产品的捆绑存在积极的影响，而低质量捆绑则存在消极的影响。Honhon 等[37]考虑一个拥有一系列纵向差异化产品的组合与捆绑，研究结论表明每一种销售策略下（纯组件销售、纯捆绑销售和混合捆绑销售）均可以得到闭合的均衡最优解，当消费者得益于组件的共同消费时，最优组合形式是产品的嵌套；当消费者不能从组件共同消费中受益，则捆绑产品应该存在一个正折扣；另外，即使消费者不能受益于组件的共同消费，垂直差异化产品的捆绑销售也可以显著地提高企业的利润。

关于捆绑策略对市场竞争对手的进入威慑作用，Whinston[38]最早考虑了捆绑销售的杠杆作用，认为企业可以通过捆绑将其在一个领域内的垄断地位扩展到另一个相关领域内，在捆绑承诺可行的情况下，对相同价值的产品进行捆绑是有利的。Nalebuff[39]扩展 Whinston 的工作，认为当竞争者存在进入成本时，即使没有任何捆绑承诺，捆绑策略的杠杆作用仍然是有效的。Gilbert 和 Riordan[40]关注多产品企业与单产品企业之间的市场竞争，研究发现技术捆绑将会迫使竞争对手退出市场，但是同时也会降低消费者福利和社会福利。Peitz[41]研究发现当进入成本在一定范围内时，捆绑销售策略将可以阻止竞争对手进入市场。Hu[42]考虑一个多产品在位垄断企业面临一个市场进入企业时的捆绑策略，通过建立分析二维霍特林模型发现，当消费者对产品的保留价值相对较高时，若预先承诺适用，则在位者有动机采用捆绑销售来阻止竞争者的进入，而当消费者的保留价值很低时，在位企业没有采用捆绑销售的动机，因而捆绑销售也失去威慑作用。Hahn 等[43]考察了与同质商品进行价格竞争的企业是否以及如何利用企业间捆绑折扣实现超常利润。Etro[44]研究了面临潜在进入者的互补投入品生产商之间的合并,发现当产品需求缺乏弹性时,如果在位者足够有效率(总是采用捆绑方式),合并通过减少进入者的研发而损害消费者;相反,在需求弹性足够大的情况下,合并增加了消费者剩余(即使是捆绑)。Lin 等[45]考虑了两个竞争平台的定价策略和产品捆绑策略,两个竞争平台分别有两个代理,即客户和销售商(独立的内容开发商),研究发现混合产品捆绑策略可以作为竞争平台攫取更多市场份额、诱导平台补贴的战略竞争工具。

国内目前对捆绑销售的研究还相对较少。吕魁等[46]基于扩展的两维Hotelling模型,研究了范围经济和转换成本对网络产业中多产品捆绑销售竞争均衡的影响,并分析了捆绑销售和线性定价下公司利润和社会福利的差异。魏航[47]研究了同质时鲜产品捆绑销售的最优策略问题,对同质时鲜产品捆绑销售的最优价格、最优临界时间以及最优数量决策问题进行了描述,并利用随机效用理论建立了 MNL 模型,获得了同质时鲜产品捆绑销售单变量决策的最优价格、最优临界时间和最优数量,以及相应的最大利润,进而研究了同质时鲜产品捆绑销售的双变量组合决策问题,并给出了最优双变量组合决策和条件。陶娜等[48]从消费者和生产者的双重视角研究了寡头市场下部件销售模式和纯捆绑销售模式的选择问题。马祖军等[49]以联通 iPhone 合约销售计划为例,通过建立结构方程模型综合考察了经济状况、捆绑销售方式、定价形式、品牌和捆绑销售模式满意度等因素对消费者购买决策的影响。研究结果表明,上述各项因素对消费者的购买决策有着显著的正向影响。高尚等[50]构建了包括一个旅游产品提供商和一个旅行社的旅游供应链,考察在提供商的单独销售和捆绑销售方式下不同权利结构对供应链成员决策和利润的影响,研究表明在两种销售模式下,提供商作为 Stackelberg(斯坦伯格)博弈领导者对其更为有利;而对于旅行社来说,应视市场规模的大小决定其决策。吴思卓等[51]考虑一个单一供应商和单一零售商的二级供应链,构建了不同权力结构下的滞销产品和畅销产品的独立销售和捆绑销售模型,求解和分析了供应链成员的定价决策和供应链利润。尤美虹等[52]基于收益共享契约机制,通过构建非捆绑销售和跨店捆绑销售决策模型,研究网络零售中跨店捆绑销售定价问题。

2. 互补产品的捆绑与定价决策研究

互补产品的问题产生于市场营销领域,包括在一种产品的销售中考虑其互补产品的捆绑销售，以及市场战略和产品组合等方面。Farrell 等[53]研究了垄断产品 A 与互补竞争产品 B 的投资与定价问题。为了提高自己的利润，产品 A 的垄断厂商有意进入产品 B 市场，迫使产品 B 的供应商降价。但研究发现这样做的后果是削弱双方的研发投入积极性。Gabszewicz 等[54]考虑一个垄断产业的两个独立厂商，提供两种不可分割的互补产品，分析了这个市场上的均衡价格，研究认为当两种产品互补性较强时，市场上存在唯一的对称均衡，所有的消费者同时购买两种产品。Venkatesh 等[55]研究了垄断市场互补产品和替代产品在不同销售策略下的最优定价问题，分析了边际成本水平、互补或者替代程度对纯分别定价、纯捆绑定价、混合捆绑定价三种定价策略的影响。Casadesus-Masanell 等[56]以 Microsoft 软件公司和 Intel、AMD 两个 CPU 生产商为例，研究了互补品市场存在相互替代情况下的市场竞争。Chen 等[57]以 Microsoft 公司的 Windows 操作系统通过捆绑 Internet Explorer 浏览器与网景公司 Netscape 浏览器竞争的案例，分析了安装基础(install base)的垄断提供者在基于安装基础的应用产品竞争市场上的价格策略。Cheng 等[58]考虑产品 A 与产品 B 非严格互补并且产品 B 存在质量差异时的定价博弈，分析了这种非严格互补产品市场的 Stackelberg 博弈均衡定价，从经济学的角度解释了产品售后服务市场同时存在保修期内的免费服务与增值服务的现象。Arora[59]通过析因实验研究认为价格捆绑和信息建构会影响人们对于互补产品的态度和倾向。Wäppling 等[60]研究发现汽车和旅游市场的捆绑策略都是产品和客户导向的，旅游行业的捆绑销售对消费者的影响相对于汽车和银行业要更明显一些，而在旅游和银行业，客户会直接影响捆绑形式，在汽车市场的捆绑设计却很少受到客户影响。Yan 等[61]研究认为对于高度互补性的产品，捆绑价格可以相对更低，同时捆绑策略的价值随着市场规模和价格弹性的增加而增加。Myers 等[62]使用线性价格弹性需求函数，分析了产品互补性和广告投入对捆绑策略的影响。研究发现在实施捆绑策略的同时投入广告可以提高企业运营绩效，当然需要价格折扣足够吸引顾客、产品之间的互补程度足够大。Gwon[63]建立了一个多产品企业和一个单产品企业之间的竞争模型，研究企业之间的混合捆绑策略，结果表明无论多产品企业所销售产品之间的互补性强弱，纯部件销售或纯捆绑销售策略均优于混合捆绑策略，而当产品之间互补性较弱时，多产品企业将会选择组件销售，当互补性较强时，企业将会选择纯捆绑销售策略。Halmenschlager 等[64]研究表明，尽管互补产品的混合捆绑销售策略可能产生囚徒困境，但仍然是多产品企业的优势策略，且在捆绑产生的成本节约足够大情形下，可能使社会福利实现最大化。Taleizadeh 等[65]探讨具有退化性质的互补性及可替代性商品的定价与库存决策，试图通过构建模型计算最优价格和最优订货量来优化总利润。Li[66]以电子阅读器和电子书为背景，研究了互补产品的跨期价格歧视问题，使用个人层面的数据(2008—2012)，估计了电子阅读器采用的动态需求模型，进而模拟一个垄断者在面对前瞻性消费者时的最优动态定价策略。Giri 等[67]考虑一个双寡头市场，其中两个制造商分别生产和销售两种互补的产品，通过一个共同的零售商进行销售，建立了两种不同情况下(无产品捆绑和有产品捆绑)的数学模型，并为制造商和零售商制定了相应的最优定价策略，研究发现纯捆绑销售的供应链利润要高于按个别价格销售的供应链利润。

国内关于互补产品的研究，大多从市场营销的角度进行的，李善民等[68]从差异化角度提出带有质量参数和消费者对产品质量偏好参数的产品需求函数，分析了产品互补企业通过兼并提高互补产品组合质量、激发市场需求来提高企业利润的兼并动因。杨勇等[69]应用最优脉冲控制理论将企业技术创新的实物期权和企业间的竞争影响纳入一个统一的框架中，研究了不对称企业互补产品的创新投资问题。项保华等[70]通过对海尔集团互补品增强竞争优势的案例研究，发现海尔集团通过互补品策略同样增强了竞争优势，并在此基础上提出了互补品—服务竞争优势影响范式。胡知能等[71]基于互补产品扩散模型，在考虑价格策略以及重复购买与批量购买的消费者行为下，建立了免费商品赠送对互补产品扩散影响的优化模型，研究表明免费商品的赠送对互补产品的扩散有促进作用，同时赠送互补产品优于仅赠送其中一种产品。浦徐进等[72]针对一条由生产互补品的制造商和出售互补品的零售商组成的二层供应链，通过构建双方的 Stackelberg 博弈模型，阐明零售商采用捆绑销售策略的适用条件，研究零售商采用捆绑销售策略后的最优广告投入，并进一步提出一个垂直合作广告机制来改善供应链的运作效率。田晨等[73]以两个制造商通过不同电商平台销售互补产品的供应链为对象，研究制造商销售模式选择和物流服务决策，发现制造商的销售模式与平台上是否提供物流服务有密切关系。

目前还有一些文献在供应链背景下研究互补产品定价和捆绑策略。Wang[74]研究了由多个制造商和一个零售商组成的供应链结构，制造商通过零售商或者采取直销的方式在市场上销售多个完美互补的产品，在考虑需求关于价格敏感和不确定情形下，刻画了供应链个体成员的均衡决策和供应链渠道绩效。Wei 等[75]研究了由两个互补产品制造商和一个共同零售商组成的二级供应链结构上的定价问题。作者根据渠道成员的市场力量分别构建了 MS-Bertrand、MS-Stackelberg、RS-Bertrand、RS-Stackelberg 和 NG models 五种分散决策模型。Bhargava[76]研究了包括一个下游零售商和两个制造商的分销渠道上的产品捆绑问题，发现通过供应链成员间的价格协调可以一定程度上弥补捆绑销售因为渠道冲突而损失的经济效益，提高企业的利润和消费者收益。同样研究供应链上的捆绑问题的还有 Chakravarty 等人[77]，将三种不同协调程度供应链上的捆绑所得与集成供应商相比较，发现最好的情况是实现整个供应链最优的捆绑利润最高，另外一个极端情况是零售商分别与供应商捆绑，中间是供应商先相互协调后与零售商进行非合作博弈。张玉忠等[78]建立一个由两个制造商和一个零售商组成供应链模型，考虑完全非合作博弈、局部合作博弈和合作博弈三种情形下的零售商混合捆绑销售决策。李四杰等[79]考虑在位企业和潜在竞争者（新进入企业）都可以独立提供一组完全互补的优势产品和普通产品，通过 Stackelberg 博弈，分别针对双方均捆绑、在位企业捆绑、潜在竞争者捆绑和双方均不捆绑四种情形，研究在位企业和潜在竞争者的市场策略、（占优）产品策略和最优价格决策，并分析相应策略下的供应链绩效。张子健等[80]基于消费者对互补品消费习性存在的异质性对互补产品市场进行细分，研究由两个互补供应商和一个共同零售商组成的供应链上的均衡定价决策。

1.2.2 供应链成员行为对互补产品决策影响

供应链成员作为独立的决策主体，在追求自身利益最大化时，成员间利益可能会产生冲突，为了有效缓解冲突，供应商、零售商可能采取一些合作行为来减少因竞争或冲突带来的利润损失，例如兼并和战略联盟等。早期研究互补产品企业兼并问题的有 Dalkir 等[81]，他们描述了质量领导者的兼并会给集成企业带来更高的利润和市场份额的增长。Au 等[82]分析了互补产品市场上的兼并影响，例如兼并后企业的混合捆绑策略短期内对已有产品定价决策的影响，以及对兼并派生福利的影响。Au 还利用这个基本模型扩展分析了基于创新激励和技术搭售的兼并决策。但斌等[83]针对互补品的相互关联性造成互补品企业产品促销存在溢出效应的情况，建立了考虑溢出效应的互补品企业合作促销模型，对互补品企业在完全非合作促销、部分合作促销和完全合作促销情形下的企业最优决策进行了研究。Flores-Fillor 等[84]研究非对称互补产品市场的垄断供应商之间的兼并对价格的影响，发现当市场中存在一部分消费者只对整个组合产品中的某一部分感兴趣时，这种组合产品更有可能降价。作者假设市场需求方面存在两类消费者需求，一类是需求组合产品，另一类是只需要某个部件。Pardo-Garcia 等[85]分析了组合产品产业的均衡兼并行为，组合产品生产企业需要决策横向兼并（与相似产品企业兼并）或纵向兼并（与互补产品企业兼并），研究发现，从战略的角度考虑，只有当组合产品之间差异化非常明显或者生产企业的数量非常大时，纵向兼并将出现在均衡状态中。Mantovani 等[86]考虑一个提供互补产品企业的捆绑策略和两个单产品竞争企业之间的兼并选择，建立了两种市场模型，分别是竞争关系和互补关系，研究表明均衡解与产品市场的竞争程度、市场间的互补性以及市场内部的产品替代性有关，通常情况下当产品市场的竞争非常激烈时，单产品竞争企业选择独立而不是兼并，多产品企业将选择捆绑销售。研究结果还发现，当单产品竞争企业之间进行兼并时，捆绑销售将不影响社会福利，但当兼并不被实施时，捆绑销售将会降低社会福利，因此建议反垄断机构应该阻止捆绑销售的发生。

关于供应商联盟的研究，Granot 等[87]研究了三个产品具有替代性的零售商之间的联盟问题，给出了零售商之间形成不同联盟的关于产品替代性和兼容性的条件，并分析了联盟结构和零售商之间兼容性对某个企业的绩效影响。Nagarajan 和 Bassok[88]基于供应商远视的假设，研究一个分散装配系统的联盟问题。在这个装配系统中，供应商首先形成不同的联盟，然后与装配商依次通过 Nash（纳什）讨价还价博弈分配利润。研究发现供应商联盟对装配商总是不利的，但当装配商市场力量较弱时，供应商全体会形成一个稳定的大联盟，若装配商占主导，供应商趋向独立行动。Nagarajan 等[89]考虑 N 个供应商和一个装配商的两阶段动态联盟问题，研究联盟的存在和稳定性，以及对批发价格和零售价格的影响。与前面几篇文献不同，Yin[90]基于近视供应商，利用强 Nash 均衡概念研究了不同需求函数下装配系统的稳定联盟结构。研究还分析了不同大小联盟的决策顺序以及联盟所带来的成本减小或增加对均衡结构的影响。Mialon[91]分析了企业在与其他互补产品进行捆绑销售时对兼并和战略联盟的选择问题，研究发现企业更倾向选择战略联盟，因为兼并将通过内化两种产品的互补性而加剧竞争，在均衡状态下，捆绑只能通过战略联盟实现。李昌文等[92]研究了由 n 个供应互补的原料产品的上游供应商和一个组装生产最终产品的下游组装商组成的供应链的联盟结构和内部的转移价格问题，构造了特征函数具有超模性质的合作博弈，并利用 Shapley 值分配方法给出了整个供应链系统内部的转移价格，结果表明在大联盟结构下，供应链的利润是最高的。

1.2.3　消费者策略行为对运营管理决策的影响

当市场中越来越多的消费者表现出策略行为时，在传统运营管理领域，对市场需求外生和消费者被动参与的假设显得不尽合理，忽视策略型消费者的企业决策可能不再是最优状况，甚至会给企业带来损失。例如早期就有 Besanko 等[93]研究发现，在耐用品定价决策中，忽视策略性消费者，会使企业损失 50%的利润。因此，消费者的策略行为引起了学术界的关注，近期一些运营管理文献通过研究策略型消费者对企业动态定价策略的反应，进一步证明消费者的策略行为会对企业的收益带来显著影响。Anderson 等[94]考虑了策略消费者对企业根据预期边际座位收入（Expected Marginal Seat Revenue，EMSR，Belobaba[95]）规则采取的定价策略的反应，研究发现消费者的策略行为使得采用常规定价策略的企业（航空公司）遭受显著的损失，提醒企业应该在进行定价安排时考虑消费者的策略行为。Zhou 等[96]研究了单个消费者在企业 GVR（Gallego 和 Van Ryzin[97]）策略中的最优购买行为，获得其购买决策的阈值（决定于消费者对商品的估值和购买时间），当商品价格低于阈值时，消费者将立即购买，否则延迟购买。研究者们还通过数值实验将研究扩展到多个策略消费者的情形，发现这种策略行为会给消费者带来益处。对于企业来说，研究认为这种策略行为虽然使得其不能完全攫取消费者剩余，但是也在一定程度上避免高价格引起的消费者流失，一些策略型消费者可能会延迟到下一期购买。Asvanunt 等[98]考虑消费者的策略行为，优化了企业 EMSR 和 GVR 价格政策的实施条件，同样给出了消费者购买策略的阈值，发现在收益管理中忽略消费者的策略行为将会给企业带来明显的损失。

动态定价是影响不同阶段产品需求的最有效手段之一，合理的动态定价能够最大限度地增加企业收益，但是当市场中消费者越来越表现出策略行为时，企业的动态定价决策变得更加复杂，实施效果也变得不确定。Su 等[99]同时考虑消费者在估计价值和耐心程度两方面的异质性，考察了企业在固定库存情形下的动态定价问题。研究发现当高估计价值消费者耐心程度相对较小时，随着时间的推移实施降价策略更为有效；当高估计价值消费者相对于低估计价值消费者更有耐心时，企业应该采取提价策略。与上一篇文献不同，Aviv 等[100]考察了企业在向策略型消费者销售季节性产品时如何降价的问题，对比研究两种策略：视商品库存而定的降价和在销售前期承诺固定降价策略。研究结论表明，当企业面临策略型消费者时，使用承诺降价策略要优于视库存而定的降价策略。Dasu 等[101]也比较了面向策略型消费者时视库存而定的动态定价策略和承诺定价策略，发现二者差异不大，而价格变化次数的减少会降低企业的期望收益。Levin 等[102]将单一产品的研究扩展至多产品，研究寡头竞争厂商向有限个细分市场的策略型消费者销售有差别易逝品的动态定价模型。消费者购买同一商品获得的效用随着购买时间推后而降低，竞争市场中的策略型消费者不仅要选择合适购买时机，还需要决策最佳厂商，从而使整体消费者剩余最大化。研究表明，消费者的策略性行为对竞争厂商收益有很大影响，厂商可以通过限制消费者对细分市场和产品数量等信息的了解来提高收益。Jerath 等[103]针对双寡头市场中的策略型消费者考察了企业直接最后时刻销售策略和通过中介进行不透明信息销售策略，发现当消费者对服务的估计价值较高或企业间服务差异较小时后者优于前者。Liu 等[104]研究了两个企业在向策略型消费者提供垂直差异产品时的动态定价竞争，指出消费者策略型购买行为使得产品质量较低的企业受到更大的损失，而单个企业(特别是产品质量较高的企业)的静态定价承诺会使两个企业同时受益。陈晓红等[105]分析了多零售商的动态博弈定价过程，研究了策略型消费者比例和降价时购买比例对零售商需求量和利润的影响。研究结论表明，多零售商之间动态博弈定价存在最优组合策略，策略型消费者比例越高，零售商的定价和利润都越高，但策略型消费者降价购买概率越大，零售商的定价和利润则越低。李宗活等[106]将消费者策略行为考虑到双渠道供应链中，分别构建并求解分散决策和集中决策情形下的动态定价模型，研究了双渠道最优响应策略。刘海英等[107]研究了一个垄断厂商的两阶段多产品动态定价模型，运用随机动态规划和超模理论，得到了两阶段稳态价格的解析解。

除了动态定价决策以外，企业其他相关决策也会受到消费者策略行为影响。Liu 等[108]考察企业在多周期且每个周期含有全价和降价两个阶段时的库存决策，消费者依据对本周期企业库存的预期，决策在全价阶段购买还是在降价阶段购买。研究发现，随着消费者对库存预测初始状态的不同，企业的最优库存决策可能为短缺均衡或者低价均衡。Krishnan 等[109]通过建立和分析一个两阶段博弈模型，得到了针对策略型消费者的产品设计和定价联合策略，并讨论了最适合采用可升级产品设计策略的市场和产品类型。Ovchinnikov 等[110]考虑企业面对两种估计价值类型的消费者时，在固定库存和多周期条件下，每周期库存在正常价格商品与折扣价格商品之间的配额问题。黎维斯等[111]考虑了存在策略型消费者时，供应链中零售商的订货决策和生产商的质量决策，发现较多的策略型消费者会降低零售商的订货量和生产商的产品质量。Wang 等[112]构建了考虑策略型消费者和风险厌恶型销售商的报童模型，并给出了理性预期均衡，发现销售商风险厌恶时的均衡价格低于风险中性时的均衡价格，而均衡订货量的情形则恰好相反。Yang 等[113]通过分析收入共享机制下的分散供应链和集中供应链中的定价和库存策略，研究了面对策略型消费者时，快速响应策略对不同结构供应链绩效的影响。研究发现，当快速响应实施成本相当小时，集中供应链中的快速响应效果要好于分散情形；若成本较大时，分散供应链中实施快速响应更能够提升利润。纪雅杰等[114]研究了消费者线上参考效应、线下库存效应以及渠道偏好对供应链成员运营策略的影响，设计了供应商收益分享及双边成本分担契约，进一步协调分散式供应链。

李娟等[115]通过参数分析和数值模拟，分析了回购契约下消费者策略行为对供应链系统订购量及系统绩效的影响。Su 等[116]将消费者策略行为引入承诺(commitment)与供应链绩效的研究中，发现供应链契约不仅能作为激励机制协调整个供应链，而且有助于兑现承诺，零售商能够通过数量承诺或价格承诺提高其利润。研究还发现，在分散式的供应链中，零售商为了在销售后期增加其利润往往会背弃承诺，但通过提出的供应链契约可以帮助零售商兑现承诺，从而提升供应链渠道利润。Cachon 等[117]基于理性预期均衡假设，进一步研究了同时存在近视顾客、折价搜索顾客和战略顾客时零售商的最优动态定价策略。杨道箭等[118]基于消费者策略行为考虑分布式供应链的报童模型，研究了批发价格、数量折扣契约和两部定价契约下的供货水平和供应链绩效。研究表明，由于消费者策略行为的存在，生产商应该把两部定价契约中的批发价设定在低于生产商边际生产成本，以增大供应链的供货水平，提高供应链利润。彭志强等[119-120]引入再制造柔性补货机制和差价返还机制，分析了零售商考虑策略型消费者的动态定价决策以及策略行为对供应链成员收益的影响。研究表明，再制造柔性补货机制和差价返还机制可以缓解消费者策略行为的影响，提高零售商期望利润。姜宏等[121]考虑加入了顾客懒惰性因素的无理由退货策略，建立数学模型并求解，得出商家的最优销售价格和最优退货价格，发现消费者惰性在一定程度上会对销量带来负面影响。黄松等[122-123]研究了考虑消费者策略行为的报童问题，引入理性预期均衡分析的方法，研究了报童模型中的最优定价和库存等问题，以及在分散式供应链中如何利用收入分享契约和数量折扣契约实现供应链协调。官振中等[124]分析研究了消费者的策略行为和后悔心理对其购买行为和零售商最优定价和库存的影响，并探讨了数量承诺、价格承诺和最惠顾客保证三种零售策略对于消费者策略行为的缓解效果。

1.2.4 绿色创新及绿色供应链管理

1. 绿色创新

在不同的文献中，绿色创新也常被称为“可持续创新”“生态创新”或“环境创新”等，并且通常与“可持续发展”“环境问题”和“外部性”相关联。Kemp 等[125]将环境创新定义为“包括因避免或减少环境损害而产生的新的或改良的工艺、技术、系统和产品”。Chen 等[126]认为绿色创新等同于绿色产品或绿色过程相关的硬件或软件创新。

关于绿色产品创新的影响因素研究，Kammerer[127]提出消费者环境意识和政府规制可以促进环境型产品的应用及其技术革新；Horwitch 等[128]讨论了绿色技术创新和推广过程中企业、民间组织、公共政策和技术中心的作用及其相互关系。Chan 等[129]探讨了绿色产品创新对环境规制（或政策）压力与企业绩效关系的影响，同时评估了环境动态性对绿色生产创新与企业绩效关系的调节作用。Dangelico 等[130]研究发现资源建设和重构是与绿色产品市场绩效有直接影响的唯一因素，而外部资源整合和内部资源整合分别需要通过一定的介质来影响绿色创新的市场效果。Huang 等[131]以动态能力观点和社会网络理论为基础，研究发现动态能力、协调能力和社会互惠是绿色创新（包括绿色产品创新和绿色过程创新）的重要驱动力。

现有关于绿色产品创新和扩散策略的国内外研究文献还相对较少。Wang 等[132]提出了一个模糊层次 TOPSIS 方法来支持企业对绿色创新计划和改进效果的评估，使决策者能够更好地理解完整的评估过程，并提供更准确、有效和系统的决策支持工具。Gmelin 等[133]利用产品生命周期管理理论，以生命周期和产品为中心，强调可持续性和新产品开发之间的联系，为绿色产品开发提供了一个新的概念框架。徐建中等[134]构建了考虑政府绿色创新投入补贴与征收碳税情形下制造企业绿色创新模式选择的演化博弈模型，并对演化路径、稳定均衡策略及影响机理进行了理论与数值仿真分析。Melander[135]以五家大型企业的数据为基础，通过案例研究企业在绿色产品创新中与顾客和供应商合作时所需要的外部和内部能力，研究指出合作伙伴的专门知识和技术，以及合作协议对于绿色创新是非常重要的。杨光勇等[136]研究面对排放上限规制和排放交易规制以及低环境意识顾客和高环境意识顾客时，企业的绿色制造创新和绿色使用创新的组合策略。

总之，现有的文献中关于绿色创新的实证研究较多，主要探讨了绿色创新的影响因素和绩效评估。因此，从供应链管理的视角，以提高供应链经济和社会效益为目标，采用规范与实证相结合的方法，探讨供应链中产品绿色创新的管理问题在理论上是有重要意义的。

2. 考虑绿色创新的供应链管理

在供应链管理理念下，产品绿色创新决策不仅是单个供应商或制造企业的绿色技术投入，更是绿色供应链的决策优化。Walker 等[137]指出绿色供应链实施的内在障碍包括供应链中成本的增加和不合作的供应商，而外部的阻碍因素还包括缺乏社会具体产业的规制。Lin[138]利用模糊集理论和决策实验，以及实验室评价方法，探讨了绿色供应链管理外部主要影响因素是绿色购买、供应商合作等。Nicolau[139]研究指出合作行为的缺乏将增加绿色供应链成本，进而阻碍绿色供应链的发展，研究还给出了在不同绿色供应链情境下信息共享协调机制和策略。曹裕等[140]分析了各种驱动因素（初始市场份额、普通产品价格、绿色成本等）对绿色供应链实施的影响。

考虑绿色创新的供应链决策优化方面，目前文献研究大多关注的是绿色产品的定价决策和供应链协调。Zhang 等[141]研究市场需求和产品绿色度相关时三级供应链的决策情况，指出收入共享机制、Shapley 值法协调机制、不对称 Nash 谈判机制都可提升分散供应链绩效。Zhao 等[142]比较分析一个零售商和两个制造商构成的供应链竞争中，不同权力结构下的绿色产品定价决策。江世英等[143]以一个二级绿色供应链为背景，分析了四种博弈模型下产品绿色度、产品价格以及批发价格等决策，并建立了收益共享契约下的博弈模型。Zhang 等[144]针对一个制造商和一个零售商的渠道结构，比较分析了常规产品和绿色产品在集成、分散和回购契约下的最优决策。Li 等[145]将制造商生产的绿色环保产品作为研究对象，研究该产品在双渠道供应链中的定价策略。Li 等[146]研究了产品可持续性的链一链竞争，考虑不同纵向控制结构下的绿色度决策，发现纵向集成结构虽然是 Nash 均衡，但只有在竞争程度不激烈时是帕累托最优。Zhao 等[147]为绿色供应链管理提出了一个多目标优化模型，借助大数据分析工具求解模型，最终提出三种优化方案以最小化危险材料、相关碳排放和经济成本的内在风险。Song 等[148]利用 Nash 讨价还价博弈模拟讨价还价过程，研究了供应链成员合作行为和销售商关于绿色度和利润的分享契约对绿色供应链协调的影响。Jamali 等[149]分析了双渠道供应链中两个独立制造商对于绿色产品和非绿色产品的定价策略问题。马鹏等[150]考虑了绿色供应链背景下由两个制造商和一个零售商组成的二级供应链，分析研究了不同权力结构下的互补产品的最优定价决策。杨天剑等[151]在单制造商与两竞争零售商构成的绿色供应链中，利用博弈论和最优化理论分析并比较不同渠道权力结构下最优定价决策。周艳菊等[152]在绿色经济背景下，探讨零售商向负责绿色研发成本投入的制造商提供不同联合研发契约时的供应链均衡策略和协调问题。楼高翔等[153]研究了由单一供应商和单一制造商构成的二级供应链在不同权力结构情景下的绿色研发努力和绿色营销投入决策，以及通过成本分担契约激励供应链伙伴进行绿色创新的协调决策模型，并通过数值模拟进行验证分析。Safarzadeh 等[154-155]研究了考虑政府政策、能源生产率等因素的绿色供应链的定价决策问题。Zand 等[156]构建了一个考虑环境因素的数学模型来配置一个多阶段多产品多层次的绿色供应链网络，并设计了一个多目标混合整数线性规划算法同时优化成本最小、总二氧化碳排放量最小和设备利用率最大三个目标。

在供应链的末端，消费者对绿色产品表现出来的绿色偏好往往对供应链和企业的运营决策有着重要的影响。Liu 等[157]利用博弈论研究了考虑竞争和消费者环保意识情形下，供应链成员的产品绿色度和价格决策，指出消费者环保意识的提升可以使高环境友好度的企业受益。Dond 等[158]分析消费者环境敏感需求和不同碳规则下的可持续性投资，发现可持续性投资效率会影响供应链的最优订购数量，且收益分享契约可以实现供应链协调。Yang 等[159]研究在政府针对碳排放征收费用和消费者存在绿色环保意识的情形下，收入共享契约和先发优势在制造商绿色创新努力和绩效改善中的作用。刘会燕等[160]考虑消费者的绿色偏好，研究了三种链一链竞争结构模型中的最优价格和绿色度决策。张艳丽等[161]研究了低碳环境下需求受消费者环保偏好和消费水平影响的绿色产品定价问题，通过构造效用函数得到消费者的购买行为，讨论了市场中存在单一垄断制造商和两个垄断制造商时生产模式的选择。Liu 等[162]采用博弈论模型描述由制造商和零售商组成的绿色供应链，结合碳税率、绿色投资系数、参考效应程度等重要因素，分析征收碳税对绿色供应链协调的影响，进一步优化征收碳税，实现供应链与环境双赢。

因此，目前关于绿色供应链管理和消费者绿色偏好的研究比较丰富，但是关注对象基本上是简单的供应链系统或存在竞争的供应链，对互补供应链的产品绿色创新几乎没有涉及。而互补产品供应链由于产品的相关性和结构的复杂性，相应产品绿色创新的决策问题也会与传统供应链有着很大的区别，因此考虑产品互补性、绿色创新投入在互补产品之间的溢出效应，以及供应链成员之间的竞合关系，研究考虑产品绿色创新的互补供应链决策与优化是非常有必要和有意义的。

综上所述，尽管互补产品销售和捆绑策略在供应链实践中很常见，例如电子产品、日用产品、耐用品等，而互补产品的研究在市场营销领域也已经有较为丰富的成果，但从供应链视角研究互补产品的运营决策和优化策略还存在以下几个方面的问题值得深入探讨。

(1) 目前大部分关于互补产品的捆绑和定价决策的研究都忽略了互补产品的相关性以及捆绑销售产生的消费者体验价值的增加，即捆绑效应的存在。大多文献考虑互补产品的价格捆绑，即不存在产品的集成和产品价值的改变，捆绑产品的价值是被捆绑的单个产品的价值和，而捆绑产品通常被折扣销售。而运营实践中，互补产品的捆绑效应可能成为企业或供应链选择捆绑策略的重要因素之一，也是捆绑策略影响市场竞争、企业行为和利润，以及供应链绩效的重要内因。因此忽略互补产品捆绑效应不利于供应链管理者制定合理的互补产品战略。

(2) 对于供应链结构、成员竞争合作行为和消费者的策略行为等考虑较为缺乏，影响了供应链中互补产品运营决策的合理性和有效性，使得对于互补产品供应链决策与优化的研究相对简单和理想化。互补产品的相关性决定了互补产品供应链中企业之间的决策和行为相互影响，因此需要从供应链管理的视角考虑供应链内外各种行为因素，综合研究互补产品的运营决策，帮助企业全面认识、合理使用互补产品战略。而在供应链外部，消费者作为供应链决策和运营的出发点和终点，其购买行为必将成为影响供应链决策的重要因素，尤其当市场竞争日趋激烈、消费者越来越多地表现出策略行为时，考虑消费者行为因素研究互补产品供应链的决策与优化是非常有意义的。

(3) 现有的大部分关于互补产品销售决策的研究集中于单个销售阶段，没有考察捆绑销售对企业多阶段销售利润的影响。而随着科技的发展和社会的进步，大部分商品的市场销售都会经历不同的阶段，以消费者感知价值的降低为标志，因此销售商通常会在不同的阶段采用不同的销售策略，从而追求整个销售阶段的利润最大化。因此在企业的多个销售阶段内，考虑消费者策略行为，研究互补产品的捆绑销售、定价和升级决策，将会给供应链管理带来有意义的研究结论和管理意见。

(4) 从产品的绿色创新出发，以存在功能效用和市场需求相关性的互补产品为研究对象，研究考虑产品绿色创新的互补供应链的决策与优化，旨在提高互补产品供应链的运营绩效，促进供应链内产品绿色创新的实施。主要包括两个方面的内容：互补产品的绿色创新与扩散决策、考虑绿色产品的互补供应链捆绑与定价决策。

1.3 研究内容与结构

本书以由互补产品供应商和零售商组成的互补产品供应链为研究背景，以存在功能应用和市场需求相关性的互补产品为研究对象，基于互补产品捆绑销售的捆绑效应和绿色创新溢出效应，以提高供应链中企业利润及供应链整体绩效、促进供应链成员绿色创新为目标，考虑供应链内部企业、外部环境和终端消费者行为因素，研究互补产品定价、绿色创新决策和捆绑销售策略，并在此基础上提出相应的供应链管理策略。本书的主要研究内容有以下几个方面：

第 1 章分析研究问题的背景及意义，从互补产品的捆绑和定价、供应链成员行为对供应链决策的影响、消费者策略行为对供应链决策的影响、绿色创新与绿色供应链管理等四个方面进行相关文献综述，分析需要进一步深入探讨的问题，并介绍文章的研究内容和框架。

第 2 章阐述互补产品的捆绑效应，并在此基础上研究基于捆绑效应的不同供应链权力结构下的互补产品的捆绑定价决策，利用博弈论建立供应链成员间的定价博弈模型，利用最优化理论求解定价决策和捆绑策略选择，探讨供应链权力结构对捆绑决策的影响。

第 3 章考虑供应链成员的联盟合作行为，研究企业的互补产品捆绑和合作策略。基于合作博弈理论建立供应链成员间的合作和定价博弈模型。通过优化供应链企业的运营决策，例如捆绑、联盟和定价，提高企业和供应链整体绩效，分析供应链成员的合作行为对捆绑策略实施的影响。

第 4 章考虑供应链竞争情形，研究供应链企业的互补产品捆绑定价策略和竞争企业的产品竞争策略。基于消费者偏好，研究面对供应链外部竞争和内部竞争情形，互补产品零售商是否进行捆绑销售和如何定价，以及提供差异化产品的单产品竞争企业偏好选择何种产品参与竞争，进而分析互补产品供应链的竞争行为与捆绑销售之间的相互影响，以及分别对企业和供应链绩效的影响。

第 5 章考虑供应链终端消费者的策略行为，研究多个销售阶段内的互补产品供应链的阶段捆绑和升级策略。考虑互补产品的捆绑效应、产品价值阶段折扣和策略型消费者耐性程度等因素，分别研究集中供应链的阶段捆绑策略和分散供应链中供应商的产品升级策略，通过优化企业的每阶段决策，帮助其提高整个销售阶段的利润，探讨捆绑策略在多个阶段内的实施意义，以及消费者策略行为对捆绑销售的影响。

第 6 章考虑产品绿色创新，研究在绿色供应链环境下，互补产品供应链的定价和绿色创新决策。以一个双渠道绿色创新供应商、一个互补产品传统供应商和一个零售商组成的互补产品供应链，构建三种销售模式（扩散策略）下的绿色创新与定价决策模型，通过求解得到绿色供应商最优产品绿色度、产品价格和零售商绿色营销努力程度，并进行了算例分析。

第 7 章以包括两个拟进行绿色创新的互补产品供应商和一个零售商的二级供应链为研究对象，基于互补产品绿色创新溢出效应和捆绑效应，考虑互补供应商绿色创新与否、零售商的绿色营销和销售策略，构建多阶段供应链定价与绿色度决策模型，并分析重要互补程度参数对供应链成员决策和利润的影响，以及供应链成员的绿色创新策略和销售策略的影响。

根据本书的主要内容，结合各研究内容之间的联系以及本书研究目标的实现方法，制定了本书的组织框架如图 1 - 1 所示。

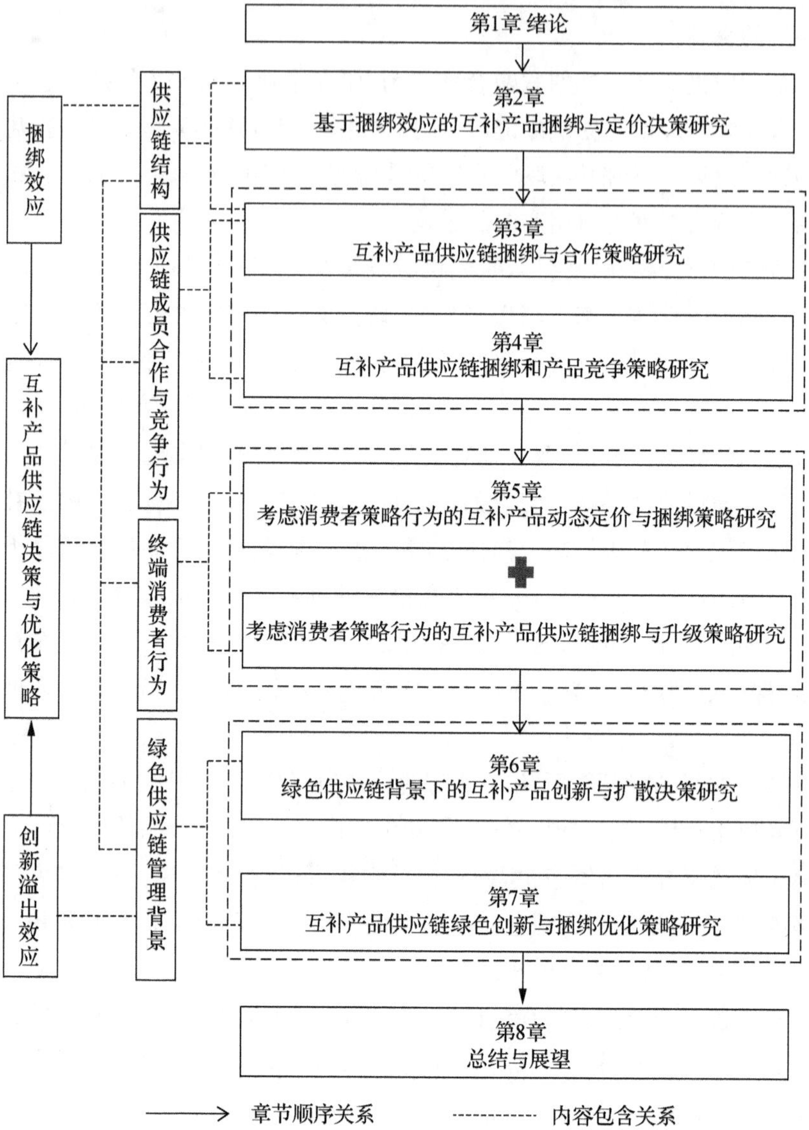

第1章 绪论
第2章
基于捆绑效应的互补产品捆绑与定价决策研究
第3章
互补产品供应链捆绑与合作策略研究
第4章
互补产品供应链捆绑和产品竞争策略研究
第5章
考虑消费者策略行为的互补产品动态定价与捆绑策略研究
考虑消费者策略行为的互补产品供应链捆绑与升级策略研究
第6章
绿色供应链背景下的互补产品创新与扩散决策研究
第7章
互补产品供应链绿色创新与捆绑优化策略研究
第8章
总结与展望
捆绑效应
互补产品供应链决策与优化策略
创新溢出效应
供应链结构
供应链成员合作与竞争行为
终端消费者行为
绿色供应链管理背景
章节顺序关系
内容包含关系

图1-1　本书的内容框架

第2章

基于捆绑效应的互补产品捆绑和定价决策研究

随着市场竞争的日益激烈，单纯的价格策略能为企业带来的利润增长越来越有限，越来越多的企业开始考虑互补产品因素，利用互补产品捆绑和联合定价，以期获得新的利润增长点，如绪论部分提到的通用汽车公司和美国无线服务供应商威瑞森公司。然而，互补产品的捆绑和联合定价并不总能奏效，生活中依然存在很多互补商品被分开销售，例如唱片机和唱片、电影票和爆米花等。本章将在阐述互补产品捆绑效应的基础上，研究不同供应链权力结构下的互补产品捆绑和定价决策，分析权力结构对捆绑策略的影响，为互补产品企业绩效提升和供应链优化提供管理建议。

DIERZHANG

2.1 引言

近年来，虽然各种各样的互补产品捆绑销售不断被商家尝试，甚至成为很多行业内常规的运营手段，但其在不同领域内为不同商品的销售商带来的效益仍然是褒贬不一、值得商榷的。例如，随着电信运营市场的竞争日益激烈，手机产品与电信服务套餐捆绑销售成为运营商获得更多利润的一种有效手段，很多运营商将移动通信终端设备与电信服务套餐共同提供给顾客[163-165]。2014 年，中国联通辽宁分公司针对 iPhone 5C 手机产品推出一套总价格为 4 199 元、合约期为 12 个月的套餐捆绑销售方案[166]。2016 年，中国联通上海分公司针对 iPhone 7/ iPhone 7 Plus 推出合约价 5 399 元、合约期为 24 个月的专属存费送机套餐。然而，在另外一些领域内，捆绑销售的效果并不那么乐观。例如，2012 年温州奥康公司与中国农业银行（农行）共同推出联合捆绑营销，农行个人网银客户登陆奥康商城即可享受多重优惠，在专区购买所有商品均享受每单减 50 元等，但销售和绩效数据显示这项营销活动对于两家合作企业的收效都非常微小。所以捆绑销售并不总是有效的，实施效果可能受到众多因素影响，例如产品特征、企业管理制度和市场环境等，其中，产品之间的相关性以及产品捆绑是否能够达到 $1+1>2$ 的效果即捆绑效应的大小是决定捆绑销售能否成功的重要因素之一。

互补产品的相关性和捆绑效应（互补产品的捆绑为消费者带来产品消费效用总和的增加和产品的增值）正是企业实施互补产品捆绑策略的重要动机和基础，同时也是企业在进行捆绑销售决策时首要考虑的问题。通过产品体验价值的增加和消费者效用的提升，企业可以获得更多的定价空间，影响市场竞争，争取到更多的消费者，甚至可以延长产品生命周期，最终达到提高利润的目的。当然，互补产品的捆绑销售也可能会被市场垄断企业当做一种垄断势力扩张手段，例如著名的微软捆绑案例，但即便是在这种情形下，互补产品相关性带来的捆绑效应也依然存在和不可忽视的。

在文献研究方面，Stremersch 等[1]对早期关于捆绑策略研究的文献进行了综述，定义产品捆绑为将两个或两个以上独立的产品或服务进行整合并以一个新的价格销售，认为产品捆绑通常会给至少一部分消费者带来增加值，例如技术难题的克服、一站式服务、风险降低等，这种增加值将会提升消费者对捆绑产品的保留价值，使其大于各单独产品的保留价值之和，产生捆绑效应。Lawson 等[167]考察了人力资源的捆绑效应，通过对人力资源的各个实践综合带来的人力资源优势进行测量，研究发现每个人力资源实践对企业绩效发挥了不同的作用，而捆绑结合使用的时候，作用会更大。Lawson 进一步指出，人力资源的捆绑可以产生协同关系，即几种实践的综合作用大于几种实践的简单相加。文献[55]研究认为互补产品之间的互补程度以及捆绑效应的大小共同决定了垄断企业的互补产品捆绑是否有利于企业提高利润。文献[61]通过建立利润最大化模型研究企业关于捆绑产品组合和定价的优化策略，研究结果表明存在最优的捆绑产品组合和定价策略，企业在捆绑策略中应该选择互补性较高的产品，并给以较低的定价。文献[62]研究了产品的互补性和广告投入对企业捆绑策略的影响，发现当产品之间的互补程度较高时，在捆绑策略下，广告投入有利于增加企业利润收入。因此，本章在分析基于捆绑效应的企业捆绑和定价决策的基础上，研究捆绑效应对捆绑决策和企业绩效的影响。

另一方面，目前大部分研究文献关注了集中系统中的捆绑销售问题，而从供应链管理的视角，企业的运营决策会受到所在供应链特征和供应链成员行为的影响。供应链中企业之间的权力结构是供应链的重要特征之一。在传统的供应链中，往往是供应商通过定价、品牌策略、库存流转等方式占有供应链主导地位，而供应商之间因为谈判能力的强弱也会存在相对强势的一方。随着沃尔玛、百思买、家乐福等大型零售商的崛起，并成为供应链的主导者，供应商和零售商在交易中地位正在发生改变，它们在供应链中的权力结构也相应发生变化。因此，本章考虑的第二个问题是企业所在的供应链及其权力结构，基于互补产品的捆绑效应，建立由两个互补供应商和一个零售商组成的分散供应链模型，研究在不同权力结构下的捆绑和定价决策，探讨供应链权力结构对捆绑策略以及供应链绩效的影响。

2.2　互补产品供应链建模与捆绑效应分析

2.2.1　供应链建模及符号描述

考虑供应链结构如图 2－1 所示，包括两个互补产品供应商(A 和 C)和一个零售商(R)。供应商分别决策批发价格 w_A，w_C，向零售商提供产品 A 和产品 C。零售商决策销售策略(纯捆绑销售和不捆绑销售(即纯部件销售))，以及零售价格：在捆绑销售策略中(以上标 b 标记),两种互补的产品 A 和产品 C 被捆绑销售,零售商对捆绑产品 b 的定价为 p_b;在不捆绑销售策略中(以上标 c 标记),两种产品以 p_A 和 p_C 为零售价格分别销售。

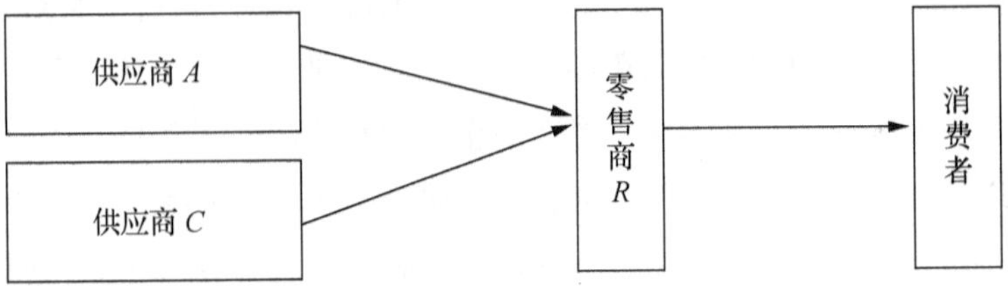

图 2-1 供应链结构

假设互补产品中主产品 A(在本章及下文中均假设是一种实体产品)的价值表示为消费者的保留价值 V_A,即消费者愿意为单位商品支付的最高价格。从零售商角度,市场中消费者对商品的保留价值是随机变量,且服从均匀分布,有 $V_A \sim U(0, a)$。消费者保留价值的均匀分布假设在捆绑研究中非常常见。在这部分研究中,假设两种产品完全互补,因此产品价值完全正相关,则互补产品 C(可能与产品 A 一样是实体产品,也可能是产品 A 的互补服务)的价值为 $V_C = \frac{b}{a} V_A \sim U(0, b)$,$b \leqslant a$。类似的假设在文献[24],Sheikhzadeh 等[168],Derdenger 等[169]研究文献中也被使用过。互补产品价值完全正相关性在实际生产和生活中也非常多见,例如当汽车作为主产品对消费者非常有价值时,那么互补产品汽车服务或汽车金融产品对消费者的价值也自然较高;而当消费者并不打算购买一台笔记本电脑时,互补的电脑软件对于消费者来说必然也没有价值。假设每种产品单位利润大于零,即有 $c_A < a$,$c_C < b$,c_A 和 c_C 为产品的单位生产成本。

两种互补产品的捆绑效应表示为 r,根据文献[51]假设两种产品的捆绑组合产品的消费者保留价值为 V_b,那么有 $V_b = (1+r)(V_A + V_C)$。很显然,对于每一对互补关系的产品,r 是固定的,且大于零,表示了两种产品之间的互补强度。r 越大,则产品互补性越强,通过零售商的捆绑销售,能够增加商品的价值。这里忽略隐性捆绑的捆绑效应,例如由消费者在不捆绑销售策略下的自行组合产品。由于技术难度或搜索成本,由零售商先行捆绑,再销售给消费者,将带给消费者方便、节省、专业等额外的效用,因而增加了捆绑商品组合的价值。例如一些消费者更愿意支付更高的价格,为得到商家已经预装了操作系统和必备软件的电子设备。

供应链终端的消费者市场容量为 M,消费者的购买决策相互独立,根据其对商品的保留价值和产品的销售价格决定是否购买产品，购买哪种产品，只有消费者对商品的保留价值大于商品的零售价格时，消费者才会选择购买产品。在零售商的纯部件销售策略下，消费者可能购买产品 A 或产品 C 或同时购买两种产品，在零售商捆绑销售策略下，消费者选择购买捆绑产品或不购买。按照消费者的购买决策分类，可以得到每一类消费者所占的比例，进而可以得到每种产品的市场需求。

纯部件销售：

$$pr^c(A)=pr^c(p_A^c<V_A \text{ 且 } p_C^c\geqslant V_C)=pr^c\left(p_A^c<V_A \text{ 且 } V_A\leqslant\frac{a}{b}p_C^c\right)$$

$$=F_A\left(\frac{a}{b}p_C^c\right)-F_A(P_A^c)=\begin{cases}\frac{p_C^c}{b}-\frac{p_A^c}{a}, & \frac{a}{b}p_C^c>p_A^c\\ 0, & \text{其他}\end{cases} \tag{2-1}$$

$$pr^c(A,C)=pr^c(p_A^c<V_A \text{ 且 } p_C^c<V_C)=prc\left(p_A^c<V_A \text{ 且 } V_A>\frac{a}{b}p_C^c\right)$$

$$=\begin{cases}1-\frac{p_C^c}{b}, & \frac{a}{b}p_C^c>p_A^c\\ 1-\frac{p_A^c}{a}, & \text{其他}\end{cases} \tag{2-2}$$

$$pr^c(C)=pr^c(p_C^c<V_C \text{ 且 } p_A^c\geqslant V_A)=\begin{cases}\frac{p_A^c}{a}-\frac{p_C^c}{b}, & \frac{a}{b}p_C^c<p_A^c\\ 0, & \text{其他}\end{cases} \tag{2-3}$$

联合式(2－1)、式(2－2)和式(2－3)，得到产品 A 和 C 的市场需求分别为：

$$D_A^c=M\left(1-\frac{p_A^c}{a}\right),D_C^c=M\left(1-\frac{p_C^c}{b}\right)$$

纯捆绑销售：

$$pr^b(b)=pr^b(V_b>p_b^b)=pr^b((1+r)(V_A+V_C)>p_b^b)=pr^b\left(V_A>\frac{ap_b^b}{(1+r)(a+b)}\right)=1-F_A^b\left(\frac{ap_b^b}{(1+r)(a+b)}\right)=1-\frac{p_b^b}{(1+r)(a+b)} \tag{2-4}$$

捆绑产品的市场需求为：$D_b^b=M\left(1-\frac{p_b^b}{(1+r)(a+b)}\right)$。

2.2.2　捆绑效应分析

互补产品的捆绑销售在影响产品销售方式的同时，其产生的捆绑效应成为决定捆绑策略实施的重要条件和影响供应链绩效的重要因素，这一部分基于集中供应链捆绑和定价决策，进行捆绑效应分析。

在集中供应链中（以上标 C 表示），供应商和零售商集体行动，追求供应链整体利润最大化，不同的销售策略下决策最优销售价格。纯部件销售策略下供应链（以下标 sc 标记）整体利润为：

$$\Pi_{sc}^{Cc}=(p_A^{Cc}-c_A)D_A^{Cc}+(p_C^{Cc}-c_C)D_C^{Cc}=$$

$$(p_A^{Cc}-c_A)\left(1-\frac{p_A^{Cc}}{a}\right)M+(p_C^{Cc}-c_C)\left(1-\frac{p_C^{Cc}}{b}\right)M \qquad (2-5)$$

对公式(2-5)进行求导，可以计算出 $|\boldsymbol{H}|=\begin{vmatrix}\dfrac{\partial^2\Pi_{sc}^{Cc}}{\partial^2 p_A^{Cc}} & \dfrac{\partial^2\Pi_{sc}^{Cc}}{\partial p_A^{Cc}\partial p_C^{Cc}}\\ \dfrac{\partial^2\Pi_{sc}^{Cc}}{\partial p_C^{Cc}\partial p_A^{Cc}} & \dfrac{\partial^2\Pi_{sc}^{Cc}}{\partial^2 p_C^{Cc}}\end{vmatrix}>0$，所以利润函数为联合凹函数，满足最大化的二阶条件，存在唯一的最优解使得利润函数最大化。通过一阶求导可以得到集中供应链的最优定价决策为 $p_A^{Cc*}=\dfrac{a+c_A}{2}$，$p_C^{Cc*}=\dfrac{b+c_C}{2}$，两种商品的市场需求为 $D_A^{Cc*}=\dfrac{a-c_A}{2a}M$，$D_C^{Cc*}=\dfrac{b-c_C}{2b}M$，供应链整体利润为：$\Pi_{sc}^{Cc*}=\left[\dfrac{(a-c_A)^2}{4a}+\dfrac{(b-c_C)^2}{4b}\right]M$。

同理可以得到纯捆绑销售策略下，集中供应链的最优定价决策和利润分别为：$p_b^{Cb*}=\dfrac{(a+b)(1+r)+c_A+c_C}{2}$，$\Pi_{sc}^{Cb*}=\dfrac{[(a+b)(1+r)-c_A-c_C]^2}{4(a+b)(1+r)}M$。

通过求解可以发现，在任何一种销售策略下，集中供应链的最优定价决策均与市场规模 M 无关，因此在后面的分析中假设 $M=1$。回到集中供应链的第一阶段关于销售策略的决策，通过比较不同销售策略下集中供应链的总利润，可以得到以下命题。

命题 2.1：在集中供应链中，当两个互补产品的捆绑效应大于一个特定阈值时，集中供应链可以通过捆绑销售提高整体利润，假设两种产品的价值呈完全正相关关系，则阈值为 $r^{Cb*}=\dfrac{\left[\sqrt{\dfrac{(a-c_A)^2}{a}+\dfrac{(b-c_C)^2}{b}}+\sqrt{\dfrac{(a+c_A)^2}{a}+\dfrac{(b+c_C)^2}{b}}\right]^2}{4(a+b)}-1$。当两种产品满足 $\dfrac{c_A}{a}=\dfrac{c_C}{b}=k$ 时，有 $r^{Cb*}=0$，即捆绑销售对于存在正捆绑效应的互补产品集中供应链总是有利的。

从命题 2.1 中可以看出，与现实情况相符，互补产品的捆绑销售并不总是最优的选择，即使是集中供应链，当且仅当捆绑产品之间的互补性满足一定条件时，捆绑销售才能为企业带来利润增长。互补产品的捆绑效应成为决定捆绑销售实施的重要决定因素，只有当捆绑效应大于一定阈值时，销售商才能在捆绑销售策略中获得更高的利润。因此，在后面的研究分析中，将继续基于捆绑效应分析供应链中的捆绑销售与定价决策，以及捆绑销售对供应链绩效的影响。

2.3　基于捆绑效应的分散供应链捆绑和定价决策

在这一部分，主要基于捆绑效应，分别分析供应商主导（以上标 S 标记）、零售商主导（以上标 R 标记）情形下分散供应链（供应链结构如图 2 - 1）中成员定价决策和零售商的销售策略。假设零售商的销售策略决策是阶段性的，在销售阶段开始之前确定，销售开始之后，实施相应的销售策略直到销售期结束，销售过程中的销售定价由供应链成员通过定价博弈作出各自的最优定价决策。

2.3.1　供应商主导情形

首先，假设供应商在供应链中占主导地位，供应链成员按照图 2 - 2 所示的决策次序进行完全信息动态博弈。在价格博弈中，由供应商先给出批发价格，然后零售商根据商品的批发价格和前期确定好的销售策略进行零售定价，最后市场中的消费者根据产品的销售形式和销售价格进行购买决策和购买行为。其中假设两种互补产品中，产品 A 为主要产品，产品 C 为互补产品，那么通常情况下，供应商 C 会根据供应商 A 的批发价格来决策自己的批发价格，因此在决策次序上由供应商 A 先行决策。

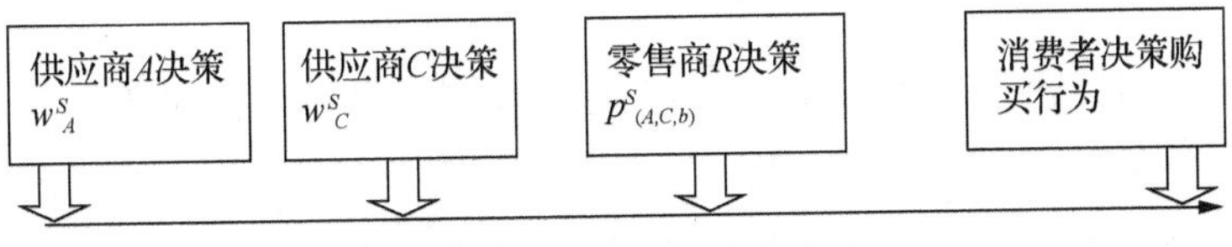

图 2 - 2　供应商主导情形下供应链成员决策次序

假设零售商的零售价格为：

$$p_A^{S_c}=w_A^{S_c}+m_A^{S_c} \tag{2-6}$$

$$p_C^{S_c}=w_C^{S_c}+m_C^{S_c} \tag{2-7}$$

$$p_b^{S_b}=w_A^{S_b}+w_C^{S_b}+m_b^{S_b} \tag{2-8}$$

式中，$m_i^{S_c}(i=A,C)$和 $m_b^{S_b}$ 分别为零售商在部件销售和捆绑销售情形下销售产品的单位利润，因此零售商的零售价格决策等价于单位利润的决策。基于式(2-6)、式(2-7)和式(2-8)，零售商的销售利润可以表示为：

$$\Pi_R^{S_c}=m_A^{S_c}\left(1-\frac{p_A^{S_c}}{a}\right)+m_C^{S_c}\left(1-\frac{p_C^{S_c}}{b}\right)=m_A^{S_c}\left(1-\frac{w_A^{S_c}+m_A^{S_c}}{a}\right)+m_C^{S_c}\left(1-\frac{w_C^{S_c}+m_C^{S_c}}{b}\right) \tag{2-9}$$

$$\Pi_R^{S_b}=m_b^{S_b}\left(1-\frac{w_A^{S_b}+w_C^{S_b}+m_b^{S_b}}{(a+b)(1+r)}\right) \tag{2-10}$$

互补产品供应商 C 的利润函数为：

$$\Pi_C^{S_c}=(w_C^{S_c}-C_C)\left(1-\frac{w_C^{S_c}+m_C^{S_c}}{b}\right) \tag{2-11}$$

$$\Pi_C^{S_b}=(w_C^{S_b}-C_C)\left(1-\frac{w_A^{S_b}+w_C^{S_b}+m_b^{S_b}}{(a+b)(1+r)}\right) \tag{2-12}$$

供应商 A 的利润函数可以表示为：

$$\Pi_A^{S_c}=(w_A^{S_c}-C_A)\left(1-\frac{w_A^{S_c}+m_A^{S_c}}{b}\right) \tag{2-13}$$

$$\Pi_A^{S_b}=(w_A^{S_b}-C_A)\left(1-\frac{w_A^{S_b}+w_C^{S_b}+m_b^{S_b}}{(a+b)(1+r)}\right) \tag{2-14}$$

在纯部件销售策略下，逆序求解，首先分析零售商对供应商 A 和 C 的最优定价 $w_A^{S_c}$ 和 $w_C^{S_c}$ 的最优反应。通过海塞矩阵可以证明零售商的利润函数为 $m_A^{S_c}$ 和 $m_C^{S_c}$ 的联合凹函数，存在满足利润最大化的唯一最优解，因此通过一阶求导可以得到零售商的最优反应函数为：

$$m_A^{S_c}=\frac{a-w_A^{S_c}}{2} \tag{2-15}$$

$$m_C^{S_c}=\frac{b-w_C^{S_c}}{2} \tag{2-16}$$

再分析互补产品供应商 C 的行动，在理性预测零售商反应的基础上，通过观察到主产品供应商 A 的批发价格决策，将式(2-16)代入式(2-11)做出最优决策，因此通过求解满足其利润最大化的最优解得到其最优定价为：

$$w_C^{S_c *}=\frac{b+c_C}{2} \tag{2-17}$$

同理，在理性预期供应商 C 和零售商的最优反应的情形下，将式(2－15)、式(2－16)和式(2－17)代入式(2－13)，供应商 A 做出最优决策：

$$w_A^{Sc*}=\frac{a+c_A}{2} \tag{2-18}$$

最后，将供应商 A 的最优决策式(2－18)代入到其他供应链成员的最优反应函数中(式(2－15)和式(2－16))，可以得到在纯部件销售策略下供应链最优均衡决策为：$w_A^{Sc*}=\frac{a+c_A}{2}$，$w_C^{Sc*}=\frac{b+c_C}{2}$，$p_A^{Sc*}=\frac{3a+c_A}{4}$，$p_C^{Sc*}=\frac{3b+c_C}{4}$。供应链成员和供应链整体利润分别为：

$$\Pi_A^{Sc*}=\frac{(a-c_A)^2}{8a},\Pi_C^{Sc*}=\frac{(b-c_C)^2}{8b},\Pi_R^{Sc*}=\frac{(a-c_A)^2}{16a}+\frac{(b-c_C)^2}{16b},$$

$$\Pi_{sc}^{Sc*}=\frac{3\,(a-c_A)^2}{16a}+\frac{3\,(b-c_C)^2}{16b}。$$

在捆绑销售策略下，通过分析零售商利润可以得到 $\frac{\partial \Pi_R^{Sb}}{\partial m_b^{Sb}}=\frac{[(a+b)(1+\theta)-w_A^{Sb}-w_C^{Sb}-2m_b^{Sb}]}{(a+b)(1+r)}$ 和 $\frac{\partial^2 \Pi_R^{Sb}}{\partial^2 m_b^{Sb}}=\frac{-2}{(a+b)(1+r)}<0$，因此可以得到零售商对于供应商的反应函数为 $m_b^{Sb}=\frac{(a+b)(1+r)-w_A^{Sb}-w_C^{Sb}}{2}$。逆序求解可以得到供应商 C 的最优反应函数和供应商 A 的最优批发价格决策分别为：$w_C^{Sb}=\frac{(a+b)(1+r)-w_A^{Sb}+c_C}{2}$，$w_A^{Sb*}=\frac{(a+b)(1+r)+c_A-c_C}{2}$。因此可以得到捆绑销售策略下，供应链均衡最优决策为 $w_C^{Sb*}=\frac{(a+b)(1+r)+3c_C-c_A}{4}$，$p_b^{Sb*}=\frac{7(a+b)(1+r)+c_A+c_C}{8}$。市场需求和供应链成员及供应链整体的利润分别为：

$$D_b^{Sb*}=\frac{(a+b)(1+r)-c_A-c_C}{8(a+b)(1+r)},\Pi_R^{Sb*}=\frac{[(a+b)(1+r)-c_A-c_C]^2}{64(a+b)(1+r)},$$

$$\Pi_A^{Sb*}=\frac{[(a+b)(1+r)-c_A-c_C]^2}{16(a+b)(1+r)},\Pi_C^{Sb*}=\frac{[(a+b)(1+r)-c_A-c_C]^2}{32(a+b)(1+r)},$$

$$\Pi_{sc}^{Sb*}=\frac{7\,[(a+b)(1+r)-c_A-c_C]^2}{64(a+b)(1+r)}。$$

最后回到销售阶段开始前的零售商销售策略决策，为了获得更多的解析结果，假设 $\frac{c_A}{a}=\frac{c_C}{b}=k$ 且 $r>0$。基于以上最优均衡决策，通过分析不同销售策略下供应链成员的利润，可以得到以下命题。

命题 2. 2：在供应商主导情形下的分散供应链中有：(1) $\frac{\partial \Pi_R^{Sb*}}{\partial r}>0,\frac{\partial \Pi_A^{Sb*}}{\partial r}>0,\frac{\partial \Pi_C^{Sb*}}{\partial r}>0,\frac{\partial \Pi_{sc}^{Sb*}}{\partial r}>0,\ \frac{\partial \Pi_A^{Sb*}}{\partial r}>\frac{\partial \Pi_C^{Sb*}}{\partial r}>\frac{\partial \Pi_R^{Sb*}}{\partial r}$。

(2) 当 $r>r_i^{Sb*}(i=R,A,C,sc)$，$\Pi_i^{Sb*}>\Pi_i^{Sc*}(i=R,A,C,sc)$，其中有

$$r_R^{Sb*}=2(1-k)^2+(1-k)\sqrt{2k+4(1-k)^2}-(1-k),$$

$$r_A^{Sb*}=\frac{a(1-k)^2+(1-k)\sqrt{2a(a+b)k+a^2(1-k)^2}-(a+b)(1-k)}{a+b},$$

$$r_C^{Sb*}=\max\left\{0,\frac{2b(1-k)^2+(1-k)\sqrt{4b(a+b)k+2b^2(1-k)^2}-(a+b)(1-k)}{a+b}\right\},$$

$$r_{sc}^{Sb*}=\frac{6(1-k)^2+2(1-k)\sqrt{21k+9(1-k)^2}-7(1-k)}{7}$$

(3) 存在一个阈值 $r^{Sb*}=\max\{r_i^{Sb*}(i=R,A,C,sc)\}=r_R^{Sb*}$，当 $r>r^{Sb*}$ 时，分散供应链的整体利润在捆绑销售策略中得到改善，且供应链中所有成员的利润均有所提升，且有 $r^{Sb*}>r^{Cb*}$。

命题 2.2 的第一点表明在捆绑销售策略中供应链成员和整体利润随着互补产品捆绑效应的增加而增加，且在供应链中占主导地位的供应商 A 的利润增加最快，而零售商的利润增加最慢。因此，当零售商的捆绑销售由于互补产品的捆绑效应给消费者带来附加值的同时，也为供应链成员带来利润增长，捆绑效应越强，利润增长越快。但由于供应链中成员间的地位不同，决策次序不同，从捆绑销售中获利不同。

虽然捆绑效应给捆绑销售中的供应链成员带来利润增长，但是与部件销售情形相比，各成员的利润未必总是得到改善，犹如集中供应链的捆绑利润高于部件销售要求捆绑效应必须大于特定的阈值一样，在分散供应链中，也同样存在一些特定的阈值，保证捆绑销售能够优于部件销售，如命题 2.2 的第二点所示。例如对于零售商来说，只有当 $r>r_R^{Sb*}$ 且有 $r_R^{Sb*}=2(1-k)^2+(1-k)\sqrt{2k+4(1-k)^2}-(1-k)$ 时，捆绑销售情形下的利润才高于部件销售。由于成员间的决策次序先后关系，因此对于每个成员和供应链整体的捆绑销售阈值各不相同。

命题 2.2 的第三点表明零售商的捆绑阈值是所有阈值中最高的一个，当两个互补产品的捆绑效应大于这一阈值时，捆绑销售对所有供应链成员和整体绩效都是有利的。因此供应链在捆绑销售中得到改进，而且所有成员的利益都没有变坏，

把这一阈值称为供应链的帕累托改进阈值。另外，与文献[76] 和 Girju 等[170] 的研究结论相一致，分散供应链削弱了捆绑销售的优势。如命题 2.2 中表明的 $r^{Sb*}>r^{Cb*}$，分散供应链中捆绑销售使得供应链帕累托改进的捆绑阈值大于集中供应链。因为分散供应链成员之间完全信息动态定价博弈中的多级边际化，使得最优定价决策中最终的零售价格更高，损伤了消费者的利益。

2.3.2　零售商主导情形

零售商主导情形下，供应链成员间的决策次序如图 2－3 所示。

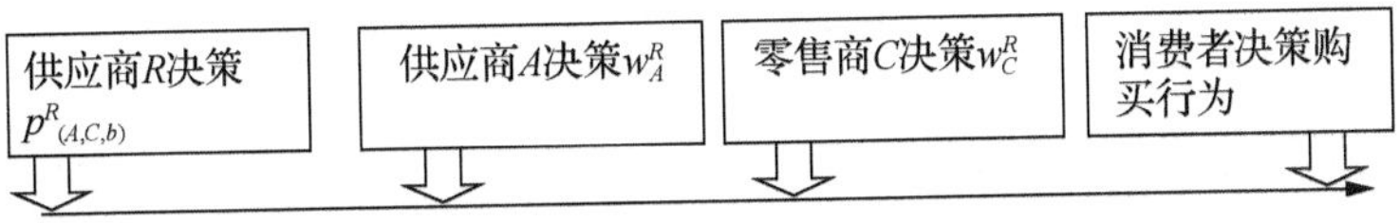

图 2－3　零售商主导情形下供应链成员决策次序

在部件销售策略中，逆序求解，依然假设零售价格为 $p_i^{Rc}=w_i^{Rc}+m_i^{Rc}$，$i=A,C$，($w_A^{Rc}$、$w_C^{Rc}$ 为产品批发价格），零售商的最优单位利润决策为 m_A^{Rc} 和 m_C^{Rc}，那么供应商 C 的利润函数是 $\Pi_C^{Rc}=(w_C^{Rc}-c_C^{Rc})D_C^{Rc}$，可以计算出当 $w_C^{Rc}<\dfrac{b+c_C-m_C^{Rc}}{2}$ 时，$\dfrac{\partial\Pi_C^{Rc}}{\partial w_C^{Rc}}>0$；当 $w_C^{Rc}>\dfrac{b+c_C-m_C^{Rc}}{2}$ 时，$\dfrac{\partial\Pi_C^{Rc}}{\partial w_C^{Rc}}<0$。所以供应商 C 的利润函数是拟凹函数，在 $w_C^{Rc}=\dfrac{b+c_C-m_C^{Rc}}{2}$ 处取得唯一的最大值，因此 C 的反应函数为：

$$w_C^{Rc}=\frac{b+c_C-m_C^{Rc}}{2} \tag{2-19}$$

供应商 A 的利润函数是 $\Pi_A^{Rc}=(w_A^{Rc}-c_A)D_A^{Rc}$，同样可以计算出当 $w_A^{Rc}<\dfrac{a+c_A-m_A^{Rc}}{2}$ 时，$\dfrac{\partial\Pi_A^{Rc}}{\partial w_A^{Rc}}>0$；当 $w_A^{Rc}>\dfrac{a+c_A-m_A^{Rc}}{2}$ 时，$\dfrac{\partial\Pi_C^{Rc}}{\partial w_A^{Rc}}<0$，所以供应商 A 在 $w_A^{Rc}=\dfrac{a-m_A^{Rc}+c_A}{2}$ 处取得唯一的最大值，因此供应商 A 的反应函数为：

$$w_A^{Rc}=\frac{a-m_A^{Rc}+c_A}{2} \tag{2-20}$$

在理性预期供应商的最优反应函数的基础上，零售商决策最优单位利润以最大化利润 $\Pi_R^{Rc}=m_A^{Rc}D_A^{Rc}+m_C^{Rc}D_C^{Rc}$。将供应商的反应函数[式(2－19)和式(2－20)]

代入零售商的利润函数，可以得到海塞矩阵且 $|\boldsymbol{H}|=\begin{vmatrix}\dfrac{\partial^2\Pi_R^{Rc}}{\partial^2 m_A^{Rc}} & \dfrac{\partial^2\Pi_R^{Rc}}{\partial m_A^{Rc}\partial m_C^{Rc}}\\ \dfrac{\partial^2\Pi_R^{Rc}}{\partial m_C^{Rc}\partial m_A^{Rc}} & \dfrac{\partial^2\Pi_R^{Rc}}{\partial^2 m_C^{Rc}}\end{vmatrix}>0$，因此零售商的利润函数是联合凹函数，拥有唯一的最大值，通过一阶导数的条件，得到零售商利润最大化的最优决策为 $m_A^{Rc*}=\dfrac{a-c_A}{2}$，$m_C^{Rc*}=\dfrac{b-c_C}{2}$。最后，可以得到供应商和零售商在理性预期均衡中的最优批发价格和零售价格分别为：$w_A^{Rc*}=\dfrac{a+3c_A}{4}$，$w_C^{Rc*}=\dfrac{b+3c_C}{4}$，$p_A^{Rc*}=\dfrac{3a+c_A}{4}$，$p_C^{Rc*}=\dfrac{3b+c_C}{4}$；最大利润分别为：$\Pi_A^{Rc*}=\dfrac{(a-c_A)^2}{16a}$，$\Pi_C^{Rc*}=\dfrac{(b-c_C)^2}{16b}$，$\Pi_R^{Rc*}=\dfrac{(a-c_A)^2}{8a}+\dfrac{(b-c_C)^2}{8b}$。

在捆绑销售策略中，假设零售商捆绑产品价格为 $p_b^{Rb}=w_A^{Rb}+w_C^{Rb}+m_b^{Rb}$，其中，零售商捆绑产品的最优单位利润为 m_b，供应商 C 和供应商 A 的最优反应函数分别为：$w_C^{Rb}=\dfrac{(a+b)(1+r)-w_A^{Rb}-m_b^{Rb}+c_C}{2}$，$w_A^{Rb}=\dfrac{(a+b)(1+r)-m_b^{Rb}+c_A-c_C}{2}$。考虑到供应商的最优反应，零售商的利润最大化最优决策为 $m_b^{Rb*}=\dfrac{(a+b)(1+r)-c_A-c_C}{2}$。因此，均衡状态下供应链成员的最优决策分别为：$w_A^{Rb*}=\dfrac{(a+b)(1+r)+3c_A-c_C}{4}$，$w_C^{Rb*}=\dfrac{(a+b)(1+r)+7c_C-c_A}{8}$，$p_b^{Rb*}=\dfrac{7(a+b)(1+r)+c_A+c_C}{8}$；获得利润 $\Pi_R^{Rb*}=\dfrac{[(a+b)(1+r)-c_C-c_A]^2}{16(a+b)(1+r)}$，$\Pi_A^{Rb*}=\dfrac{[(a+b)(1+r)-c_C-c_A]^2}{32(a+b)(1+r)}$，$\Pi_C^{Rb*}=\dfrac{[(a+b)(1+r)-c_C-c_A]^2}{64(a+b)(1+r)}$。基于以上最优均衡决策，通过分析不同销售策略下供应链成员的利润，可以得到以下命题。

命题 2.3：假设 $\dfrac{c_A}{a}=\dfrac{c_C}{b}=k$，零售商主导情形下，供应链成员捆绑阈值分别为：

$$r_{sc}^{Rb*}=\frac{6\,(1-k)^2+2(1-k)\sqrt{21k+9\,(1-k)^2}-7(1-k)}{7},$$

$$r_R^{Rb*}=(1-k)\sqrt{1+k^2}-k(1-k),$$

$$r_A^{Rb*}=\frac{a\,(1-k)^2+(1-k)\sqrt{2a(a+b)k+a^2\,(1-k)^2}-(a+b)(1-k)}{a+b},$$

$$r_C^{Rb*}=\max\left\{0,\frac{2b(1-k)^2+(1-k)\sqrt{4b(a+b)k+2b^2(1-k)^2}-(a+b)(1-k)}{a+b}\right\}。$$

存在供应链改进的捆绑阈值为 $r^{Rb*}=\max\{r_i^{Rb*}\}=r_R^{Rb*}(i=R,A,C,sc)$。

2.4 供应链权力结构对捆绑策略及绩效的影响

这一部分将讨论供应链权力结构，即供应链中不同成员由于渠道力量差异而带来的主导地位和决策次序，对互补产品捆绑销售的影响，分别考察两种情形，首先是供应商与零售商主导地位的影响，其次是供应链成员决策次序的影响。

2.4.1 供应商与零售商主导地位的影响

首先通过 2.3 节的结论对比，可以得到供应商与零售商之间渠道力量差异对供应链绩效和捆绑策略的影响，如命题 2.4 所示。

命题 2.4：在供应商主导和零售商主导情形中，均衡状态存在以下关系：

(1) $p_b^{Rb*}=p_b^{Sb*}$；(2) $\Pi_{sc}^{Rb*}=\Pi_{sc}^{Sb*}$；(3) $r_R^{Rb*}<r_R^{Sb*}$。

上述命题首先表明，在分散供应链中，无论是供应商主导还是零售商主导情形，捆绑产品的零售价格和供应链整体利润都相同，因此供应商和零售商在供应链中的相对谈判权力地位不会影响到捆绑策略中消费者的利益以及供应链的整体绩效，但显然会影响到供应商和零售商之间的利润分配。

另一方面，命题 2.4 还表明，相比于供应商主导，零售商主导情形下，零售商实施捆绑策略的捆绑效应阈值更小，即捆绑策略实施条件更加宽松，对互补产品的捆绑效应要求更低。因为当零售商主导供应链时，其相对于上游供应商拥有更强势的谈判力量，在价格博弈中占有优势，因此能够从捆绑销售中分得更多的好处，更有动力进行捆绑销售。当然当零售商捆绑销售的实施阈值降低时，也会给供应链整体带来益处，因为通过计算结果发现，供应商和供应链整体的捆绑销售阈值均小于零售商阈值，当零售商采用捆绑销售策略提高利润时，该策略也同样有利于供应链整体利润的提升。

2.4.2 供应链成员决策次序的影响

为了考察供应链成员的决策次序对捆绑策略和供应链绩效的影响，接下来对比分析两种不同权力结构的供应链，首先考虑供应商主导下供应商渠道力量平等情形：供应商优先于零售商同时做出批发价格决策，零售商根据观察到的批发价格做出自己的零售价格决策。在这种情形下，通过求解价格博弈，可以得到在捆绑策略下存在唯一的均衡解，分别为：$w_A^{Sb1*}=\frac{(a+b)(1+r)+2c_A-c_C}{3}$，$w_C^{Sb1*}=\frac{(a+b)(1+r)+2c_C-c_A}{3}$，$p_b^{Sb1*}=\frac{5(a+b)(1+r)+c_C+c_A}{6}$。均衡状态下市场需求和各成员的捆绑利润分别为：$D_b^{Sb1*}=\frac{(a+b)(1+r)-c_C-c_A}{6(a+b)(1+r)}$，$\Pi_R^{Sb1*}=\frac{[(a+b)(1+r)-c_C-c_A]^2}{36(a+b)(1+r)}$，$\Pi_A^{Sb1*}=\Pi_C^{Sb1*}=\frac{[(a+b)(1+r)-c_C-c_A]^2}{18(a+b)(1+r)}$，$\Pi_{sc}^{Sb1*}=\frac{5[(a+b)(1+r)-c_C-c_A]^2}{36(a+b)(1+r)}$。

通过分析均衡解和捆绑利润，可以发现，在供应商同时决策时，两个供应商将获得相同的销售利润，同时供应链整体绩效将高于二者不同时决策的情形。因此，由供应链上成员渠道力量的不平衡形成的决策过程中的多级边际化不仅影响成员的利润分享，更影响到供应链的整体绩效。

为了分析多级边际化对捆绑策略的影响，类似的假设$\frac{c_A}{a}=\frac{c_C}{b}=k$，可以得到这种情形下，供应链各成员的捆绑阈值分别为：

$$r_{sc}^{Sb1*}=\frac{27\,(1-k)^2+3(1-k)\sqrt{240k+81\,(1-k)^2}-40(1-k)}{40},$$

$$r_R^{Sb1*}=\frac{9\,(1-k)^2+3(1-k)\sqrt{16k+9\,(1-k)^2}-8(1-k)}{8},$$

$$r_A^{Sb1*}=\frac{9a\,(1-k)^2+3(1-k)\sqrt{16a(a+b)k+9a^2\,(1-k)^2}-8(a+b)(1-k)}{8(a+b)},$$

$$r_C^{Sb1*}=\max\left\{\frac{9b\,(1-k)^2+3(1-k)\sqrt{16b(a+b)k+9b^2\,(1-k)^2}-8(a+b)(1-k)}{8(a+b)},0\right\}。$$

同样存在着供应链帕累托改进的捆绑阈值为$r^{Sb1*}=\max\{r_i^{Sb1*}\}=r_R^{Sb1*}$（$i=R$，

A,C,sc)。

再考虑供应链所有成员平等情形，供应商和零售商同时进行价格决策，可以得到唯一的 Nash 均衡解为：$w_A^{Sb2*}=\frac{(a+b)(1+r)+3c_A-c_C}{4}$，$w_C^{Sb2*}=\frac{(a+b)(1+r)+3c_C-c_A}{4}$，$p_b^{Sb2*}=\frac{3(a+b)(1+r)+c_C+c_A}{4}$。市场需求和成员利润为 $D_b^{Sb2*}=\frac{(a+b)(1+r)-c_C-c_A}{4(a+b)(1+r)}$，$\Pi_R^{Sb2*}=\Pi_A^{Sb2*}=\Pi_C^{Sb2*}=\frac{[(a+b)(1+r)-c_C-c_A]^2}{16(a+b)(1+r)}$，$\Pi_{sc}^{Sb2*}=\frac{3[(a+b)(1+r)-c_C-c_A]^2}{16(a+b)(1+r)}$。在这种情形下，平等的供应链成员均分供应链利润，供应商 C、零售商和供应链整体利润均有所提升。

当 $\frac{c_A}{a}=\frac{c_C}{b}=k$ 时，供应链成员及整体的捆绑阈值分别为：

$$r_R^{Sb2*}=r_{sc}^{Sb2*}=0,$$

$$r_A^{Sb2*}=\frac{a\,(1-k)^2+(1-k)\sqrt{2a(a+b)k+a^2\,(1-k)^2}-(a+b)(1-k)}{a+b},$$

$$r_C^{Sb2*}=\max\left\{\frac{b\,(1-k)^2+(1-k)\sqrt{2b(a+b)k+b^2\,(1-k)^2}-(a+b)(1-k)}{a+b},0\right\}。$$

供应链帕累托改进捆绑阈值为 $r^{Sb2*}=\max\{r_i^{Sb2*}\}=r_A^{Sb2*}\,(i=R,A,C,sc)$。

通过比较分析，可以得到供应链权力结构对互补产品供应链的定价决策、利润和捆绑策略的影响，如命题 2.5 所示。

命题 2.5：在不同的供应链权力结构中最优均衡零售价格、供应链利润和帕累托改进捆绑阈值有如下关系：

(1) $p_b^{Sb2*}<p_b^{Sb1*}<p_b^{Sb*}$；(2) $\Pi_{sc}^{Sb2*}>\Pi_{sc}^{Sb1*}>\Pi_{sc}^{Sb*}$；(3) $r^{Sb2*}<r^{Sb1*}<r^{Sb*}$。

上述命题表明，供应链中成员间的渠道力量越均等，捆绑情形下零售价格越低，因此市场需求量越大，供应链整体利润越高。对于捆绑策略的影响，可以发现在成员渠道力量完全对等的情形下，供应链帕累托改进的捆绑阈值最低，因此捆绑策略对供应链改进越有吸引力；在供应链渠道力量分散悬殊时，捆绑阈值最高。因此，在实际供应链管理中，若拥有渠道力量优势的成员有意识地放弃优势，则有利于促进捆绑策略的实施和供应链利润的改进。

2.5 数值实验与管理启示

基于上述解析分析和命题 2.2，利用数值实验，假设 $a=1,b=0.5$，可以分析在供应商主导情形中供应链不同成员的捆绑阈值具有以下特征。

首先，所有成员的捆绑销售阈值会随着产品的成本价值比例增加而降低，如图 2-4 所示。因此意味着，对于供应链的实际运营与管理，当两种互补产品的边际利润高、捆绑销售阈值越小时，供应链成员越倾向于采用捆绑销售策略。最典型的例子是信息产品，由于单位成本非常小甚至可以被忽略，因此很多时候被捆绑销售。

其次，上游供应商的捆绑销售阈值与互补产品的价值比例$\left(\frac{b}{a}\right)$相关，如图 2-5 所示，假设$\frac{c_A}{a}=\frac{c_C}{b}=\frac{1}{2}$，互补产品供应商的捆绑阈值随着价值比例的增加而降低，而主导产品的捆绑阈值随着价值比例的增加而增加。当互补产品的价值越接近主导产品时，两种产品越对称，主导产品供应商越是不愿意捆绑，而互补产品供应商越倾向捆绑销售；当 $0<\frac{b}{a}\leqslant\frac{1}{3}$时，供应商 2 的捆绑阈值降为 0，存在正的捆绑效应的捆绑销售总是有利于互补产品供应商的。

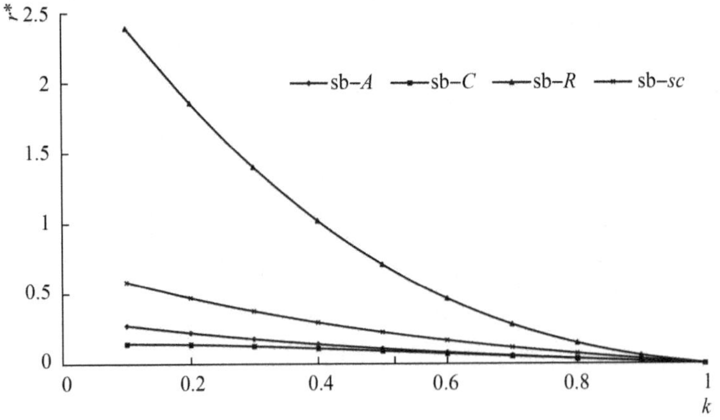

图 2-4　供应链成员捆绑效应阈值与 k

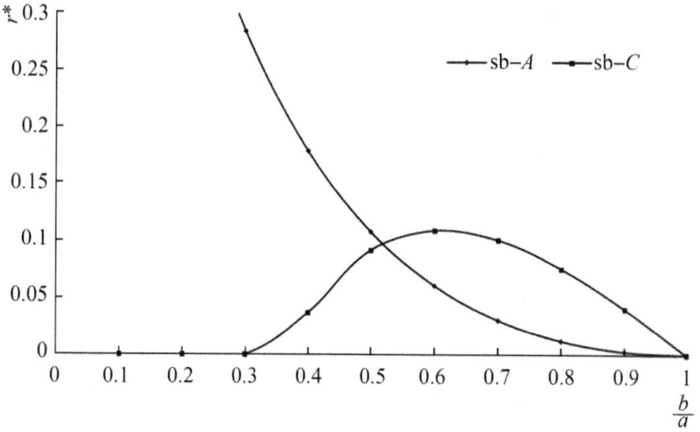

图 2-5　供应商的捆绑效应阈值与 $\frac{b}{a}$

另一方面，关于互补产品供应链权力结构对捆绑销售和供应链绩效的影响，通过数值实验同样假设$\frac{c_A}{a}=\frac{c_C}{b}=\frac{1}{2}$，可以发现分散供应链对捆绑绩效的削弱会随着供应链渠道力量趋于平衡不断地降低，如图 2-6 所示。纵坐标表示不同结构的分散供应链与集中供应链中捆绑利润的差距，其中渠道力量均等情形最低，即分散供应链对捆绑绩效的削弱最小，且随着 r 的增大，这种趋势越明显。

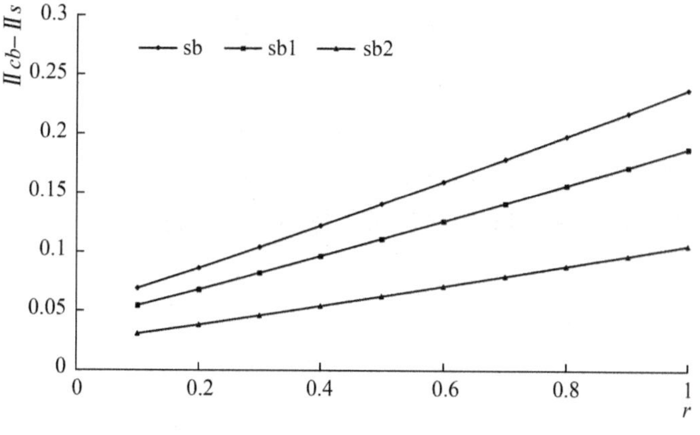

图 2-6　供应链权力结构对捆绑策略利益的影响

2.6 本章小结

这一章内容基于互补产品的捆绑效应，分别研究了集中供应链、供应商主导和零售商主导分散供应链中互补产品捆绑和定价决策，分析了供应链权力结构对互补产品捆绑策略的实施和供应链绩效的影响。捆绑效应是互补产品捆绑销售策略实施的出发点和基础，是影响捆绑策略实施效果的重要因素之一，因此应该作为企业捆绑和定价决策的重要参考。

本章考虑了消费者的价值偏好，通过建立分散供应链中成员间的价格博弈模型并求解，给出了不同权力结构的供应链中的成员最优均衡定价和零售商实施捆绑策略的有效条件即互补产品的捆绑效应阈值，以及捆绑策略使得供应链得以帕累托改进的有效条件。研究结论认为，在互补产品供应链中，只有当互补产品的捆绑效应达到或大于某一阈值时，零售商的捆绑销售才能有利于其自身利润和供应链绩效的改进，但零售商的捆绑销售也并不总是有利于供应链其他成员的利润增加，甚至可能损害上游供应商的利润。

关于本章的另一个研究问题，即供应链权力结构对捆绑策略及供应链绩效的影响，研究结论主要有以下两个方面：首先，分散供应链中供应商和零售商的权力地位虽然不影响供应链整体绩效，但会影响到零售商捆绑销售策略的实施条件，进而影响到其对供应链绩效改进的条件。当上游供应商之间权力地位相同时，零售商主导的供应链结构更有利于捆绑策略的实施和供应链绩效的捆绑改进。其次，分散供应链中成员间的渠道力量结构越均衡，决策越同步，例如当所有的供应商和零售商进行完全信息静态博弈时，捆绑销售的实施条件和对供应链绩效的改进条件越宽松，即捆绑效应阈值越小，供应链整体绩效也越高。

第3章

互补产品供应链捆绑与合作策略研究

在上一章中，研究发现互补产品的捆绑策略不仅受到互补产品的捆绑效应影响，还会受到供应链权力结构的影响，分散供应链中由于多重边际化的影响，使得捆绑销售的有效阈值相对于集中供应链更高。然而供应链中成员间的合作联盟行为作为影响供应链权力结构的重要途径，将是影响互补产品捆绑策略有效性和供应链绩效的另一个重要因素。本章基于竞争和合作博弈理论研究互补产品供应链中成员间的合作联盟策略和捆绑销售决策，探讨供应链企业合作行为对互补产品捆绑策略的影响。

DISANZHANG

3.1 引言

目前一些关注分散供应链中捆绑策略的文献研究发现，分散渠道中的横向和纵向冲突会削弱渠道中企业捆绑销售策略的有效性，而企业间可以通过合作降低这种削弱。例如文献[76]研究发现当零售商销售来自多个独立供应商的产品时，分别销售相对于捆绑销售更有利于提高利润，而供应链中企业的合作将会改善捆绑销售策略的有效性。文献[77]研究发现在供应链整体层次实施捆绑策略最有利于提高利润。

实际运营中，随着市场竞争的日趋激烈和信息共享程度的加深，企业间的合作策略已经成为供应链管理的重要内容之一和企业间实现双赢提高利润的重要途径。竞争企业之间形成合作联盟有利于共享信息、减缓竞争等，从而实现合作利益最大化。2010 年 4 月 7 日，雷诺-日产联盟与德国戴姆勒集团官方对外宣布两家正式建立大战略联盟，两大汽车巨头将在一系列实质性的项目上进行广泛的战略合作，将以经验共享的形式寻求合作利益最大化的快速实现。随着雷诺-日产和戴姆勒联盟的形成，其与大众铃木联盟和丰田集团一起成为全球汽车行业的三大联盟。互补企业之间形成合作联盟，有助于分享互补性资源和研发成果的转换等，实现共同开发市场，相互促进销售。2014 年 1 月，谷歌公司与奥迪公司宣布建立战略联盟合作。谷歌公司通过与奥迪的合作，有利于其打开新的电子科技领域，不再局限于手机等小型移动设备上，借助合作伙伴的市场和品牌资源，实现产品的创新和市场销量的增加。通过与谷歌的合作联盟，奥迪公司在车载系统及娱乐等多项电子功能方面得到了更好的提升和资源成本的节省。供应链上下游企业间的垂直合作联盟有助于消除供应链决策中双重边际化带来的不利影响，例如 2007 年国美和海尔成立国美海尔合作事业部以及 100 亿元订单的战略合作，重点在利用产业价值链上下游企业间的资源互补。

当企业间有意达成合作时，重复博弈和有效谈判成为可能，合作博弈将取代竞争博弈成为企业的主要策略。因此，将合作博弈理论运用于供应链管理领域，研究供应链企业间的合作和联盟形成问题成为博弈理论和供应链管理研究的重要方面。Aumann 认为，合作博弈理论主要关注合作联盟的形成，以及联盟内部成员间的利润分配[171]。Chacko[172]最早在供应链管理领域讨论合作联盟的形成，分析了联盟形成的影响因素。文献[87] 利用供应链中远视联盟稳定的概念，建立了三个提供替代产品的零售商之间的合作联盟模型。Nagarajan 等[173]同样是基于远视联盟稳定，研究竞争市场的合作联盟模型，发现大联盟在一定条件下是可以稳定形成的。其他研究竞争市场联盟问题的文章有 Jin 等[174]、Oshkai 等[175]、Konishi 等[176]，还有少量的文献研究互补市场的联盟问题，在绪论部分已做总结，不再赘述。

本章在考虑供应链中企业合作可能性的基础上，研究不同合作联盟情形下互补产品供应链中主导零售商的捆绑和定价策略，基于互补产品的捆绑效应分析供应链成员合作行为对捆绑策略的影响。与文献[76] 和[77]不同，这一部分的研究将利用合作博弈理论考虑供应链中企业合作联盟的稳定性，分析企业的捆绑和合作策略，进而研究稳定可行的合作行为对捆绑策略的影响。

3.2　问题描述与建模

3.2.1　问题描述

本章接着第 2 章继续考虑一个包括主产品供应商 A、互补产品供应商 C 和一个零售商 R 的分散供应链，如图 3－1 所示。但与第 2 章不同，本章和第 4 章均假设供应链由零售商主导(将上标 R 省去)，供应商随从，且具有相同的渠道力量。因为，在运营实践中随着产品销售市场的成熟，零售商的逐渐强大和买方市场的形成，由于零售商在产品销售阶段更加接近消费者的便利和优势，使得零售商在供应链中的权力地位逐渐上升，越来越多的供应链表现为零售商主导型。零售商同时销售两种互补产品 A 和 C，并在销售期开始前决定销售策略，分别销售还是捆绑销售。在分别销售策略中，零售商分别以 p_A^c，p_C^c销售两种产品；在捆绑销售(纯捆绑)策略中，零售商仅仅提供捆绑产品 b，零售价格是 p_b^b。在不同的销售策略下，供应商分别同时决策批发价格 w_i^j($i=A,C,j=c,b$)。

本章还将基于供应链成员的合作行为，考虑另外两种可能的供应链结构，如图 3－2 的供应商联盟结构和图 3－3 所示的供应链联盟结构。在供应商联盟中，当供应商合作形成联盟，且联盟稳定时，由供应商联盟统一决策批发价格，向零售商提供互补产品 A 和 C，并分配销售收入，下游主导零售商依然决策销售策略和零售价格，并向消费者提供产品。在供应链联盟结构中，由供应商和零售商统一决策销售策略和零售价格，共同向消费者提供产品，分配销售收入。

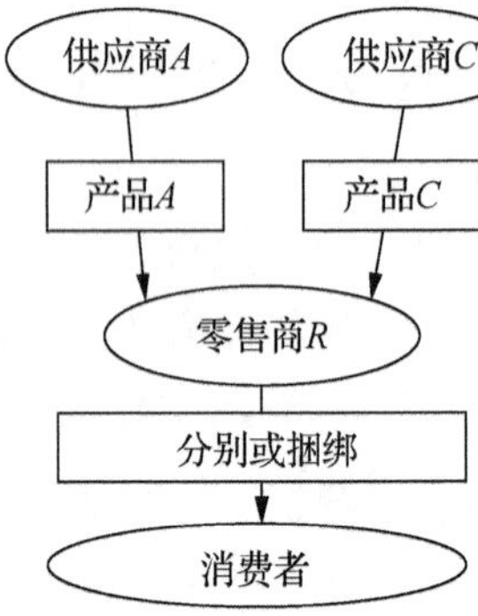

图 3-1　分散供应链结构

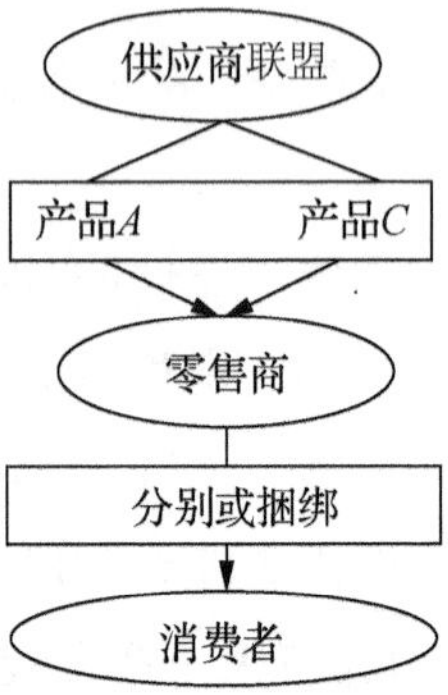

图 3-2　供应商联盟

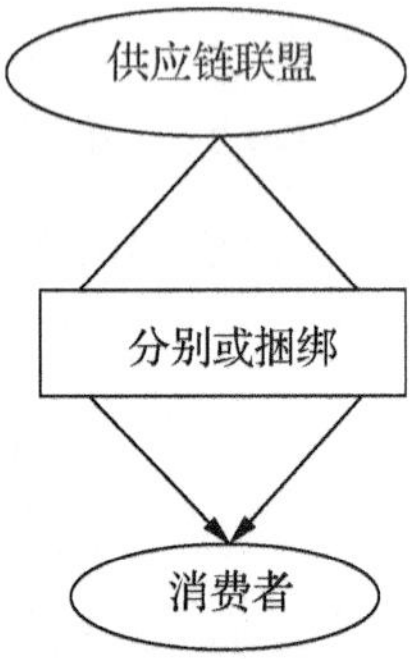

图 3-3　供应链联盟

类似于第 2 章，关于产品价值和消费者市场，依然有以下假设(这里只简单列出，不做解释)：

潜在市场需求是均值为 1 的随机变量，潜在消费者的购买决策是相互独立的，决定于商品的价值和零售价格；

主产品 A 和互补产品 C 对消费者的基本价值有 $v_A \sim U(0,a)$，$v_C=\frac{b}{a}v_A$，$b\leqslant a$；

捆绑产品的基本价值为 $v_b=(1+r)(v_A+v_C)$，r 为捆绑效应，且有 $0<r<1$；

产品的单位生产成本 c_A 和 c_C 小于其基本价值，$c_A<a$，$c_C<b$。

基于以上假设，市场中潜在消费者的购买决策以及产品的市场需求如图 3-4 所示。在零售商的分别销售策略中，若零售商的零售价格不高于消费者对产品的保留价值，则消费者选择购买该种产品；而在捆绑销售策略中，只有消费者对捆绑产品的保留价值高于或等于零售价格时，才会选择购买捆绑产品。那么根据消费者对产品保留价值的分布和捆绑效应的假设，可以得到在不同销售策略下产品的市场需求如下(分析过程见第 2 章)：

$$D_A^c=1-\frac{p_A^c}{a},D_C^c=1-\frac{p_C^c}{b},D_b^b=1-\frac{p_b^b}{(1+r)(a+b)}。$$

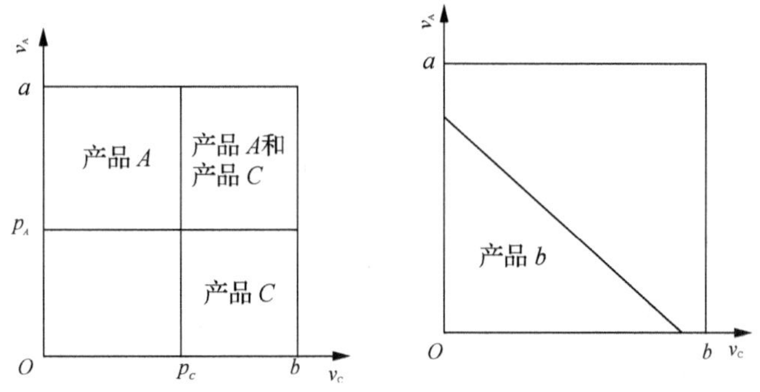

图 3－4　消费者购买决策

3.2.2　基本模型建立与捆绑决策分析

这一部分首先分析图 3－1 所示完全分散供应链结构中(以上标“n”标记)的零售商捆绑决策。零售商首先基于每种销售策略下的理性预期均衡，进行分散销售或捆绑销售决策，然后在每一种销售策略下，供应链成员通过定价博弈做出最优决策并达到均衡状态。在定价博弈中，主导零售商的议价能力相对于上游供应商要更强，例如沃尔玛、家乐福等零售巨头，因此优先做出决策；随后供应商对零售商的最优决策做出反应，同时决策批发价格。

首先，逆序求解，分析供应链成员间的定价博弈和供应链均衡状态。假设在分别销售策略中，零售价格为 $p_i^{nc}=w_i^{nc}+m_i^{nc}$，$i=A,C$($w_A^{nc}$，$w_C^{nc}$ 为产品批发价格)，最优单位利润决策为 m_A^{nc} 和 m_C^{nc}。那么供应商 A 的利润函数是 $\Pi_A^{nc}=(w_A^{nc}-c_A^{nc})D_A^{nc}$，可以计算出当 $w_A^{nc}<\dfrac{a+c_A-m_A^{nc}}{2}$ 时，$\dfrac{\partial \Pi_A^{nc}}{\partial w_A^{nc}}>0$；当 $w_A^{nc}>\dfrac{a+c_A-m_A^{nc}}{2}$ 时，$\dfrac{\partial \Pi_A^{nc}}{\partial w_A^{nc}}<0$。所以供应商 A 的利润函数是拟凹函数，在 $w_A^{nc}=\dfrac{a-m_A^{nc}+c_A}{2}$ 处取得唯一的最大值。同理可以得到供应商 C 的最优反应函数是 $w_C^{nc}=\dfrac{b-m_C^{nc}+c_C}{2}$。

在理性预期供应商的最优反应函数的基础上，零售商决策最优单位利润达到最大化利润 $\Pi_R^{nc}=m_A^{nc}D_A^{nc}+m_C^{nc}D_C^{nc}$ 的目标。将供应商的反应函数代入零售商的利

润函数,可以得到海塞矩阵且 $|\boldsymbol{H}|=\begin{vmatrix} \frac{\partial^2 \Pi_R^{nc}}{\partial^2 m_A^{nc}} & \frac{\partial^2 \Pi_R^{nc}}{\partial m_A^{nc}\partial m_C^{nc}} \\ \frac{\partial^2 \Pi_R^{nc}}{\partial m_C^{nc}\partial m_A^{nc}} & \frac{\partial^2 \Pi_R^{nc}}{\partial^2 m_C^{nc}} \end{vmatrix}>0$,因此零售商的利润函数是联合凹函数,拥有唯一的最大值,通过一阶导数条件,得到零售商利润最大化的最优决策为 $m_A^{nc*}=\frac{a-c_A}{2}$, $m_C^{nc*}=\frac{b-c_C}{2}$。

最后,可以得到供应商和零售商在理性预期均衡中的最优批发价格和零售价格分别为: $w_A^{nc*}=\frac{a+3c_A}{4}$, $w_C^{nc*}=\frac{b+3c_C}{4}$, $p_A^{nc*}=\frac{3a+c_A}{4}$, $p_C^{nc*}=\frac{3b+c_C}{4}$;最优利润分别为: $\Pi_A^{nc*}=\frac{(a-c_A)^2}{16a}$, $\Pi_C^{nc*}=\frac{(b-c_C)^2}{16b}$, $\Pi_R^{nc*}=\frac{(a-c_A)^2}{8a}+\frac{(b-c_C)^2}{8b}$。

在捆绑策略中,假设零售商捆绑产品价格为 $p_b^{nb}=w_A^{nb}+w_C^{nb}+m_b^{nb}$,零售商捆绑产品的最优单位利润为 m_b^{nb}。两个供应商的最优反应函数分别为: $w_A^{nb}=\frac{(a+b)(1+r)-m_b^{nb}+2c_A-c_C}{3}$, $w_C^{nb}=\frac{(a+b)(1+r)-m_b^{nb}+2c_C-c_A}{3}$。考虑到供应商的最优反应,零售商的利润最大化最优决策为 $m_b^{nb*}=\frac{(a+b)(1+r)-c_A-c_C}{2}$。因此,均衡状态下供应链成员的最优决策分别为: $w_A^{nb*}=\frac{(a+b)(1+r)+5c_A-c_C}{6}$, $w_C^{nb*}=\frac{(a+b)(1+r)+5c_C-c_A}{6}$, $p_b^{nb*}=\frac{5(a+b)(1+r)+c_A+c_C}{6}$;获得利润 $\Pi_R^{nb*}=\frac{[(a+b)(1+r)-c_C-c_A]^2}{12(a+b)(1+r)}$, $\Pi_A^{nb*}=\Pi_C^{nb*}=\frac{[(a+b)(1+r)-c_C-c_A]^2}{36(a+b)(1+r)}$。

回到零售商的销售策略决策环节,根据零售商在两种策略中获得的最优利润,可以得到当 $r=0$ 时,有 $\Pi_R^{nb*}<\Pi_R^{nc*}$,即零售商在捆绑销售中的利润小于分别销售利润,采用捆绑策略反而不利于利润提升。然而,同时可以得到 $\frac{\partial \Pi_R^{nb*}}{\partial r}>0$,零售商在捆绑销售策略中的利润随着捆绑效应的增大而增加,而分别销售策略中其利润与捆绑效应无关。因此当 $r>0$ 时,存在一个捆绑效应的阈值 r_R^{nb*} 使得 $\Pi_R^{nb*}=\Pi_R^{nc*}$,当捆绑效应大于阈值时,零售商的捆绑利润将大于分别销售利润。为了简化捆绑效应阈值的表示,在文中均假设两种互补产品的成本与价值比相同,即有 $\frac{c_A}{a}=\frac{c_C}{b}=k$ 和 $0<k<1$,得到如下的命题。

命题 3.1： 当 $r>r_R^{nb*}$，其中 $r_R^{nb*}=\frac{3(1-k)^2+(1-k)\sqrt{24k+9(1-k)^2}-4(1-k)}{4}$ 时，零售商选择捆绑销售策略，否则将选择分别销售策略。

从上面命题可以看出，在一定条件下，零售商采用捆绑销售策略将有利于提升其自身的利润，然而捆绑策略还将影响上游供应商的利润获得。类似于零售商，可以通过比较供应商在分别销售和捆绑销售中的利润，得到一个捆绑效应阈值（r_A^{nb*}，r_C^{nb*}），即当捆绑效应大于该阈值时，供应商将从捆绑销售中获利。对于互补产品供应商 C，始终有 $r_C^{nb*}<r_R^{nb*}$，因此当零售商采用捆绑销售策略时，其总是能从中获利提高利润。而对于主产品供应商 A，当 $0<\frac{b}{a}<\frac{1}{2}$ 时有 $r_A^{nb*}>r_R^{nb*}$，因此当产品 A 和 C 的价值相差很多，互补产品的捆绑效应为 $r_R^{nb*}\leqslant r\leqslant r_A^{nb*}$ 时，供应商 A 的利润将在捆绑销售策略中受损。

3.3　供应商合作与捆绑策略

通过分析分散供应链中供应商和零售商的最优定价决策，可以看出，在零售商的分别销售策略中，供应商的定价决策和利润与自身产品的价值和成本有关，而与另一种产品特征和决策无关，所以在零售商的分别销售策略中，两个供应商之间并不存在冲突和影响，供应商的合作联盟将不会影响到各自的利润获得。然而在零售商的捆绑销售策略中，两个供应商的最优决策和利润则是相互影响的。因此，首先讨论假设零售商选择捆绑销售策略下的供应商合作联盟问题，以及零售商和供应商的最优定价决策，然后分析考虑供应商合作联盟情形下（如图 3－2 所示）的零售商捆绑策略选择，最后分析供应商合作联盟对捆绑策略和供应链绩效的影响。

当供应商合作联盟不能稳定形成时，供应链均衡决策与分散供应链情形相同，在供应商合作形成联盟情形下（以上标 p 标记）的最优决策可以分为三个步骤：首先，供应商合作形成联盟，决定共同售卖一组互补产品给零售商，并约定按照合作谈判程序进行利润分配（这里主要采用纳什谈判）；接下来，供应商联盟与零售商按照斯坦伯格博弈进行交易，做出最优决策，获得相应利润；最后，交易完成，供应商进行利润分割。

3.3.1 供应商联盟与零售商的定价博弈

给定零售商的捆绑产品单位利润决策 m_b^{pb}，供应商联盟决策批发价格使得共同利润最大化，$\Pi_{A+C}^{pb}=(w_A^{pb}+w_C^{pb}-c_A-c_C)\left(1-\frac{w_A^{pb}+w_C^{pb}+m_b^{pb}}{(1+r)(a+b)}\right)$。可以得到，当 $w_A^{pb}+w_C^{pb}<\frac{(1+r)(a+b)+c_A+c_C-m_b^{pb}}{2}$ 时，$\frac{\partial\Pi_{A+C}^{pb}}{\partial(w_A^{pb}+w_C^{pb})}>0$；当 $w_A^{pb}+w_C^{pb}>\frac{(1+r)(a+b)+c_A+c_C-m_b^{pb}}{2}$ 时，$\frac{\partial\Pi_{A+C}^{pb}}{\partial(w_A^{pb}+w_C^{pb})}<0$。所以，供应商联盟的最优联合反应函数为：

$$w_A^{pb}+w_C^{pb}=\frac{(1+r)(a+b)+c_A+c_C-m_b^{pb}}{2} \tag{3-1}$$

在理性预期供应商联盟的最优反应的基础上，零售商做出使自身利润最大化的最优决策为：

$$m_b^{pb*}=\frac{(1+r)(a+b)-c_A-c_C}{2} \tag{3-2}$$

将式(3-2)代入式(3-1)得到在均衡状态下，供应商联盟和零售商的最优批发价格和零售价格决策分别满足：

$$w_A^{pb*}+w_C^{pb*}=\frac{(1+r)(a+b)+3c_A+3c_C}{4} \tag{3-3}$$

$$p_b^{pb*}=\frac{3(1+r)(a+b)+c_A+c_C}{4} \tag{3-4}$$

基于式(3-3)和式(3-4)可以计算得到供应链企业分别获得利润为：$\Pi_{A+C}^{pb*}=\frac{[(1+r)(a+b)-c_A-c_C]^2}{16(1+r)(a+b)}$，$\Pi_R^{pb*}=\frac{[(1+r)(a+b)-c_A-c_C]^2}{8(1+r)(a+b)}$；供应链整体利润为：$\Pi_{sc}^{pb*}=\frac{3[(1+r)(a+b)-c_A-c_C]^2}{16(1+r)(a+b)}$。

通过以上解析求解发现，相对于完全分散供应链结构，当供应商合作形成联盟时，捆绑产品的批发价格相对降低，进而促使捆绑产品的零售价格降低和市场需求的提升；零售商和供应链的整体利润在供应商合作联盟情形中的利润均有所提高。另外，当 $r>0$ 时，始终存在 $\Pi_R^{pb*}>\Pi_R^{nc*}$，因此零售商在供应链合作联盟情形下总是会选择捆绑销售策略。但是，供应商之间的利润分配和合作意愿，即供应商合作联盟稳定形成的可行性还需要分析。

3.3.2　供应商的利润分配

假设供应商之间按照某种谈判机制进行利润分配，在本章的研究中使用广义纳什讨价还价博弈（GNB：Generalized Nash Bargaining Game）来描述供应商之间的谈判过程。GNB 解放弃了 NB 博弈中的对称公理，但在不放弃风险中性条件的基础上，同时考虑了成员的谈判力量，可以表示为满足以下条件的一组解（Roth 等[177]）：

$$\begin{cases}\arg\max\,(x_1-d_1)^{\alpha}\,(x_2-d_2)^{\beta}\\(x_1,x_2)\geqslant d_1,d_2\\x_1+x_2\leqslant \Pi\end{cases}\tag{3-5}$$

式(3-5)中，Π 是联盟成员（假设仅有两个）共同获得的总利润，也是即将在成员之间进行分配的总利润，α 和 β 分别是联盟内两个成员的谈判力量，且假设有 $\alpha+\beta=1$。通常，当两个成员以零利润为决裂点($d_1=0, d_2=0$)来分配一个总量为 1 的利润，按照 GNB 解意味着两个成员将分别获得利润为 $x_1^*=\alpha$ 和 $x_2^*=\beta$。那么在合作谈判博弈中，被分配的利润为 $\Pi_{A+C}^{cb*}=\dfrac{[(1+r)(a+b)-c_A-c_C]^2}{16(1+r)(a+b)}$，两个拥有平等谈判力量的供应商有 $\alpha=\beta=\dfrac{1}{2}$，将分别获得相同的利润 $\Pi_A^{cb*}=\Pi_C^{cb*}=\dfrac{[(1+r)(a+b)-c_A-c_C]^2}{32(1+r)(a+b)}$。

在这里，将两个供应商的谈判决裂点假设为 0 看起来似乎比较苛刻，但如果引入 Muthoo[178] 文中的承诺条款，则可以合理地解释这一假设。正如前文所述，若 Π_{A+C}^{cb*} 为供应商 A 和 C 进行谈判分配的总利润，假设 d_A 和 d_C 分别是两个供应商做出的独立决策，并且承诺若实际获得的分配利润小于这个决策值，则将放弃合作联盟。然而，这些承诺是单方面的，供应商可以通过支付一定的成本来不遵守承诺，假设供应商不遵守承诺时所承担的成本为 $c_i(x_i,d_i)$，这种成本可能是一种信誉，也可能是直接的经济损失。那么供应商如果做出收入不低于 d_i 的承诺，其从分配的利润 x_i 中实际获得的净效用为 $u_i(x_i,d_i)=x_i-c_i(x_i,d_i)$，$i=A,C$。假设当 $x_i\leqslant d_i$ 时，$c_i(x_i,d_i)=z_i(d_i-x_i)$，否则 $c_i(x_i,d_i)=0$（z_i 为成本系数）。按照 Muthoo 的证明，$(d_A,d_C)=\left(\dfrac{(1+z_A)\Pi_{A+C}^{cb}}{2+z_A+z_C},\dfrac{(1+z_C)\Pi_{A+C}^{cb}}{2+z_A+z_C}\right)$是两个供应商对承诺谈判决裂点的最优纳什均衡决策，同时也是最终谈判中获得的利润分享。可以看出供应商的承诺和利润分得随着自身违背承诺成本的增加而增加，随着对方违背承诺成本的降低而降低。Muthoo[179]证明得到 GNB 博弈（$\arg\max (x_1)^{\alpha}(x_2)^{\beta}, x_1+x_2 \leqslant \Pi^c, \alpha+\beta=1$）中的参数有 $\alpha=\dfrac{(1+z_1)}{2+z_1+z_2}$。因此，假设 $z_A=z_C$，定义 $\alpha=\dfrac{(1+z_A)}{2+z_A+z_C}$ 和 $\beta=\dfrac{(1+z_C)}{2+z_A+z_C}$ 为供应商 A 和 C 的谈判力量，那么本部分的两个供应商之间 GNB 博弈的决裂点就可以被标准化为零，然后得到两个供应商的利润分配。

3.3.3 供应商联盟和捆绑策略

最后，回到第一阶段的供应商合作联盟的形成和零售商的销售策略决策，需要解决的问题是，供应商之间的合作联盟能够稳定形成，零售商是否能相应地选择捆绑销售策略？

从 3.3.1 的分析中可以看出，若两个供应商能够形成稳定的合作联盟，那么零售商必将会采用捆绑销售策略，按照 3.3.2 中供应商之间的联盟利润分配原则，每一个供应商获得利润为：$\Pi_i^{pb*}=\dfrac{[(1+r)(a+b)-c_A-c_C]^2}{32(1+r)(a+b)}, i=A, C$。在基础模型中完全分散供应链达到均衡状态时，当 $r \geqslant \dfrac{3(1-k)^2+(1-k)\sqrt{24k+9(1-k)^2}-4(1-k)}{4}$ 时，零售商选择捆绑销售，供应商的利润分别为：$\Pi_A^{b*}=\Pi_C^{b*}=\dfrac{[(a+b)(1+r)-c_A-c_C]^2}{36(a+b)(1+r)}$；否则，零售商选择分别销售，非合作的两个供应商获得利润分别为：$\Pi_A^{nc*}=\dfrac{(a-c_A)^2}{16a}, \Pi_C^{nc*}=\dfrac{(b-c_C)^2}{16b}$。所以理性的供应商将会根据利润最大化来选择是否进行合作联盟，通过比较发现：当 $r \geqslant \dfrac{3(1-k)^2+(1-k)\sqrt{24k+9(1-k)^2}-4(1-k)}{4}$ 时，供应商在合作联盟中获得更多的利润（$\Pi_i^{pb*} > \Pi_i^{b*}$），联盟是有利的；当 $r < \dfrac{3(1-k)^2+(1-k)\sqrt{24k+9(1-k)^2}-4(1-k)}{4}$，供应商 C 始终愿意合作形成联盟，因为有 $\Pi_C^{pb*} > \Pi_C^{nc*}$，但是供应商 A 并不总是愿意联盟，只有当 $r > \dfrac{a(1-k)^2+(1-k)\sqrt{2a(a+b)k+a^2(1-k)^2}-(a+b)(1-k)}{(a+b)}$，$\Pi_A^{pb*} > \Pi_A^{nc*}$ 时，供

应商 A 选择合作联盟。因此，可以得到如下关于供应商合作联盟和零售商销售策略的命题。

命题 3.2： 如果 $0<\frac{b}{a}<\frac{32k+16(1-k)(3(1-k)+\sqrt{9(1-k)^2+24k})-16k^2}{[3(1-k)+\sqrt{9(1-k)^2+24k}]^2}$，当 $r>\frac{3(1-k)^2+(1-k)\sqrt{24k+9(1-k)^2}-4(1-k)}{4}$ 时，供应链中的供应商合作联盟是稳定的，且零售商选择捆绑销售互补产品；否则，供应商合作联盟无法稳定，零售商将在完全分散供应链中选择分别销售互补产品。

如果 $\frac{32k+16(1-k)(3(1-k)+\sqrt{9(1-k)^2+24k})-16k^2}{[3(1-k)+\sqrt{9(1-k)^2+24k}]^2}<\frac{b}{a}<1$，供应商合作联盟稳定和零售商选择捆绑销售的条件是 $r>\frac{a(1-k)^2+(1-k)\sqrt{2a(a+b)k+a^2(1-k)^2}-(a+b)(1-k)}{(a+b)}$。

上述命题表示，尽管分散供应链中两个互补产品供应商之间的合作联盟有利于提高供应链整体利润，同时影响下游零售商的捆绑销售策略选择，但合作联盟并不总是能稳定形成的。当互补产品之间的捆绑效应较小时，供应商选择不联盟，分别进行利润最大化决策，反而有利于提高自身利润，当捆绑效应较大时，合作联盟和捆绑销售分别是供应商和零售商的最优决策。

再来看供应商合作联盟对零售商捆绑销售策略的影响，可以发现供应商合作联盟将有利于扩大零售商选择捆绑策略的参数区间，尤其当两种互补产品的价值相近时。例如，当 $\frac{32k+16(1-k)(3(1-k)+\sqrt{9(1-k)^2+24k})-16k^2}{[3(1-k)+\sqrt{9(1-k)^2+24k}]^2}<\frac{b}{a}<1$ 时，供应商合作供应链中零售商捆绑策略的有效参数区间为 $\frac{a(1-k)^2+(1-k)\sqrt{2a(a+b)k+a^2(1-k)^2}-(a+b)(1-k)}{(a+b)}<r<1$，而在分散供应链中零售商捆绑策略的参数区间为 $\frac{3(1-k)^2+(1-k)\sqrt{24k+9(1-k)^2}-4(1-k)}{4}<r<1$，可以证明有 $\frac{a(1-k)^2+(1-k)\sqrt{2a(a+b)k+a^2(1-k)^2}-(a+b)(1-k)}{(a+b)}<\frac{3(1-k)^2+(1-k)\sqrt{24k+9(1-k)^2}-4(1-k)}{4}$。但是，当互补产品价值差异非常明显时，供应商的合作联盟并不能扩大零售商的捆绑策略参数区间，因此并不能提升捆

绑销售的有效性。

3.4 供应链合作与捆绑策略

分散供应链决策中的双重边际效应将带来供应链纵向冲突，成为损害供应链成员和整体利润的重要因素，不利于捆绑销售策略实施的有效性。由供应商上游成员和下游成员共同合作形成的大联盟将有利于提高供应链利润达到集中供应链绩效，但是这种大联盟的稳定形成还将受到成员间的利润分配影响。

在这一部分中，将讨论分散供应中大联盟的形成以及合作供应链的捆绑策略。大联盟的形成意味着下游零售商的加入和合作，然而随着零售商的加入，供应链可能存在的形式有三种，即：完全分散供应链（这一章开始讨论的基本模型）；供应商联盟供应链（第 3 节讨论的供应链合作形成稳定联盟情形）；供应链联盟（所有成员合作形成稳定联盟，如图 3 - 3 所示）。首先，假设随着零售商的加入，供应链大联盟（以上标 g 表示）可以稳定形成，分析在供应链联盟情形下的相关最优决策，然后通过大联盟中成员的利润分配分析大联盟形成的稳定性，最后需要了解零售商的加入合作是否能够有利于提高捆绑策略的有效性。

首先，若供应链联盟稳定形成，则分散供应链将作为集中供应链进行决策。在分别销售情形下，供应链联盟的利润函数为 $\Pi^{gc}=(p_A^{gc}-c_A)\left(1-\frac{p_A^{gc}}{a}\right)+(p_C^{gc}-c_C)\left(1-\frac{p_C^{gc}}{b}\right)$，可以证明有 $|\boldsymbol{H}|=\begin{vmatrix}\frac{\partial^2\Pi^{gc}}{\partial^2 p_A^{gc}} & \frac{\partial^2\Pi^{gc}}{\partial p_A^{gc}\partial p_C^{gc}} \\ \frac{\partial^2\Pi^{gc}}{\partial p_C^{gc}\partial p_A^{gc}} & \frac{\partial^2\Pi^{gc}}{\partial^2 p_C^{gc}}\end{vmatrix}>0$，利润函数是联合凹函数，满足利润最大化的二阶条件，因此可以通过一阶导数条件获得最优解为：$p_A^{gc*}=\frac{a+c_A}{2}$，$p_C^{gc*}=\frac{b+c_C}{2}$；市场需求为：$D_A^{gc*}=\frac{a-c_A}{2a}$，$D_C^{gc*}=\frac{b-c_C}{2b}$；大联盟利润为：$\Pi^{gc*}=\frac{(a-c_A)^2}{4a}+\frac{(b-c_C)^2}{4b}$。类似的，可以得到在捆绑销售情形下，大联盟的最优决策和最大利润分别为：$p_b^{gb*}=\frac{(a+b)(1+r)+c_A+c_C}{2}$和 $\Pi^{gb*}=\frac{[(a+b)(1+r)-c_A-c_C]^2}{4(a+b)(1+r)}$。比较两种情形下的联盟利润，可以发现当 $r>0$ 时，大联盟选择捆绑销售始终有利于利润

提高，所有成员共同获得的利润高于供应商合作供应链和分散供应链的总体利润。因此，供应链联盟以及捆绑策略有利于整体供应链绩效的改进。然而，仍然需要分析以下问题：供应链联盟是否能够稳定形成？零售商加入合作能否改善捆绑策略的有效性？

接下来，假设供应链联盟中的成员按照一定的谈判规则进行共同利润的分配，按照成员间的谈判顺序，谈判规则可以分为同时谈判和顺序谈判，下面将分别分析两种谈判规则下联盟成员的利润分配和大联盟的稳定性。

3.4.1 同时谈判下的联盟与捆绑策略

在这种情形下，零售商和供应商同时就自己获得利润的分配进行谈判。根据 Multiplayer 的谈判过程，利用纳什不对称谈判模型得到共同利润分配的一组解，如下形式：

$$\begin{cases} \arg\max\,(\Pi_R^{gb}-d_R)^{\alpha}\,(\Pi_A^{gb}-d_A)^{\beta}\,(\Pi_C^{gb}-d_C)^{\gamma} \\ (\Pi_R^{gb},\Pi_A^{gb},\Pi_C^{gb})\geqslant d_R,d_A,d_C \\ \Pi_R^{gb}+\Pi_A^{gb}+\Pi_C^{gb}\leqslant \Pi^{gb*} \end{cases} \tag{3-6}$$

公式(3-6)中，Π^{gb*} 是要进行分配的共同利润，α，β 和 γ 分别是联盟中成员的谈判力量，且有 $\alpha+\beta+\gamma=1$。这里依然将每个成员的谈判决裂点标准化为零，所以可以将解的形式重写为 $\arg\max\,(\Pi_R^{gb})^{\alpha}\,(\Pi_A^{gb})^{\beta}\,(\Pi_C^{gb})^{\gamma}$。另外，为了尽量保持与基本模型中的成员间谈判力量结构一致，假设有 $\beta=\gamma=\frac{1-\alpha}{2}$，$\alpha>\frac{1}{3}$，意味着零售商拥有更强的谈判力量，两个供应商谈判力量相同。但是不同于分散供应链中主导零售商在定价中的绝对优势，在合作博弈的谈判过程中，强大的零售商只是拥有相对优势。

根据上述成员谈判力量和模型的假设，可以得到成员的利润分配为：$\Pi_R^{gb*}=\frac{\alpha[(1+r)(a+b)-c_A-c_C]^2}{4(1+r)(a+b)}$，$\Pi_A^{gb*}=\Pi_C^{gb*}=\frac{(1-\alpha)[(1+r)(a+b)-c_A-c_C]^2}{8(1+r)(a+b)}$。接下来，通过分析供应链成员在何种供应链结构中获得利润分配最高，确定在零售商参与合作的情形下，供应链的均衡合作形式及捆绑策略。

(1) 供应商联盟或者供应链联盟

在前文分析中，若不考虑零售商的合作参与，那么当 $0<\frac{b}{a}$

$$<\frac{32k+16(1-k)(3(1-k)+\sqrt{9\,(1-k)^2+24k})-16k^2}{[3(1-k)+\sqrt{9\,(1-k)^2+24k}]^2},$$

且 $r>\frac{3\,(1-k)^2+(1-k)\sqrt{24k+9\,(1-k)^2}-4(1-k)}{4}$时，

或者当$\frac{32k+16(1-k)(3(1-k)+\sqrt{9\,(1-k)^2+24k})-16k^2}{[3(1-k)+\sqrt{9\,(1-k)^2+24k}]^2}<\frac{b}{a}<1$，

且 $r>\frac{a\,(1-k)^2+(1-k)\sqrt{2a(a+b)k+a^2\,(1-k)^2}-(a+b)(1-k)}{(a+b)}$时，供应商联盟是稳定的，且捆绑销售是零售商的最优决策。那么当零售商参与合作时，只有每个成员在大联盟中获得的利润分配大于在供应商联盟时，大联盟才可能稳定形成，否则各位成员依然选择接受供应商联盟情形。通过比较可以得到如下命题。

命题 3.3：若参与合作的供应链成员间就共同利润进行分配时进行同时谈判，当互补产品的捆绑效应非常显著时$\left(r>\frac{3\,(1-k)^2+(1-k)\sqrt{24k+9\,(1-k)^2}-4(1-k)}{4}\right.$或 $\left.r>\frac{a\,(1-k)^2+(1-k)\sqrt{2a(a+b)k+a^2\,(1-k)^2}-(a+b)(1-k)}{(a+b)}\right)$，如果主导零售商相对于其他供应商的谈判力量中等$\left(\frac{1}{2}<\alpha<\frac{3}{4}\right)$，供应链联盟将能够稳定形成；如果零售商相对于供应商的谈判力量悬殊较大$\left(\frac{1}{3}<\alpha<\frac{1}{2}\text{ 或}\frac{3}{4}<\alpha<1\right)$，供应商联盟将取代供应链联盟稳定存在。在供应链联盟或供应商联盟中，零售商选择捆绑策略有利于提高利润。

上述命题 3.3 表明，只有当供应链中零售商的谈判力量适当大时，供应链大联盟才能稳定形成。当零售商谈判力量优势较小时，例如$\frac{1}{3}<\alpha<\frac{1}{2}$时，理性的零售商更愿意通过与供应商之间的斯坦伯格博弈获得绝对优势（$\Pi_R^{gb*}<\Pi_R^{pb*}$），而当零售商的谈判力量优势相对非常大时，例如$\frac{3}{4}<\alpha<1$，将获得联盟共同利润中的大部分，从而使得较弱的供应商放弃联盟选择独立（$\Pi_i^{gb*}<\Pi_i^{pb*}$，$i=A,C$）。

（2）分散供应链与供应链联盟

在上述命题中，知道供应商联盟中互补产品的捆绑效应较小时也是不稳定的，因此在这种情形下，供应链只可能是分散的或形成供应链联盟。通过比较分析，可以得到如下命题。

命题 3.4：若参与合作的供应链成员间就共同利润进行分配时进行同时谈判，当互补产品的捆绑效应不显著时，若 $\frac{(1+r)(1-k)^2}{2(1+r-k)^2}<\alpha<1-\frac{a(1+r)(1-k)^2}{2(a+b)(1+r-k)^2}$，供应链联盟将稳定形成，且选择捆绑销售策略，若 $\frac{1}{3}<\alpha<\frac{(1+r)(1-k)^2}{2(1+r-k)^2}$ 或 $1-\frac{a(1+r)(1-k)^2}{2(a+b)(1+r-k)^2}<\alpha<1$，供应链中任何联盟均不能稳定形成，呈现分散供应链形式，零售商选择分别销售两种互补产品。

综合命题 3.3 和命题 3.4，若参与合作的供应链成员间通过同时谈判来对共同利润进行分配，当供应链中的主导零售商的谈判力量相对中等时，供应链联盟可以稳定形成，并且供应链整体绩效得到提高，零售商参与合作将有利于提高捆绑销售的有效性，扩大捆绑销售有效的参数区间。

3.4.2　顺序谈判下的联盟与捆绑策略

在很多现实例子中，顺序谈判过程更加反映了谈判机制的实际情况。在理论研究方面，Marx 等[180]研究认为讨价还价的结果与成员在谈判顺序中所处的位置有关。文献[88]研究了分散装配系统中的讨价还价机制，为供应商与装配商之间的多边顺序谈判建立模型。所以，在这一部分采用顺序谈判过程（以上标 s 标记）来解决供应链大联盟内成员的利润分配问题。

因为在顺序谈判中，成员的分配利润所得与其在顺序谈判中所处的位置有关，因此，假设由主导的零售商来决定与其谈判的参与者顺序，且零售商倾向于先与主导产品 A 的供应商进行谈判，然后是互补产品 C 的供应商。另外，假设在每一个与供应商 A 或 C 的子谈判过程中，零售商的谈判力量均为 α，且大于另一个谈判参与者的谈判力量，有 $\alpha>\frac{1}{2}$。

在第一个子谈判过程中，供应商 A 获得了共同利润中的一部分作为所得利润，同时零售商也获得共同利润中的一部分，但是这一部分分配所得利润中还包含了供应商 C 的利润所得，即在与供应商 A 谈判的过程中，零售商谈判所得的分配利润应该是其与供应商 C 的共同利润，通过谈判进行进一步分配。假设与供应商 A 的谈判博弈可以表示为：

$$\begin{cases}\max\ (x_{R,C}^{gbs})^{\alpha}\ (x_{A}^{gbs})^{1-\alpha}\\ x_{R,C}^{gbs}+x_{A}^{gbs}\leqslant\Pi^{gb\,*}\end{cases}\tag{3-7}$$

那么与供应商 C 的第二个子谈判博弈可以表示为：

$$\begin{cases}\max\ (x_R^{gbs})^{\alpha}\ (x_C^{gbs})^{1-\alpha}\\ x_R^{gbs}+x_A^{gbs}\leqslant x_{R,C}^{gbs}\end{cases} \tag{3-8}$$

式(3 - 7)和式(3 - 8)中 $x_{R,C}^{gbs}$ 表示零售商与供应商 C 的共同利润。逆序求解，依次求解每一个子博弈问题，可以得到每一个成员在大联盟中的利润分配为：$\Pi_R^{gbs*}=\alpha^2\dfrac{[(1+r)(a+b)-c_A-c_C]^2}{4(1+r)(a+b)}$，$\Pi_A^{gbs*}=(1-\alpha)\dfrac{[(1+r)(a+b)-c_A-c_C]^2}{4(1+r)(a+b)}$，$\Pi_C^{gbs*}=\alpha(1-\alpha)\dfrac{[(1+r)(a+b)-c_A-c_C]^2}{4(1+r)(a+b)}$。

可以发现，零售商的利润分配所得与谈判的顺序是无关的，因此其并不在乎先与哪一个供应商进行谈判，而供应商的谈判顺序则影响了其分配利润，谈判顺序越后获得的利润就越少，尽管在与零售商的谈判中他们拥有相同的谈判力量。事实中，相对于互补产品供应商来说，主产品往往拥有与零售商优先谈判的权力。然而，理性的供应商们和零售商将会根据其在不同情形的利润所得来选择是否进行合作联盟，因此通过利润比较，可以得到如下的命题。

命题 3.5：若参与合作的供应链成员间就共同利润进行分配时进行顺序谈判，当互补产品的捆绑效应非常显著时，如果零售商在每次谈判中的谈判力量满足 $\dfrac{\sqrt{2}}{2}<\alpha<\dfrac{2+\sqrt{2}}{4}$，则供应链联盟可以稳定形成，但如果有 $\dfrac{1}{2}<\alpha<\dfrac{\sqrt{2}}{2}$ 或 $\dfrac{2+\sqrt{2}}{4}<\alpha<1$，供应商联盟将取代供应链联盟稳定形成，而互补产品将始终被捆绑销售。

命题 3.6：若参与合作的供应链成员间就共同利润进行分配时进行顺序谈判，当互补产品的捆绑效应不显著时，如果有 $\dfrac{\sqrt{2(1+r)}(1-k)}{2(1+r-k)}<\alpha<\dfrac{1+\sqrt{1-\dfrac{b(1+r)(1-k)^2}{(a+b)(1+r-k)^2}}}{2}$，供应链联盟将稳定形成，互补产品将被捆绑销售；如果有 $\dfrac{1}{2}<\alpha<\dfrac{\sqrt{2(1+r)}(1-k)}{2(1+r-k)}$ 或 $\dfrac{1+\sqrt{1-\dfrac{b(1+r)(1-k)^2}{(a+b)(1+r-k)^2}}}{2}<\alpha<1$，将没有任何联盟可以稳定形成，互补产品将被分别销售。

与同时谈判相似，在顺序谈判模型中，当互补产品的捆绑效应显著时，供应商联盟即可以稳定形成，但只有当零售商在谈判过程中的谈判力量适中时，供应链大联盟才能稳定形成。而无论是供应商联盟，还是供应链联盟存在时，互补产品就会被捆绑销售。然而，发现零售商的参与合作改善了捆绑销售策略的有效性，扩大了捆绑销售的参数区间。因为当只有供应商考虑合作联盟时，只有当捆绑效应相当显著时，零售商才会选择捆绑销售，而当零售商参与合作时，研究结论发现，即使在捆绑效应不是特别显著时，供应链联盟也是可能稳定形成，且捆绑策略将被选择，只要联盟中主导零售商的谈判力量适中。

对比两种谈判机制发现，在顺序谈判中，供应链联盟可能稳定形成的参数区间相对于同时谈判要小一些。所以对于零售商来说，选择与供应商进行同时谈判反而更加有利于自身利润和供应链整体绩效的提升。

3.5　本章小结

当越来越多的互补产品被捆绑销售，为消费者提供高质量的一站式解决方案，互补产品捆绑销售策略成为大型零售商提高自身利润的重要销售策略之一。但是现有文献研究发现，分散的供应链中企业间的横向和纵向冲突将会削弱捆绑销售策略的有效性，甚至可能使得捆绑销售不再是有利的选择，而企业间的合作将会在一定程度上缓解这种削弱。在本章中，通过分析由于供应链成员间的合作而形成的不同结构供应链中的捆绑策略，利用合作博弈理论分析成员合作联盟的稳定性，研究供应链成员合作对捆绑销售策略有效性的影响。

通过分析，得到以下几个结论。

第一，在完全分散的供应链中，存在一个关于互补产品捆绑效应的阈值，只有当捆绑效应大于这一特定阈值时，零售商将选择捆绑销售。但是零售商的捆绑销售策略会影响到上游供应商的利润，例如有利于提高互补产品供应商 C 的利润，而对于主产品供应商 A，只有当两种产品的价值相近时，捆绑策略才能提高其利润，否则将会损害其利润。

第二，如果上游供应商考虑参与合作，那么只有当互补产品的捆绑效应比价显著时，供应商联盟才可以稳定形成，且捆绑销售会被零售商选择。此时，供应商合作对捆绑销售有效性的影响将与两种互补产品的价值有关。与分散供应链相比，当两种产品的价值非常相近时，供应商联盟情形下的捆绑策略有效参数区间将大于分散供应链情形，因此供应商的合作行为有利于改善捆绑销售的有效性。但是，供应商联盟总是有利于提升零售商和供应链整体绩效的。

第三，当零售商考虑参与供应链合作时，若零售商与供应商的谈判力量适中，则由所有供应商和零售商形成的供应链联盟是可以稳定存在的，而捆绑销售也将是供应链联盟的最优选择。研究发现，零售商的参与合作总是可以改善捆绑销售的有效性的。研究还发现，相比于顺序谈判，供应链联盟中参与者进行同时谈判时，零售商合作对捆绑销售有效性的改善更多。

第4章

互补产品供应链捆绑和产品竞争策略研究

在互补产品供应链中，当实力逐渐壮大的供应商在通过零售商进行传统销售的同时，开始尝试有别于传统渠道的电子商务或直销渠道时，或有新进入的单产品供应商利用自有直销渠道销售差别化产品时，下游互补产品的零售商可以考虑通过互补产品的捆绑销售，在竞争环境中获得更高的利润。本章基于互补产品的捆绑效应，研究在供应链存在外部竞争和内部竞争两种情形下，零售商的捆绑销售决策，以及竞争者的产品竞争策略，分析捆绑销售与供应链竞争行为之间的相互影响。

DISIZHANG

4.1 引言

许多实践案例表明竞争市场中的捆绑策略可以影响市场竞争程度，甚至可以作为对进入者的威慑策略，保卫在位者垄断地位，进而不同程度地提升企业利润。1998 年，当时全球最大的上市公司美国微软公司，受到美国司法部和 19 个州的起诉，诉其违反了反垄断法。1999 年 11 月 5 日，法官杰克逊做出初步裁决，确认微软有市场垄断的行为，其中主要依据之一是微软公司通过将浏览器与占统治地位的操作系统软件捆绑销售，而占领了极其有效的销售渠道，使得竞争对手网景公司，被迫采用其他效果较差的销售渠道，如电子邮件和网上下载等。案件的最终判决是，将微软公司分解成两个独立的公司，一个专营电脑操作系统，另一个则经营操作系统以外的内容，包括 Office 系列应用软件和 IE 浏览器。1999 年联想公司开始引入喷墨式打印机产品线，但当时联想的喷墨打印机并不具备核心竞争力，于是借助与其 PC 捆绑的营销方式，将打印机销售从最初的十几万台发展到鼎盛时期的上百万台。2004 年，联想再次将打印机与其 PC 产品进行捆绑销售，推出三类套餐：购买联想多功能一体机 M7210 的用户可免费获赠联想电脑主机；购买联想激光打印机 C8000/C8400N 的用户再加 999 元就可获得联想电脑主机；购买联想多功能一体机 M7110/M7000/M8 系列的用户再加 1 499 元可得到联想主机。

面临竞争的互补产品零售商的捆绑策略一方面可以带来消费者成本的节约，进而产生捆绑效应，使得零售商从捆绑产品增值中获得收益；另一方面，通过捆绑策略可能改变竞争程度，进而影响自身利益、竞争者行为和利益。在学术研究领域，一部分研究文献关注了独立企业在竞争环境中的捆绑策略选择及对市场竞争影响。Choi 等[181]研究发现在位企业的捆绑销售策略会降低竞争对手成功进入市场的可能性，会阻止进入者的投资和研发。Carlton 等[182]考虑进入成本和网络外部性，研究经历技术快速更新的在位企业的捆绑销售策略。Avenali 等[183]研究认为主要产品市场的垄断企业倾向于通过捆绑策略从互补产品竞争企业的投资中获利，或者消除竞争对手进行产品质量改进的动机。Brito 等[184]研究了两组独立企业之间捆绑策略对市场竞争程度的影响。目前关于面对供应链竞争的互补产品捆绑策略研究还很少见。

本章将考虑一个由两个互补产品供应商和一个零售商组成的供应链，其中零售商同时销售主产品和互补产品，并且在主产品市场占垄断地位，但在互补产品市场，零售商面临着来自供应链以外新的互补产品生产企业和供应链内部开发直销渠道的互补产品供应商的产品竞争。在两种竞争情形下，主要研究竞争企业的产品竞争决策：高质量策略还是低质量策略；零售商的销售策略：组件销售还是捆绑销售，以及互补产品捆绑策略对供应链竞争行为和整体绩效的影响。

4.2　问题描述与建模

供应链外部竞争情形如图 4-1(a)所示，供应链中两个供应商企业 A 和企业 C_O 通过零售商 R 销售产品 A 和完全互补产品 C_O，供应链外的新企业 C_N 直接向消费者提供竞争产品 C_N。为了方便计算以得到更加清晰的解析解，假设三种产品的单位生产成本为零。消费者最多只愿意购买一组产品 AC_O 或者 AC_N，并从中获得效用，而任何单独的产品本身对于消费者都是没有价值的。在这种情形下，供应链中的零售商将面临着来自供应链外部竞争企业 C_N 的产品竞争。

另一种供应链内部竞争情形如图 4-1(b)所示，供应链中已有的供应商 C_O 开始通过自有渠道直接销售另一种差异性的竞争产品 C_N，本书把这种情形中的供应商 C_O 标记为供应商 C。事实上，如今的很多企业已经开始同时拥有传统零售和直接销售两种销售渠道，尤其是当新的直销渠道还不被消费者熟悉或完全接受时，强大的零售商对其保持市场份额和销售业绩是非常必要的。例如，海尔既在国内知名的家电零售商苏宁商城销售其产品，同时消费者也可以在其自有的网上商城购买到产品。消费者既可以在沃尔玛和家乐福等卖场购买到伊利和蒙牛的乳制品，也可以通过他们的网上商城购买到想要的商品。

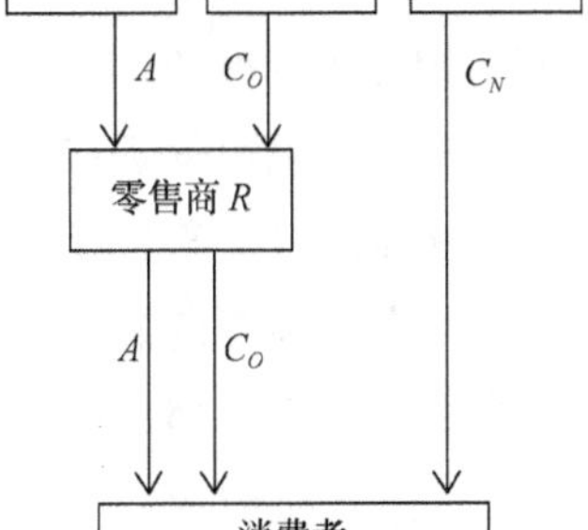

(a)　供应链外部竞争

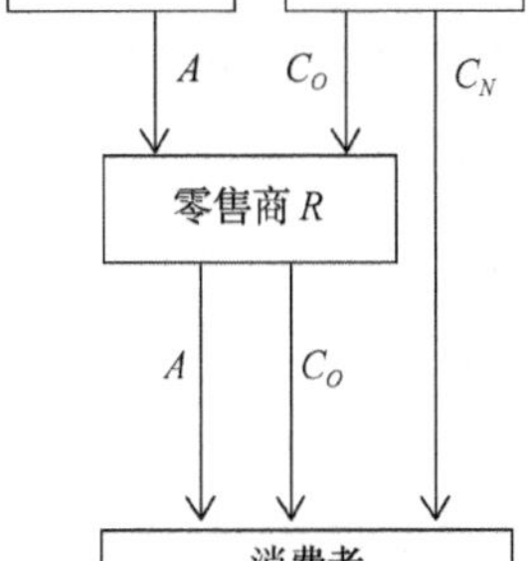

(b)　供应链内部竞争

图 4-1　供应链结构

在每种竞争情形下，竞争企业 C_N 或 C 都有两种可选的产品策略，即低质量策略或高质量策略。在低质量产品竞争策略中，竞争企业通过在直销渠道销售低端产品以争取到那些支付意愿较低、只希望购买较低价值的产品组合 AC_N 的消费者，从而避免在高端市场的正面交锋。在高质量产品竞争策略中，竞争企业通过提供更优越、更具价值的产品来提高消费者对 AC_N 产品组合的支付意愿，与零售商争夺市场中的较高支付意愿客户。面对竞争者的产品竞争策略，零售商需要决策组件单独销售或捆绑销售的销售方式。对于捆绑销售，这部分主要考虑部分混合捆绑，即在捆绑策略中，零售商提供主产品 A，同时提供捆绑产品 AC_Ob。考虑到产品捆绑带来消费者交易成本的降低，即互补产品的捆绑效应，捆绑产品 AC_Ob 的价值大于两种互补产品单独价值之和。

在消费者市场上，消费者是异质性的，其价值偏好 θ 是[0, 1]上均匀分布的随机变量。在零售商不同的销售策略下，消费者的可选购买方案为 AC_O、AC_N、AC_Ob 或者不购买，根据产品组合的消费总效用和零售价格做出购买决策和购买行为，从而形成对产品的市场需求。

消费者从标准组合产品 AC_O 中获得的消费价值为 $V_{AC_O}=v+\theta s_{AC_O}$，$0<v<1$。其中 v 表示任何一个消费者从任何一个组合产品中获得基本效用，s_{AC_O} 表示每种特殊组合产品的价值附加值。假设消费者的价值偏好主要表现在组合产品的附加价值上，因此价值偏好为 θ 的消费者从标准组合产品中获得附加效用为 θs_{AC_O}。相应地，消费者消费其他组合产品 AC_Ob 和 AC_N 获得的消费效用为：

$$V_{AC_Ob}=v+\theta(1+r)s_{AC_O}$$

$$V_{AC_N}=v+\theta\rho_i s_{AC_O}，i=L,H$$

式中：r 为互补产品的捆绑效应，为了便于计算结果处理，在不影响研究结论的情况下，假设 $\tau=1+r$ 为捆绑产品的价值增值系数，表现为捆绑产品附加值相对于标准产品的增加比例，则 $1<\tau<2$。ρ_i 代表组合产品 AC_N 相对于标准产品的附加价值比例，表现为竞争产品 C_N 的质量对组合产品附加的影响。如果竞争者在直销渠道提供低质量产品 C_N，则 $0<\rho_L<1$，ρ_L 越小表示 C_N 质量越低；如果竞争者提供高质量产品 C_N，则 $1<\rho_H<2$，ρ_H 越大表示 C_N 质量越高，且假设在零售商捆绑销售策略中有 $\rho_H>\tau$，即高质量 C_N 对组合产品 AC_N 附加价值的影响大于捆绑产品的捆绑效应。为了便于计算，将在后面的分析中均假设 $s_{AC_O}=1$。给定供应商和零售商的产品定价 p_A、p_{C_O}、p_{C_N} 或者 p_{AC_Ob}，价值偏好为 θ 的消费者购买不同的组合产品获得的净效用分别为：

$$u_{AC_O}=v+\theta-p_A-p_{C_O}$$

$$u_{AC_N}=v+\rho_i\theta-p_A-p_{C_N}\ (i=L,H)$$

$$u_{AC_O^b}=v+\tau\theta-p_{AC_O^b}$$

在每种供应链竞争情形下，供应链成员和消费者的决策过程包括以下三个环节。首先，供应链竞争者决策其产品竞争策略：高质量或低质量。用大写的字母“L”和“H”来分别代表低质量策略和高质量策略。然后，零售商决策其销售策略：组件销售或捆绑销售，分别用字母“c”和“b”表示。最后，供应链成员通过定价博弈做出定价决策，消费者根据效用最大化做出购买决策和购买行为。这部分研究中，考察零售商主导的供应链，因此主导零售商相比于上游供应商拥有更多的谈判力量，优先做出自己的定价决策，而对于供应链外部的新竞争者 C_N 作为跟随者，将在观察到零售商价格决策后做出决策。

4.3　供应链外部渠道竞争情形

这一部分将通过求解和分析图 4-1(a)所示的供应链外部竞争情形下企业间的定价博弈和运营策略。

4.3.1　定价博弈分析

首先分析第三个环节中企业间的定价博弈。给定竞争者的产品竞争策略和零售商的销售策略，将分别求解四种子博弈情形：(低质量，组件销售)(低质量，捆绑销售)(高质量，组件销售)(高质量，捆绑销售)。

(1) 竞争者提供低质量产品 C_N 情形

若竞争者在直销渠道提供低质量产品 C_N，当零售商采用组件销售策略，那么消费者可选择的购买方案有标准组合产品 AC_O、低质量组合产品 AC_N 或者不购买任何产品。假设价值偏好越高的消费者越倾向于购买附加价值越高的组合产品，因此按照消费者偏好的从高到低，市场中对产品的需求存在两种情形：第一种情形是市场对产品 AC_O 和 AC_N 都存在正需求，第二种情形是市场仅对产品 AC_O 存在正需求。

首先在第一种情形中，消费者市场可以被分成三个部分如图 4-2 所示：

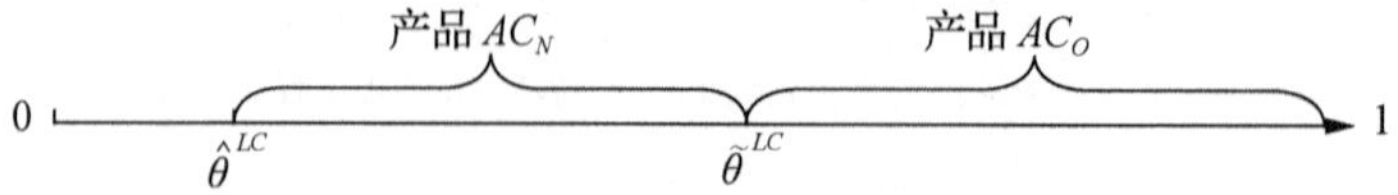

图 4-2　消费市场分布

边界消费者$\tilde{\theta}^{Lc}$ 将从消费 AC_O 或 AC_N 中获得相同的净效用,边界消费者 $\hat{\theta}^{Lc}$ 消费产品 AC_N 获得的净效用为零。通过分别求解 $u_{AC_O}(\tilde{\theta}^{Lc})=u_{AC_N}(\tilde{\theta}^{Lc})$ 和 $u_{AC_N}(\hat{\theta}^{Lc})=0$,可以得到在满足条件 $0\leqslant\frac{p_A^{Lc}+p_{C_N}^{Lc}-v}{\rho_L}<\frac{p_{C_O}^{Lc}-p_{C_N}^{Lc}}{1-\rho_L}<1$ 情形下,边界消费者的偏好类型为 $\tilde{\theta}^{Lc}=\frac{p_{C_O}^{Lc}-p_{C_N}^{Lc}}{1-\rho_L}$, $\hat{\theta}^{Lc}=\frac{p_A^{Lc}+p_{C_N}^{Lc}-v}{\rho_L}$。因此,每部分需求可以表示为 $D_{AC_O}^{Lc}=1-\frac{p_{C_O}^{Lc}-p_{C_N}^{Lc}}{1-\rho_L}$ 和 $D_{AC_N}^{Lc}=\frac{p_{C_O}^{Lc}-p_{C_N}^{Lc}}{1-\rho_L}-\frac{p_A^{Lc}+p_{C_N}^{Lc}-v}{\rho_L}$,可以得到企业的利润函数分别为:

$$\Pi_A^{Lc}=w_A^{Lc}\left(1-\frac{p_A^{Lc}+p_{C_N}^{Lc}-v}{\rho_L}\right) \tag{4-1}$$

$$\Pi_{C_O}^{Lc}=w_{C_O}^{Lc}\left(1-\frac{p_{C_O}^{Lc}-p_{C_N}^{Lc}}{1-\rho_L}\right) \tag{4-2}$$

$$\Pi_{C_N}^{Lc}=p_{C_N}^{Lc}\left(\frac{p_{C_O}^{Lc}-p_{C_N}^{Lc}}{1-\rho_L}-\frac{p_A^{Lc}+p_{C_N}^{Lc}-v}{\rho_L}\right) \tag{4-3}$$

$$\Pi_R^{Lc}=(p_A^{Lc}-w_A^{Lc})\left(1-\frac{p_A^{Lc}+p_{C_N}^{Lc}-v}{\rho_L}\right)+(p_{C_O}^{Lc}-w_{C_O}^{Lc})\left(1-\frac{p_{C_O}^{Lc}-p_{C_N}^{Lc}}{1-\rho_L}\right) \tag{4-4}$$

每个企业以其利润最大化为最优决策目标,通过求解企业间的价格博弈可以得到博弈参与者的最优均衡价格决策,如表 4-1 所示。

表 4-1　$\left(\text{低质量}\left(\rho_L\geqslant\frac{2v}{9-v}\right),\text{组件销售}\right)$子博弈的均衡决策

w_A^{Lc*}	$w_{C_O}^{Lc*}$	p_A^{Lc*}	$p_{C_O}^{Lc*}$	$p_{C_N}^{Lc*}$
$\frac{3\rho_L+2v+\rho_L v}{12}$	$\frac{(3+v)(1-\rho_L)}{12}$	$\frac{9\rho_L+8v+\rho_L v}{12}$	$\frac{(9+v)(1-\rho_L)}{12}$	$\frac{(1-\rho_L)v}{6}$

证明:在与企业 A、C_O、C_N 之间的价格博弈中,主导零售商首先给出其对互补产品的零售定价模式,即产品的单位销售利润,然后上游供应商进行批发价格决

策。假设所有企业都是完全理性的，能够正确地做出最优决策。

因此给定零售商的零售定价：$p_A^{Lc}=w_A^{Lc}+m_A^{Lc}$ 和 $p_{C_O}^{Lc}=w_{C_O}^{Lc}+m_{C_O}^{Lc}$，以及企业的利润函数式(4-1)、式(4-2)、式(4-3)、式(4-4)，可以得到上游供应商对零售商定价的最优反应函数为：

$$w_A^{Lc}=\frac{3\rho_L+\rho_L v+2v-\rho_L m_{C_O}^{Lc}-(2+\rho_L)m_A^{Lc}}{6} \tag{4-5}$$

$$w_{C_O}^{Lc}=\frac{(3+v)(1-\rho_L)-(1-\rho_L)m_A^{Lc}-(3-\rho_L)m_{C_O}^{Lc}}{6} \tag{4-6}$$

$$p_{C_N}^{Lc}=\frac{(1-\rho_L)v-(1-\rho_L)m_A^{Lc}+\rho_L m_{C_O}^{Lc}}{3} \tag{4-7}$$

将供应商的最优反应函数代入零售商的利润函数式(4-4)中，可以计算得到，$\frac{\partial^2 \Pi_R^{Lc}}{\partial m_A^{Lc2}}<0$，$\frac{\partial^2 \Pi_R^{Lc}}{\partial m_{C_O}^{Lc2}}<0$，$\frac{\partial^2 \Pi_R^{Lc}}{\partial m_A^{Lc}\partial m_{C_O}^{Lc}}>0$ 和 $\frac{\partial^2 \Pi_R^{Lc}}{\partial m_{C_O}^{Lc}\partial m_A^{Lc}}>0$，以及海塞矩阵且 $|\boldsymbol{H}|=\begin{vmatrix}\frac{\partial^2 \Pi_R^{Lc}}{\partial m_A^{Lc2}} & \frac{\partial^2 \Pi_R^{Lc}}{\partial m_A^{Lc}\partial m_{C_O}^{Lc}} \\ \frac{\partial^2 \Pi_R^{Lc}}{\partial m_A^{Lc}\partial m_{C_O}^{Lc}} & \frac{\partial^2 \Pi_R^{Lc}}{\partial m_{C_O}^{Lc2}}\end{vmatrix}>0$，则海塞矩阵负定，表明零售商的利润函数是联合凹函数，符合利润最大化的二阶条件，因此通过一阶条件可以得到：

$$m_A^{Lc}=\frac{3\rho_L+2v+\rho_L v-2\rho_L m_{C_O}^{Lc}}{2(2+\rho_L)} \tag{4-8}$$

$$m_{C_O}^{Lc}=\frac{(3+v)(1-\rho_L)-2(1-\rho_L)m_A^{Lc}}{2(3-\rho_L)} \tag{4-9}$$

联合求解式(4-8)和式(4-9)，可以得到零售商的最优决策为：

$$m_A^{Lc*}=\frac{\rho_L+v}{2} \tag{4-10}$$

$$m_{C_O}^{Lc*}=\frac{1-\rho_L}{2} \tag{4-11}$$

根据零售商的最优决策和供应商的最优反应函数，可以得到表 4-1 中的均衡最优解。

将均衡最优解代入 $\tilde{\theta}^{Lc}$，$\hat{\theta}^{Lc}$，$D_{AC_O}^{Lc}$ 和 $D_{AC_N}^{Lc}$ 的表达式中，可以得到使得 $0\leqslant\hat{\theta}^{Lc}<\tilde{\theta}^{Lc}<1$ 满足的条件为 $\frac{2v}{9-v}\leqslant\rho_L<1$，因此，表 4-1 证明完毕。

类似的过程和方法可以得到其他价格博弈中的均衡最优解。

在第二种情形中，产品 AC_N 的需求为零，消费者选择购买 AC_O 或者不购买，可以得到市场中的边际消费者为 $\tilde{\theta}^{Lc2}_{AC_O}=p^{Lc}_A+p^{Lc}_{C_O}-v$，$AC_O$ 的市场需求为 $D^{Lc2}_{AC_O}=1-(p^{Lc}_A+p^{Lc}_{C_O}-v)$。由于 AC_N 需求为零，竞争者 C_N 将不参与博弈，通过求解供应链上企业间的价格博弈可以得到最优均衡解为 $w^{Lc2*}_A=w^{Lc2*}_{C_O}=\frac{v+1}{6}$，$m^{Lc2*}_A+m^{Lc2*}_{C_O}=\frac{v+1}{2}$，零售商和供应商的利润分别为 $\Pi^{Lc2*}_R=\frac{(v+1)^2}{12}$，$\Pi^{Lc2*}_A=\Pi^{Lc2*}_{C_O}=\frac{(v+1)^2}{36}$。

事实上，零售商总是可以选择如第二种情形中的定价决策，无论 ρ_L 大小，但是当 $\rho_L\geqslant\frac{2v}{9-v}$ 时，零售商按照第一种情形定价获得的利润大于第二种情形定价，即 $\Pi^{Lc*}_R>\Pi^{Lc2*}_R$。因此，在零售商主导的供应链中，供应链将达到第一种情形所示的均衡情形。同时因为本部分研究试图分析供应链中零售商的捆绑策略对渠道竞争者的竞争策略的影响，而在第二种情形下，竞争者将失去了市场份额，市场竞争消失。因此，本章研究主要关注第一种均衡情形，假设竞争者在直销渠道提供的竞争产品的质量满足 $\rho_L\geqslant\frac{2v}{9-v}$。

当零售商采用捆绑销售策略时，市场中消费者的购买方案包括：产品 AC_Ob、产品 AC_N 或不购买任何产品。同理，假设 $\rho_L\geqslant\rho^*_{Lb}$ 来保证均衡状态中存在着竞争企业 C_N 的渠道竞争，ρ^*_{Lb} 将在企业定价博弈求解过程中获得。按照购买方案的分布，消费者市场可以由边界消费者分成三个部分，其中边界消费者分别为 $\tilde{\theta}^{Lb}=\frac{p^{Lb}_{AC_Ob}-p^{Lb}_A-p^{Lb}_{C_N}}{\tau-\rho_L}$，$\hat{\theta}^{Lb}=\frac{p^{Lb}_A+p^{Lb}_{C_N}-v}{\rho_L}$，当 $0\leqslant\frac{p^{Lb}_{AC_Ob}-p^{Lb}_A-p^{Lb}_{C_N}}{\tau-\rho_L}\leqslant\frac{p^{Lb}_A+p^{Lb}_{C_N}-v}{\rho_L}<1$ 时，$D^{Lb}_{AC_Ob}=1-\frac{p^{Lb}_{AC_Ob}-p^{Lb}_A-p^{Lb}_{C_N}}{\tau-\rho_L}$，$D^{Lb}_{AC_N}=\frac{p^{Lb}_{AC_Ob}-p^{Lb}_A-p^{Lb}_{C_N}}{\tau-\rho_L}-\frac{p^{Lb}_A+p^{Lb}_{C_N}-v}{\rho_L}$。

企业的利润函数可以表示为：

$$\Pi^{Lb}_A=w^{Lb}_A\left(1-\frac{p^{Lb}_A+p^{Lb}_{C_N}-v}{\rho_L}\right),\ \Pi^{Lb}_{C_O}=w^{Lb}_{C_O}\left(1-\frac{p^{Lb}_{AC_Ob}-p^{Lb}_A-p^{Lb}_{C_N}}{\tau-\rho_L}\right)$$

$$\Pi^{Lb}_{C_N}=p^{Lb}_{C_N}\left(\frac{p^{Lb}_{AC_Ob}-p^{Lb}_A-p^{Lb}_{C_N}}{\tau-\rho_L}-\frac{p^{Lb}_A+p^{Lb}_{C_N}-v}{\rho_L}\right)$$

$$\Pi^{Lb}_R=(p^{Lb}_{AC_Ob}-w^{Lb}_A-w^{Lb}_{C_O})\left(1-\frac{p^{Lb}_{AC_Ob}-p^{Lb}_A-p^{Lb}_{C_N}}{\tau-\rho_L}\right)+$$
$$(p^{Lb}_A-w^{Lb}_A)\left(\frac{p^{Lb}_{AC_Ob}-p^{Lb}_A-p^{Lb}_{C_N}}{\tau-\rho_L}-\frac{p^{Lb}_A+p^{Lb}_{C_N}-v}{\rho_L}\right)$$

通过求解可以得到(低质量,捆绑销售)子博弈中的均衡最优解如表 4－2 所示,其中 $\rho_{Lb}^{*}=\dfrac{2\tau v}{9\tau-v}$。

表 4－2　(低质量,捆绑销售)子博弈中的均衡最优解

w_{A}^{Lb*}	$w_{C_O}^{Lb*}$	p_{A}^{Lb*}	$p_{AC_Ob}^{Lb*}$	$p_{C_N}^{Lb*}$
$\dfrac{3\tau\rho_L+2\tau v+\rho_L v}{12\tau}$	$\dfrac{(3\tau+v)(\tau-\rho_L)}{12\tau}$	$\dfrac{9\tau\rho_L+8\tau v+\rho_L v}{12\tau}$	$\dfrac{3(\tau+v)}{4}$	$\dfrac{(\tau-\rho_L)v}{6r}$

(2) 竞争者提供高质量产品 C_N 情形

若竞争者在直销渠道提供高质量产品 C_N 时,则有 $1<\rho_H<2$ 以及捆绑策略中 $\tau<\rho_H<2$ 。当零售商采用组件销售策略时,通过分析市场中边界消费者,可以得到市场分布的三种情形。

情形 1:组合产品 AC_O和 AC_N 的市场需求均为正:

$$0<\theta_{AC_O}^{Hc}(=p_A^{Hc}+p_{C_O}^{Hc}-v)<\theta_{AC_N}^{Hc}\left(=\frac{p_{C_N}^{Hc}-p_{C_O}^{Hc}}{\rho_H-1}\right)<1$$

情形 2:AC_O需求为正,AC_N需求为零:

$$0<\theta_{AC_O}^{Hc}(=p_A^{Hc}+p_{C_O}^{Hc}-v)<1$$

情形 3:AC_N需求为正,AC_O 需求为零:

$$0<\theta_{AC_N}^{Hc}\left(=\frac{p_A^{Hc}+p_{C_O}^{Hc}-v}{\rho_H}\right)<1$$

通过求解每种情形下的均衡最优解可以发现:第一种情形下不存在唯一的均衡解,而零售商在第三种情形下的均衡状态中获得的利润要高于第二种情形。因此,最优均衡状态存在于第三种情形,即当 $0<p_A^{Hc}+p_{C_O}^{Hc}-v\leqslant\dfrac{p_{C_N}^{Hc}-p_{C_O}^{Hc}}{\rho_H-1}<1$ 时,存在消费者 $\left(\theta>\dfrac{p_{C_N}^{Hc}-p_{C_O}^{Hc}}{\rho_H-1}\right)$ 将购买组合产品 AC_N,另一部分消费者 $\left(p_A^{Hc}+p_{C_O}^{Hc}-v<\theta<\dfrac{p_{C_N}^{Hc}-p_{C_O}^{Hc}}{\rho_H-1}\right)$将购买组合产品 AC_O,求解定价博弈可以得到均衡最优价格决策为 $w_A^{Hc*}=\dfrac{\rho_H+v}{6}$, $p_A^{Hc*}=\dfrac{2(\rho_H+v)}{3}$和 $p_{C_N}^{Hc*}=\dfrac{\rho_H+v}{6}$。在均衡情形下,$AC_O$ 产品的市场需求为零,零售商将在组件 A 市场上获得垄断,而竞争者 C_N 将在竞争产品 C_N 市场上获得垄断地位和垄断利润。

当零售商采用捆绑销售策略时，可以得到边界消费者$\tilde{\theta}^{Hb}$（组合产品和AC_N）和边界消费者$\hat{\theta}^{Hb}$（AC_Ob 和不购买产品）：$\hat{\theta}^{Hb}=\frac{p_{AC_Ob}^{Hb}-v}{\tau}$，$\tilde{\theta}^{Hb}=\frac{p_A^{Hb}+p_{C_N}^{Hb}-p_{AC_Ob}^{Hb}}{\rho_H-\tau}$。组合产品的市场需求分别为：当$0\leqslant\frac{p_A^{Hb}+p_{C_N}^{Hb}-p_{AC_Ob}^{Hb}}{\rho_H-\tau}\leqslant\frac{p_{AC_Ob}^{Hb}-v}{\tau}<1$时，$D_{AC_N}^{Hb}=1-\frac{p_A^{Hb}+p_{C_N}^{Hb}-p_{AC_Ob}^{Hb}}{\rho_H-\tau}$，$D_{AC_Ob}^{Hb}=\frac{p_A^{Hb}+p_{C_N}^{Hb}-p_{AC_Ob}^{Hb}}{\rho_H-\tau}-\frac{p_{AC_Ob}^{Hb}-v}{\tau}$，企业的利润函数可以表示为：

$$\Pi_A^{Hb}=w_A^{Hb}\left(1-\frac{p_{AC_Ob}^{Hb}-v}{\tau}\right)$$

$$\Pi_{C_O}^{Hb}=w_{C_O}^{Hb}\left(\frac{p_A^{Hb}+p_{C_N}^{Hb}-p_{AC_Ob}^{Hb}}{\rho_H-\tau}-\frac{p_{AC_Ob}^{Hb}-v}{\tau}\right)$$

$$\Pi_{C_N}^{Hb}=p_{C_N}^{Hb}\left(1-\frac{p_A^{Hb}+p_{C_N}^{Hb}-p_{AC_Ob}^{Hb}}{\rho_H-\tau}\right)$$

$$\Pi_R^{Hb}=(p_{AC_Ob}^{Hb}-w_A^{Hb}-w_{C_O}^{Hb})\left(\frac{p_A^{Hb}+p_{C_N}^{Hb}-p_{AC_Ob}^{Hb}}{\rho_H-\tau}-\frac{p_{AC_Ob}^{Hb}-v}{\tau}\right)+(p_A^{Hb}-w_A^{Hb})\left(1-\frac{p_A^{Hb}+p_{C_N}^{Hb}-p_{AC_Ob}^{Hb}}{\rho_H-\tau}\right)$$

企业追求自身利润最大化时做出的均衡最优定价为：$w_A^{Hb*}=\frac{3\tau\rho_H+2\rho_H v+\tau v}{12\rho_H}$，$w_{C_O}^{Hb*}=\frac{(\rho_H-\tau)v}{6\rho_H}$，$p_{C_N}^{Hb*}=\frac{(3\rho_H+v)(\rho_H-\tau)}{12\rho_H}$，$p_A^{Hb*}=\frac{6\rho_H^2+8\rho_H v+3\tau\rho_H+\tau v}{12\rho_H}$和$p_{AC_Ob}^{Hb*}=\frac{10\rho_H v+9\tau\rho_H-\tau v}{12\rho_H}$。

4.3.2 捆绑与产品竞争策略

这一部分将基于子博弈均衡解分别分析零售商的销售策略和竞争企业的产品竞争策略，并假设$\frac{2v}{9-v}\leqslant\rho_L<1$。根据零售商和竞争企业的均衡最优定价，可以获得其在不同策略下的利润如表 4 - 3 所示。

表 4-3　零售商和企业 C_N 在不同策略组合下的利润

策略	低质量	高质量
组件销售	$\Pi_R^{Lc*}=\dfrac{(\rho_L+v)(3\rho_L+2v+\rho_L v)+\rho_L(1-\rho_L)(3+v)}{24\rho_L}$	$\Pi_R^{Hc*}=\dfrac{(\rho_H+v)^2}{12\rho_H}$
	$\Pi_{C_N}^{Lc*}=\dfrac{v^2(1-\rho_L)}{36\rho_L}$	$\Pi_{C_N}^{Hc*}=\dfrac{(\rho_H+v)^2}{36\rho_H}$
捆绑销售	$\Pi_R^{Lb*}=\dfrac{\rho_L(\tau+v)(3\tau+v)+2\tau v(\rho_L+v)}{24\tau\rho_L}$	$\Pi_R^{Hb*}=\dfrac{\tau(\rho_H+v)(3\rho_H+v)+2\rho_H v(\tau+v)}{24\tau\rho_H}$
	$\Pi_{C_N}^{Lb*}=\dfrac{v^2(\tau-\rho_L)}{36\tau\rho_L}$	$\Pi_{C_N}^{Hb*}=\dfrac{(3\rho_H+v)^2(\rho_H-\tau)}{144\rho_H^2}$

首先，分析第二阶段零售商的销售策略。对比表中零售商的利润可以发现：当 $\dfrac{2v}{9-v}\leqslant\rho_L<1$ 时，$\Pi_R^{Lb*}>\Pi_R^{Lc*}$；当 $1<\tau<\rho_H<2$ 时，$\Pi_R^{Hb*}>\Pi_R^{Hc*}$，即无论竞争企业采用何种产品竞争策略，零售商在捆绑销售策略下获得的利润总大于组件销售策略，因此可以得到如下的命题。

命题 4.1：无论竞争企业的产品竞争策略是低质量 $\left(\dfrac{2v}{9-v}\leqslant\rho_L<1\right)$ 还是高质量 $(\tau\leqslant\rho_H<2)$，当零售商面临着来自供应链外部新竞争企业的渠道竞争时，总是会选择捆绑销售策略。

接下来转向第一阶段竞争企业的产品竞争策略分析。通过表 4-3 和命题 4.1，可以发现对于竞争企业 C_N，当 $\dfrac{2v}{9-v}\leqslant\rho_L<1$ 时，若采用低质量产品策略，则获得利润 $\Pi_{C_N}^{Lb*}=\dfrac{v^2(\tau-\rho_L)}{36\tau\rho_L}$；若采用高质量产品策略，获得利润为 $\Pi_{C_N}^{Hb*}=\dfrac{(3\rho_H+v)^2(\rho_H-\tau)}{144\rho_H^2}$。通过比较利润可以得到 $\Pi_{C_N}^{Hb*}>\Pi_{C_N}^{Lb*}$ 的条件是：$\dfrac{4r\rho_H^2v^2}{(3\rho_H+v)^2(\rho_H-\tau)+4\rho_H^2v^2}<\rho_L<1$ 和 $\max\left[1,\dfrac{(3\rho_H+v)^2\rho_H+4\rho_H^2+2\rho_H^2v^2}{18\rho_H^2v+(3\rho_H+v)^2}\right]<\tau<\rho_H$。

命题 4.2：若有 $\dfrac{4r\rho_H^2v^2}{(3\rho_H+v)^2(\rho_H-\tau)+4\rho_H^2v^2}<\rho_L<1$ 和 $\max\Bigg[1,$

$\left.\dfrac{(3\rho_H+v)^2\rho_H+4\rho_H^2+2\rho_H^2v^2}{18\rho_H^2v+(3\rho_H+v)^2}\right]<\tau<\rho_H$，供应链外部的新竞争企业将选择高质量产品策略；否则，其将选择低质量产品策略。

因此可以得到关于供应链外部竞争情形下的均衡最优决策如推论 4.1 所示。

推论 4.1：在供应链存在外部竞争情形下，零售商在均衡状态中采用捆绑销售策略，竞争企业在直销渠道提供高质量产品的条件为：$\dfrac{4\tau\rho_H^2v^2}{(3\rho_H+v)^2(\rho_H-\tau)+4\rho_H^2v^2}<\rho_L<1$ 且 $\max\left[1,\dfrac{(3\rho_H+v)^2\rho_H+4\rho_H^2+2\rho_H^2v^2}{18\rho_H^2v+(3\rho_H+v)^2}\right]<\tau<\rho_H$。

在供应链竞争中，互补产品捆绑策略作为一种价格歧视手段，同时也对竞争企业的产品竞争策略和供应链绩效产生影响。首先，当竞争企业 C_N 在直销渠道提供低质量产品 C_N 时，零售商的捆绑策略增强了销售终端组合产品之间的纵向差异，一定程度上减弱了市场竞争程度，因此有利于竞争者的利润改善。另外，研究结果也显示竞争企业 C_N 在捆绑销售情形下的利润随着互补产品捆绑效应的提高而增加。

然而，当供应链外的竞争企业提供高质量产品 C_N，那么捆绑策略将因为缩小了市场中产品的纵向差异而加剧了市场竞争，不利于竞争企业的利益。研究结果显示当零售商采用组件销售策略时，竞争企业将在 C_N 产品市场上获得垄断利润，而当零售商采用捆绑策略时，他将降低捆绑产品的价格，同时提高产品 A 的零售价格，这样竞争企业为了吸引消费者，不得不降低产品 C_N 的价格，进而降低利润。

为了进一步明确零售商的捆绑策略对竞争者策略和利润的影响，分析一种特殊的情况：零售商的捆绑策略是不被允许的。在这种情形下 C_N 的最优均衡利润与零售商采用组件销售情形相同，即与表 4-3 中 Π_{CN}^{Lc*}、Π_{CN}^{Hc*} 相同，企业 C_N 则始终选择高质量产品策略在直销渠道中，因为有 $\Pi_{C_N}^{Hc}\left(\dfrac{(\rho_H+v)^2}{36\rho_H}\right)>\Pi_{C_N}^{Lc}\left(\dfrac{v^2(1-\rho_L)}{36\rho_L}\right)$。因此可以得到以下结论。

结论 4.1：供应链零售商的互补产品捆绑销售策略将会促使供应链外互补产品竞争企业更倾向于提供低质量产品。

4.4 供应链内部渠道竞争情形

在这一部分，考虑供应链内部渠道竞争情形，如图 4－1(b)所示集合供应商 C 将在所在供应链之外通过直销渠道销售另一种产品 C_N，分析供应链成员的最优均衡决策，研究零售商捆绑策略的影响。

4.4.1 定价博弈分析

当供应商 C 在直销渠道中提供低质量产品，零售商采用组件销售策略，则市场需求可以表示为 $D_{AC_O}^{ILc}=1-\frac{p_{C_O}^{ILc}-p_{C_N}^{ILc}}{1-\rho_L}$ 和 $D_{AC_N}^{ILc}=\frac{p_{C_O}^{ILc}-p_{C_N}^{ILc}}{1-\rho_L}-\frac{p_A^{ILc}+p_{C_N}^{ILc}-v}{\rho_L}$，用大写字母“$I$”来标记供应链内部渠道竞争情形。企业利润函数可以表示为：

$$\Pi_A^{ILc}=w_A^{ILc}\left(1-\frac{p_A^{ILc}+p_{C_N}^{ILc}-v}{\rho_L}\right)$$

$$\Pi_C^{ILc}=w_{C_O}^{ILc}\left(1-\frac{p_{C_O}^{ILc}-p_{C_N}^{ILc}}{1-\rho_L}\right)+p_{C_N}^{ILc}\left(\frac{p_{C_O}^{ILc}-p_{C_N}^{ILc}}{1-\rho_L}-\frac{p_A^{ILc}+p_{C_N}^{ILc}-v}{\rho_L}\right)$$

$$\Pi_R^{ILc}=(p_A^{ILc}-w_A^{ILc})\left(1-\frac{p_A^{ILc}+p_{C_N}^{ILc}-v}{\rho_L}\right)+(p_{C_O}^{ILc}-w_{C_O}^{ILc})\left(1-\frac{p_{C_O}^{ILc}-p_{C_N}^{ILc}}{1-\rho_L}\right)$$

通过求解零售商与供应商之间的定价博弈可以得到：当 $\frac{v}{5}\leqslant\rho_L<\min[2v,1]$ 时，企业的均衡最优定价为 $w_A^{ILc*}=\frac{\rho_L+v}{6}$，$w_{C_O}^{ILc*}=\frac{3+2v-\rho_L}{12}$，$p_{C_N}^{ILc*}=\frac{\rho_L+v}{6}$，$p_A^{ILc*}=\frac{2(\rho_L+v)}{3}$ 和 $p_{C_O}^{ILc*}=\frac{9+2v-7\rho_L}{12}$。

同理可以得到其他子博弈的均衡最优解分别为：

在(低质量，捆绑销售)策略下，当 $\frac{v}{5}\leqslant\rho_L<\min[2v,1]$ 时，$w_A^{ILb*}=\frac{\rho_L+v}{6}$，$w_{C_O}^{ILb*}=\frac{3\tau+2v-\rho_L}{12}$，$p_A^{ILb*}=\frac{2(\rho_L+v)}{3}$，$p_{C_N}^{ILb*}=\frac{\rho_L+v}{6}$，和 $p_{AC_Ob}^{ILb*}=\frac{\rho_L+9\tau+10v}{12}$。

在(高质量，组件销售)策略下，当 $\frac{1}{2}<v<1$ 和 $1<\rho_H<\frac{4+v}{3}$ 时，$w_A^{IHc*}=\frac{1+v}{6}$，

$w_{C_O}^{IHc*}=\frac{1+v}{6}$，$p_{C_N}^{IHc*}=\frac{3\rho_H+2v-1}{12}$，$p_A^{IHc*}=\frac{1+4v+3\rho_H}{6}$和 $p_{C_O}^{IHc*}=\frac{4+v-3\rho_H}{6}$；当 $0<v<\frac{1}{2}$ 或 $\frac{4+v}{3}<\rho_H<2$ 时，$D_{AC_O}^{IHc}=0$，$w_A^{IHc*}=\frac{\rho_H+v}{2}$，$p_{C_N}^{IHc*}=\frac{\rho_H+v}{6}$和 $p_A^{IHc*}=\frac{2(\rho_H+v)}{3}$。

在（高质量，捆绑销售）策略下，当 $1<\tau<\rho_H<2$ 和 $\frac{\tau}{2}\leqslant v<1$ 时，$w_A^{IHb*}=\frac{\tau+v}{6}$，$w_{C_O}^{IHb*}=\frac{\tau+v}{6}$，$p_{C_N}^{IHb*}=\frac{3\rho_H+2v-\tau}{12}$，$p_A^{IHb*}=\frac{3\rho_H+4v+\tau}{6}$，$p_{AC_O^b}^{IHb*}=\frac{5(\tau+v)}{6}$；否则 $D_{AC_O^b}^{IHb}=0$。

4.4.2 捆绑与产品竞争策略

由均衡状态下企业的最优定价决策，可以得到零售商和供应商 C 在不同策略下的利润，如表 4-4 所示。通过比较利润可以得到零售商的捆绑策略，如命题 4.3 所示。

表 4-4 零售商和供应商的利润

	低质量	高质量	
策略	$\frac{v}{5}\leqslant\rho_L<\min[2v,1]$	其他	$\frac{1}{2}\leqslant v<1$ 和 $1<\rho_H<\frac{4+v}{3}$；在捆绑情形中 $\frac{\tau}{2}\leqslant v<1$
组件销售	$\Pi_R^{ILc*}=\frac{2(\rho_L+v)^2+3\rho_L(1-\rho_L)}{24\rho_L}$	$\Pi_R^{IHc*}=\frac{(\rho_H+v)^2}{12\rho_H}$	$\Pi_R^{IHc*}=\frac{2v^2+4v+3\rho_H-1}{24}$
组件销售	$\Pi_C^{ILc*}=\frac{\rho_L(9+6v-3\rho_L)+2(\rho_L+v)(2v-\rho_L)}{144\rho_L}$	$\Pi_C^{IHc*}=\frac{(\rho_H+v)^2}{36\rho_H}$	$\Pi_C^{IHc*}=\frac{(2+2v)(2v-1)+9\rho_H+6v-3}{144}$
捆绑销售	$\Pi_R^{ILb*}=\frac{(\rho_L+v)(2v-\rho_L)+3\rho_L(\tau+v)}{24\rho_L}$	$\Pi_R^{IHb*}=\frac{(\rho_H+v)^2}{12\rho_H}$	$\Pi_R^{IHb*}=\frac{(\tau+v)(2v-\tau)+3\tau(\rho_H+v)}{24\tau}$
捆绑销售	$\Pi_C^{ILb*}=\frac{3\rho_L(3\tau+2v-\rho_L)+2(\rho_L+v)(2v-\rho_L)}{144\rho_L}$	$\Pi_C^{IHb*}=\frac{(\rho_H+v)^2}{36\rho_H}$	$\Pi_C^{IHb*}=\frac{2(\tau+v)(2v-\tau)+3\tau(3\rho_H+2v-\tau)}{144\tau}$

命题 4.3：若供应商 C 在直销渠道提供低质量的竞争产品，当 $\frac{v}{5}\leqslant\rho_L<$

min[2v,1]时，供应链中零售商采用捆绑销售策略更有利于利润增长；而当供应商 C 采用高质量产品竞争策略时，零售商采用组件销售将比捆绑销售更有利于利润增长。

在第一阶段，供应商 C 根据对零售商销售策略和定价决策的预测，做出产品竞争策略选择，以使利润最大化。通过比较表 4 - 4 中供应商的利润，可以得到供应商的产品竞争策略如命题 4.4 所示。

命题 4.4：在均衡状态下，供应链中的渠道竞争企业（原有供应商在直销渠道中销售差别化产品）将选择低质量产品竞争策略，而零售商将采用捆绑销售策略。

这一部分依然通过零售商捆绑销售不被允许的特殊情形来分析在供应链内部渠道竞争情形下零售商捆绑策略影响。当零售商捆绑策略不被允许时，供应商 C 和零售商的均衡利润如表 4 - 4 中 $\Pi_C^{\mathrm{II}_Lc*}$、$\Pi_C^{\mathrm{II}Hc*}$、$\Pi_R^{\mathrm{II}_Lc*}$、$\Pi_R^{\mathrm{II}Hc*}$，可以发现零售商的捆绑策略并没有影响竞争企业 C 的产品竞争策略。

通过比较企业在（低质量，捆绑销售）和（低质量，组件销售）情形中企业的利润，可以发现在低质量策略下，竞争企业受益于零售商的捆绑策略，且其捆绑利润随着捆绑效应的增加而增加。而垄断产品 A 的供应商在组件销售和捆绑销售中获得相同的利润 $\Pi_A=\dfrac{(\rho_L+v)^2}{36\rho_L}$。对于供应链整体绩效的影响，零售商的捆绑销售策略将有利于提升供应链的整体利润。

结论 4.2：零售商捆绑销售策略不会影响到供应链内部的渠道竞争企业的产品竞争策略以及垄断产品供应商的利润，但捆绑策略带来的捆绑效应将有利于提高零售商、竞争企业和供应链整体的利润。

4.5　数值实验与管理启示

这一部分通过数值实验来探讨供应链外部渠道竞争情形下捆绑策略对企业和行业利润的影响。假设模型中涉及的参数分别是：$v=0.5$，$\rho_L\in\left(\dfrac{2v}{9-v},1\right)$，$\tau=1$（主要关注捆绑策略通过影响市场竞争进而对各方绩效的影响），考虑高质量竞争产品的价值增值系数分别为 $\rho_H=1.01$ 和 $\rho_H=1.2$ 两种情形。将参数的赋值代入到表 4 - 5 中，进行数值仿真可以得到捆绑策略对企业利润的影响，如图 4 - 3～图 4 - 6。

表 4-5　不同均衡状态下供应链成员利润

利润	禁止捆绑销售	允许捆绑销售	
		$\frac{2v}{9-v}<\rho_L<\frac{4\tau\rho_H^2v^2}{(3\rho_H+v)^2(\rho_H-\tau)+4\rho_H^2v^2}$，$\max\left[1,\frac{(3\rho_H+v)^2\rho_H+4\rho_H^2+2\rho_H^2v^2}{18\rho_H^2v+(3\rho_H+v)^2}\right]<\tau<\rho_H$	其他
Π_A	$\frac{(\rho_H+v)^2}{36\rho_H}$	$\frac{(3\tau\rho_L+2\tau v+\rho_L v)(3\tau+v)}{144\tau^2}$	$\frac{v(3\tau\rho_H+2\rho_H v+\tau v)}{72\tau\rho_H}$
Π_{C_O}	0	$\frac{(3\tau+2v)(\tau-\rho_L)(3\tau+v)}{144\tau^2}$	$\frac{(\rho_H-\tau)v^2}{36\tau\rho_H}$
Π_R	$\frac{(\rho_H+v)^2}{12\rho_H}$	$\frac{\rho_L(\tau+v)(3\tau+v)+\tau v(\rho_L+v)}{24\tau\rho_L}$	$\frac{\tau(\rho_H+v)(3\rho_H+v)+2\rho_H v(\tau+v)}{24\tau\rho_H}$
Π_{C_N}	$\frac{(\rho_H+v)^2}{36\rho_H}$	$\frac{v^2(\tau-\rho_L)}{36\tau\rho_L}$	$\frac{(3\rho_H+v)^2(\rho_H-\tau)}{144\rho_H{}^2}$

图 4-3 描述了捆绑策略下供应商 A 的利润是关于竞争产品质量增值系数的分段函数，当其增值系数在 $\frac{2v}{9-v}<\rho_L<\frac{4\tau\rho_H^2v^2}{(3\rho_H+v)^2(\rho_H-\tau)+4\rho_H^2v^2}$ 范围内，利润随着 ρ_L 的增加而提高，否则利润函数将与 ρ_H 有关，而与 ρ_L 无关。在组件销售策略

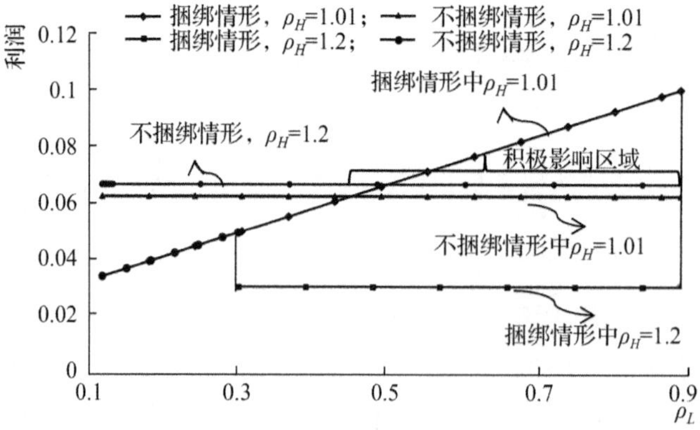

图 4-3　捆绑策略对供应商 A 利润的影响

下，利润函数也仅与 ρ_H 有关。从图中可以看出，捆绑策略对供应商 A 利润的影响与竞争产品的价值增值系数有关，在适当的条件下，捆绑有利于提升其利润，但这种积极的影响随着高质量竞争产品价值增值系数的增加而逐渐消失。例如当 $\rho_H=1.2$ 时，捆绑销售将给供应商 A 带来消极的影响。

在图 4-4(a)中可以看到，在(低质量，捆绑)情形下，零售商利润是 ρ_L 的减函数，并在 $\rho_L^*=\frac{4\tau\rho_H^2 v^2}{(3\rho_H+v)^2(\rho_H-\tau)+4\rho_H^2 v^2}$ 处达到最低。随着 ρ_H 的提高，ρ_L^* 逐渐减小，当 $\rho_H=\rho'_H$ 时，ρ_L^* 降至最低 $\frac{2\tau v}{9\tau-v}$。此外，如图 4-4(a)所示，当 $\rho_H=1.01$ 和 $\rho_H=1.2$ 时，捆绑情形下零售商的利润高于组件销售情形。如图 4-4(b)所示，当 $\rho_H\in(1.1,2)$，零售商在捆绑情形下的最低利润均大于组件销售情形下的利润。因此，可以得出结论，面对供应链外部竞争的零售商采用捆绑策略总是能有利于其利润的提高。

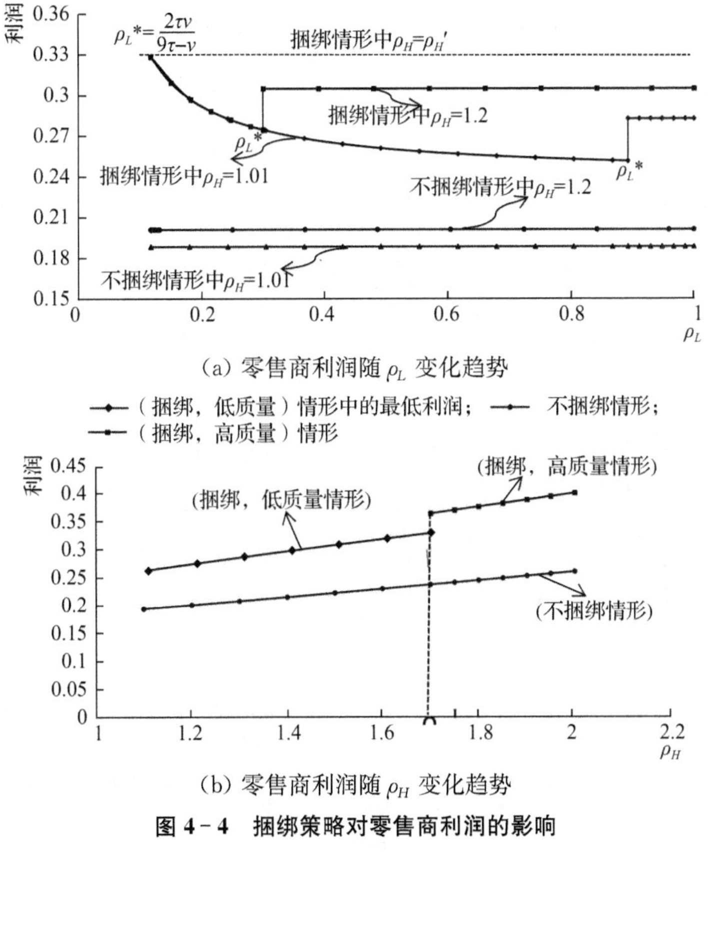

图 4-4　捆绑策略对零售商利润的影响

在上文的解析中，当零售商的捆绑销售不被允许时，竞争企业 C_N 将会在均衡状态中在竞争直销渠道提供高质量竞争产品，而零售商采用组件销售策略时，对于上游的供应商 C_O，其市场需求为零，因此没有获得任何利润。但当零售商的捆绑销售被允许时，供应商 C_O 将在均衡中获得正利润。如图 4-5 所示，在竞争者采用低质量产品策略下获得利润大于高质量竞争策略，且 ρ_L 越小，C_N 获得利润越大。但是捆绑策略对供应商 C_O 的影响随着 ρ_H 和 ρ_L 的增大逐渐减弱甚至消失。

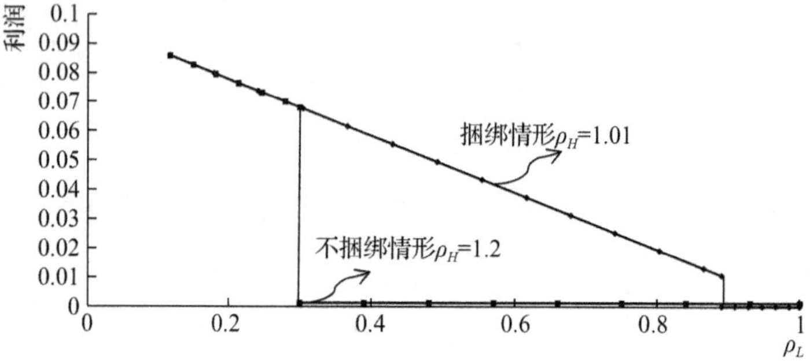

图 4-5　捆绑策略对企业 C_O 利润的影响

零售商的捆绑策略对供应链外的竞争企业 C_N 的不利影响可以通过图 4-6(a)和图 4-6(b)看出。当捆绑策略被允许时，竞争企业 C_N 的利润与 ρ_L 和 ρ_H 有关，在其高质量产品竞争策略中随着 ρ_H 的增加而增加，在其低质量产品竞争策略中随着 ρ_L 的减小而增加，并在 $\rho_L=\frac{2v}{9-v}$处达到最大值 $\Pi_{C_N}=\frac{v^2(\tau-\rho_L)}{36\tau\rho_L}$。若零售商捆绑策略不被允许，那么根据命题 4.3，C_N 只会采用高质量产品竞争策略，其利润随着 ρ_H 的增加而增加，且大于捆绑销售情形下的最高利润。

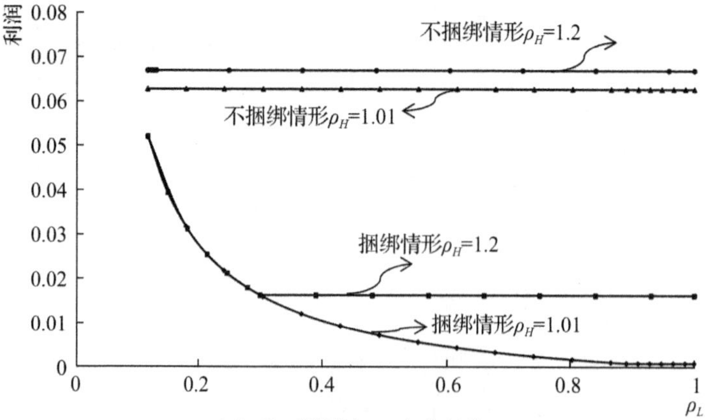

(a) C_N 利润随 ρ_L 变化趋势

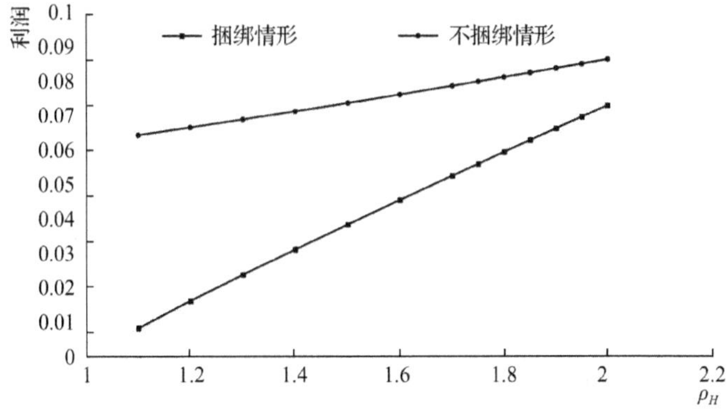

(b) C_N 利润随 ρ_H 变化趋势

图 4-6　捆绑策略对企业 C_N 利润的影响

最后，通过图 4-7 和图 4-8 可以看出供应链中零售商的捆绑销售策略有利于提升供应链整体及行业(包括竞争者)的利润。

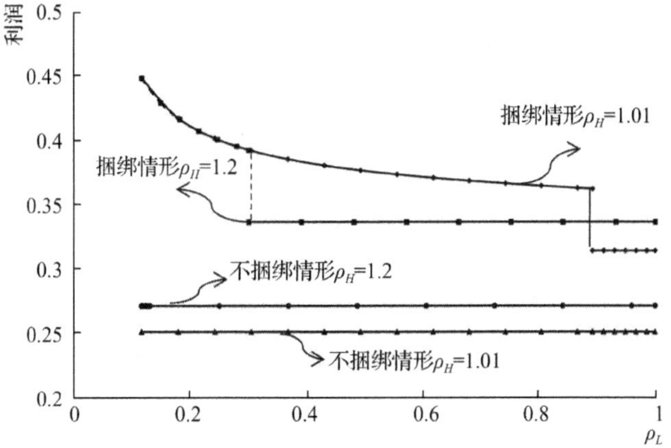

(a) 供应链利润随 ρ_L 变化趋势

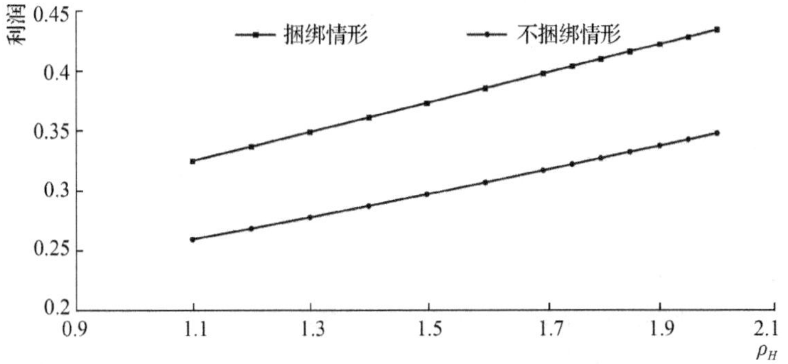

(b) 供应链利润随 ρ_H 变化趋势

图 4-7　捆绑策略对供应链利润的影响

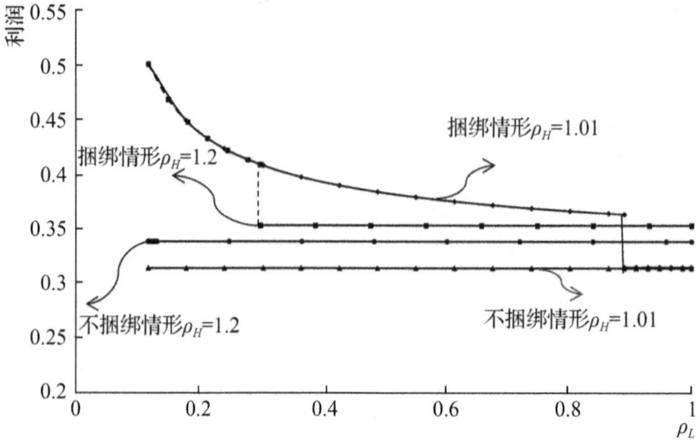

(a) 产业利润随 ρ_L 变化趋势

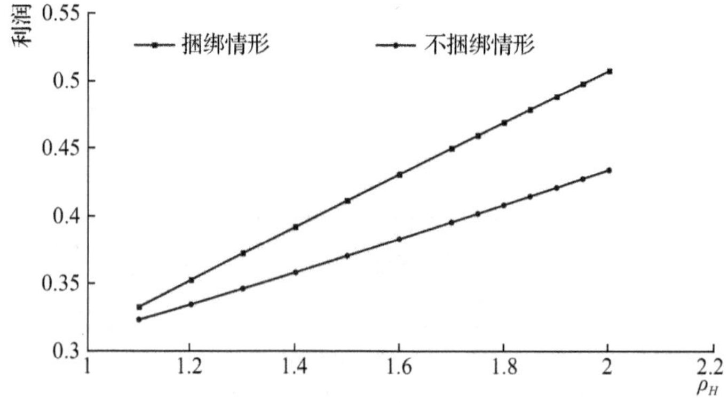

(b) 产业利润随 ρ_H 变化趋势

图 4-8 捆绑策略对产业利润的影响

4.6 本章小结

这一章主要研究了在两种不同的供应链渠道竞争情形下，竞争企业的竞争产品策略和零售商的捆绑销售策略，并分析了捆绑销售策略对企业和供应链整体绩效的影响。考虑了两种竞争情形：一种是由供应链外部新的竞争企业在其直销渠道提供竞争产品形成的供应链外部竞争；另一种是由供应链内部原有供应商通过开通直销渠道提供差异化竞争产品的供应链内部竞争情形。在每种情形下，研究通过建立模型求解出均衡最优解。

通过求解可以得到以下结论：首先，在供应链外部竞争情形中，外部新的竞争者的竞争产品策略与产品价值增值系数有关，当低质量产品的价值增值系数较高、两个互补产品的捆绑效应较大时，其最优选择是高质量的竞争产品策略，否则选择低质量产品更为合适。而对于面临供应链外部竞争时，捆绑销售始终是零售商的最优选择，通过捆绑销售策略，可以鼓励外部竞争者更倾向于提供低质量产品，进而降低竞争者利润、提高自己的利润。但是在供应链内部竞争情形下，零售商的捆绑策略并不影响竞争者的竞争产品策略，通过捆绑效应提升供应链内部企业和整体的利润；竞争企业总是会提供低质量产品，而零售商将选择捆绑销售。

最后，通过给模型参数赋值，进行一系列数值试验进一步探讨外部竞争情形下捆绑策略对不同企业利润的影响。仿真结果显示，零售商的捆绑策略有利于提高零售商、供应链内部原企业 C_O、供应链以及行业整体的利润，但是不利于渠道竞争企业。捆绑策略对于互补产品供应商的影响与竞争产品的价值增值系数有关。

这一章的研究依然还存在一些不足和值得扩展研究的地方，首先，仅仅考虑完全互补产品的情形，而对于不完全互补产品的捆绑策略研究也是非常有意义和更加贴近实践的。其次，这一章中考虑了不对称竞争情形下的捆绑和产品策略，因此，可以将研究扩展到互补产品市场同时出现竞争的情形。最后，假设市场中消费者容量是固定规模，且在销售开始之前全部到达市场，在后续的研究中，可以考虑消费者到达规律和消费者的策略等待行为。

第5章

考虑消费者策略行为的互补产品捆绑与升级策略研究

供应链终端市场中的顾客越来越会主动趋利避害，表现出行为的策略性，例如有充分耐性的顾客可能会故意等待商家的降价措施而延迟消费。一些研究已经证明消费者策略行为会给供应链管理带来一些麻烦，例如订单决策、库存问题、定价问题等。因此消费者的策略行为必然成为供应链管理需要考虑的重要因素之一。本章将在考虑消费者策略行为的基础上，研究互补产品供应链中企业在面对商品价值随时间推移不断降低的情形中，如何利用互补产品进行捆绑和升级，提高企业和供应链在整个销售周期内的绩效。

DIWUZHANG

5.1 引言

我们可能曾经历过类似的尴尬遭遇：六个星期前以 \$3 000 的价格购买的高配置笔记本电脑，如今已经降价为 \$1 500；上个月购买的时尚外套，当下同一家商店正在半价促销。诸如此类的商品降价销售在日常生活中经常可见，尤其是电子产品、时尚产品和生鲜产品等。随着新技术的发展、时尚流行趋势的变化等，这些产品在以原价销售一段时间后，一般会经历一段降价销售时期。销售商通过降价销售，以尽可能地减少商品价值降低带来的损失，提高整个销售阶段利润。Pashigian[185]最早系统研究了企业降价销售的问题，近期相关的研究还包括：Elmaghraby 和 Keskinocak[186]、Bitran 和 Caldentey[187]、Shen 和 Su[188]、Yin 等[189]、Chen 等[190]。

但是降价销售策略同时也引起了顾客对企业的抱怨和不满。2007 年 9 月，苹果公司在 iPhone 刚刚上市 68 天以后，将产品的价格从 \$599 降到 \$399 。随后引起了早期购买者对降价行为的非常不满，以至于苹果公司不得不向所有早期购买者提供额外的 \$100 消费券以平息抱怨风波。然而更糟糕的是，由降价带来的消费者抱怨最终可能影响到企业的品牌忠诚度和长期利润。有研究报告显示在美国市场一个固定消费者给企业带来的利润要比第一次购买顾客多，固定消费者增长 5% 能够带来企业利润 25%的增长。

另一方面，销售商的频繁降价策略使得消费者表现出了策略行为，他们将根据购买经验选择合适的购买产品种类和购买时机。当预计到销售商的降价行为时，一部分具有策略行为的消费者将可能选择延迟购买。面对市场中的消费者策略行为，销售商的对策可能是进一步降低价格以吸引更多的购买者，然而 Coase[191]研究发现即使是垄断企业，面对策略型消费者不断降价的结果就是巨大的利润损失，甚至是零利润。所以，市场中的策略型消费者的出现降低了销售商降价销售策略的效果。

面对商品价值的降低，除了降价销售以外，企业可以通过互补产品在销售端的捆绑销售和制造供应环节的捆绑升级来提高产品附加值，积极应对产品在生命周期中正常的价值降低。通过互补产品的捆绑销售，企业在获得捆绑效应的同时，影响策略型消费者的购买行为，进而提高销售利润。例如家用电器与衍生服务的捆绑销售、计算机与应用软件的捆绑等，通过为消费者提供更好解决问题的方法，获得捆绑效应。因此，互补产品的捆绑销售已经成为企业延长产品生命周期、提高企业品牌影响力的重要途径之一。另外，面对产品吸引力和竞争力的下降，以及消费者需求的多样化，利用互补产品进行捆绑升级是供应商或制造商争夺市场份额、提高销售收入和运营利润的另一个重要措施之一。例如，手机生产商几乎每一个月就会推出一款新的产品，在原产品基础上对网络功能或者某些硬件（如摄像头、内存等）进行升级更新；微软公司在过去的三十年推出了 13 个不同版本的 Windows 操作系统；更有销售数据显示，苹果产品（iOS 设备）2011 年的销售收入中，有 156 亿美元是来自基于产品改进的消费者体验提升。

这一章主要研究面对策略型消费者的策略行为和商品价值在销售后阶段降低时，供应链中互补产品的捆绑销售和捆绑升级策略，分为两部分讨论。第一部分将考察集中供应链在销售环节的两种捆绑销售策略和分别销售降价策略，分别求解每种销售策略下企业的最优定价决策和策略型消费者的购买决策，对比分析不同销售策略的利弊和实施条件，并研究消费者的策略行为对捆绑销售策略和企业的利润的影响。第二部分在考虑消费者策略行为情形下，研究分散供应链中供应商在产品制造或供应环节的捆绑升级策略，并对比分析模块升级及整合升级策略，确定供应商选择产品升级策略的有效条件和最优价格决策，并分析消费者策略行为对升级策略的影响。

5.2 问题描述与建模

本章考虑两种不对称互补产品 A 和 C。其中主产品 A 具有独立的消费价值，例如笔记本电脑和电视机等，互补产品 C 通常不被独立消费，例如主产品 A 的延伸服务、升级服务或升级模块等，当共同使用 A 和 C 时，产品对消费者的价值会有所提升或实现产品升级。假设主产品 A 的全生命周期价值为 V_A，在后面的策略分析中，均假设 $V_A=1$。当产品 A 与 C 被消费者同时购买后同时使用，组合产品的价值为 $V_{AC}=\delta V_A$，$1<\delta\leqslant 2$，有 $V_C=(\delta-1)V_A$，其中 δ 代表互补产品 C 的价值增值系数或同步升级系数；同时假设有 $c_{AC}=\delta c_A$；当消费者在不同的阶段购买使用 A 和 C 时，例如在第一阶段购买主产品 A，在第二阶段购买互补产品 C 或利用互补模块 C 进行升级，则需要承受由于不同步消费带来的价值损失，C 的增值或升级价值为

$V_C=\lambda(\delta-1)V_A$。

将产品的销售周期分为两个阶段，从销售期开始到某时刻为产品销售第一阶段 $t=1$，消费者在这一阶段内购买的所有商品的价值为商品的全生命周期价值，即 $V_{tj}=V_j(t=1;j=A,AC,C)$；从第一销售阶段结束到整个销售阶段结束之前时刻为销售第二阶段 $t=2$，消费者在这一阶段购买商品的价值降低为 $V_{tj}=\varphi V_j(t=2;j=A,AC,C)$，其中 φ 为产品价值的阶段折扣系数，$0<\varphi<1$。在每个阶段内，商品的价值保持不变。销售期结束，商品销售结束。

面对商品价值在第二阶段的折扣降低，考虑供应链的两种应对措施，一种是在销售环节的捆绑销售策略：第二阶段捆绑销售策略 SPB（仅在销售第二阶段进行互补产品的捆绑销售）和第一阶段捆绑销售策略 FPB（仅在销售的第一阶段进行捆绑销售）。在分析供应链销售环节的捆绑销售策略时，为了得到更明确的结论，主要关注集中供应链情形，将供应链整体看作是综合销售商。当综合销售商在生产结束后的销售环节对互补产品进行捆绑销售时，产品互补特征将产生捆绑效应，可以理解为帮助消费者节省搜索时间和精力、解决技术难题等。因此，捆绑产品全生命周期价值为 $V_b=(1+r)\delta V_A$，成本为 $(1+r)\delta c$，r 表示捆绑产品的捆绑效应，类似于第 4 章，假设 $\varepsilon=(1+r)\delta$，$1<\delta<\varepsilon<2$，则 $V_b=\varepsilon V_A$，若消费者在第二阶段购买捆绑产品，则获得价值 $V_{2b}=\varphi\varepsilon V_A$。

在阶段捆绑销售策略中，销售商在每个销售阶段开始时决策并给出这一阶段的产品销售价格，若在第一阶段或第二阶段仅提供捆绑产品，则给出捆绑定价；若采用分别销售，则对两种互补产品进行分别定价。消费者在获得商品价格时，根据自身效用最大化做出购买决策。因此销售过程中事件发生时序如图 5-1 所示。

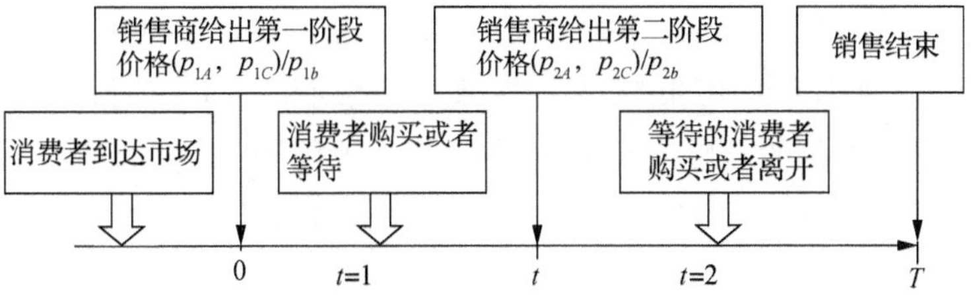

图 5-1　捆绑销售策略下的销售过程

另一种应对策略是供应商在制造环节进行捆绑升级，即供应商在第一阶段向零售商供应主产品 A，随着第二阶段产品价值的降低，供应商开发增加互补产品 C，通过升级策略进行产品升级。假设互补产品 C 是新开发功能或服务，因此对于供应商来说，从第二阶段开始出现产品 C；而在捆绑销售应对策略中，只研究两个阶段均存在产品 C 的销售阶段。研究主要考察三种升级策略（以上标 sb，sc，sbc 标记），不同销售阶段和升级策略下的供应链结构如图 5－2 所示。（1）捆绑升级策略（*sb*），在第二阶段以主产品 A 与升级模块互补品 C 的捆绑升级产品“*sb*”替代原产品“A”通过零售商销售；（2）模块升级策略（*sc*），销售第二阶段供应商继续通过零售商提供原产品“A”，同时在自有渠道直接提供升级模块 C（假定升级模块由于技术等因素，产品升级必须在供应商的自有渠道进行，如大型专业设备的升级维护等）；（3）整合升级策略（*sbc*），也称之为混合升级模式，供应商在第二阶段通过零售商提供捆绑升级产品“*sb*”，同时在自有渠道为前期消费者提供升级模块 C。

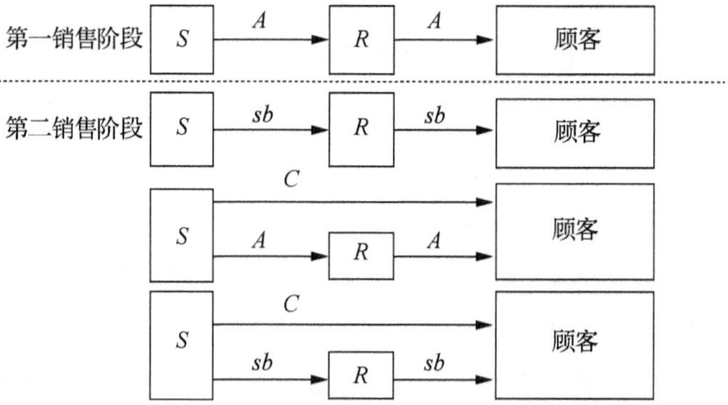

图 5－2　供应商升级策略下的供应链结构

关于供应商升级策略下的产品价值，为了得到较为明确的解析解，做如下假设：（1）升级模块的同步价值升级系数 $\delta=2$，$V_C=V_A$，$V_{AC}=2V_A$，且捆绑升级产品的价值 $V_{sb}=2V_A$（当制造商采用模块升级策略时，通过直接为消费者提供相应的技术支持，因此在捆绑升级中捆绑产品的捆绑效应表现并不明显，同时为了集中对比研究升级模式对绩效的影响，假设捆绑效应为 $r=0$）。那么，捆绑升级和整合升级中，第二阶段捆绑升级产品的价值为 $V_{2sb}=2\varphi V_A$，模块升级策略中第二阶段同时购买两种产品的价值有 $V_{2A2C}=2\varphi V_A$，且假设 $0<2\varphi<1$，即产品的升级是温和的。（2）消费者在第一阶段购买的产品在第一阶段所产生的单阶段价值为 $(1-\varphi)V_i$ $(i=A,C)$。（3）在模块化升级和整合升级策略中，当存在不同消费损失时，假设 $\lambda\in[0,1]$。

假设供应链中供应商和零售商都是理性决策者，在供应商升级策略中遵循如下决策时序：首先，因为产品升级往往需要提前在生产和销售方面进行准备，所以在销售期开始之前，供应商决策第二阶段采用的产品升级策略；然后，在第一阶段和第二阶段销售开始时，由于供应商在产品升级中往往较为主动，因此在供应链中拥有更多的价格谈判权力，假设供应商首先给出对零售商的批发价格和产品直接销售价格，再由零售商决策并公布其零售价格；最后，消费者进行购买决策和做出购买行为。供应链决策的事项序列如图 5-3 所示。

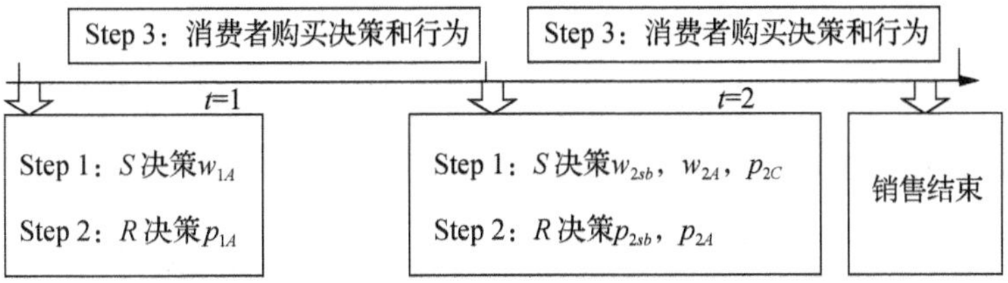

图 5-3　升级策略下供应链成员决策事项序列

无论是捆绑销售还是升级策略，市场中固定容量（假设为 1）的消费者为异质的，其对商品价值的偏好系数为 θ，即消费者的类型用 θ 来表示，假设 θ 为随机变量，服从[0,1]上的均匀分布，消费者从产品中获得的消费效用为 $U_{tj}=\theta V_{tj}$（$t=1,2;j=A,AC,C,b,sb$）。假设市场中的消费者均为策略型消费者，在销售期开始时到达市场。不同于短视型消费者，策略型消费者将根据自身消费净效用最大化 $u_{tj}=U_{tj}-p_{tj}$（$t=1,2;j=A,AC,C,b,sb$）来决策购买阶段和购买何种产品，或是离开市场。

5.3　分别销售降价与阶段捆绑策略

5.3.1　分别销售降价策略

面对商品的阶段价值降低，销售商最经常使用的便是分别销售降价策略，因此首先分析在分别销售情形下，销售商的最优定价决策和绩效。在此种销售策略下，一部分消费者选择在第一阶段购买 AC 产品（购买方案为 A_1C_1）或 A 产品（购买方案为 A_1），对产品价值偏好系数越大的消费者越倾向于购买 AC 产品，其次是 A 产品；一部分消费者选择等到第二阶段购买产品 $AC(A_2C_2)$ 和 $A(A_2)$，且按照对产品价值偏好系数从高到低的购买顺序与第一阶段相同，因为产品价值

的折扣系数 φ 为固定值；还有一部分消费者选择在任何一个阶段都不购买任何产品，而离开市场。由于产品 A 和 C 是同时进入销售阶段和消费市场，在销售第二阶段产品价值均发生降低，所以在第一阶段已经做出购买行为而没有购买产品 C 的消费者不会在第二阶段重新购买 C，即消费者不会选择在第一阶段购买 A，等到第二阶段购买互补产品 C，或者在第一阶段购买 C，等到第二阶段购买产品 A。另外，假设 $\varphi\delta<1$，即愿意在第一阶段购买 A 产品的消费者，不会选择等到第二阶段购买 AC 产品。

因此消费者市场可以分成 5 个部分，如图 5 - 4 所示，用$\hat{\theta}_{A_1C_1}$ 表示临界消费者，其在第一阶段购买 AC 产品和 A 产品获得的效用相同，则有 $\delta\hat{\theta}_{A_1C_1}-p_{1A}-p_{1C}=\hat{\theta}_{A_1C_1}-p_{1A}$，$\hat{\theta}_{A_1C_1}=\dfrac{p_{1C}}{\delta-1}$，那么消费者$(1-\hat{\theta}_{A_1C_1})$会选择在第一阶段购买产品 AC。

同理可以得到$\hat{\theta}_t$ 消费者在第一阶段购买商品的最大效用和第二阶段购买商品的最大效用相同，有 $\max(\delta\hat{\theta}_t-p_{1A}-p_{1C},\hat{\theta}_t-p_{1A})=\max(\varphi\delta\hat{\theta}_t-p_{2A}-p_{2C},\varphi\hat{\theta}_t-p_{2A})$，消费者$(\hat{\theta}_{A_1C_1}-\hat{\theta}_t)$在第一阶段购买产品 A。

$\hat{\theta}_{A_2C_2}$ 消费者在第二阶段购买产品 AC 和 A 获得相同效用，由 $\varphi\delta\hat{\theta}_{A_2C_2}-p_{2A}-p_{2C}=\varphi\hat{\theta}_{A_2C_2}-p_{2A}$，$\hat{\theta}_{A_2C_2}=\dfrac{p_{2C}}{\varphi(\delta-1)}$，消费者$(\hat{\theta}_t-\hat{\theta}_{A_2C_2})$在第二阶段购买产品 AC。

$\hat{\theta}_{A_2}$ 消费者在第二阶段购买产品 A 的效用为零，由 $\varphi\hat{\theta}_{A_2}-p_{2A}=0$，$\hat{\theta}_{A_2}=\dfrac{p_{2A}}{\varphi}$，消费者$(\hat{\theta}_{A_2C_2}-\hat{\theta}_{A_2})$在第二阶段购买产品 A。

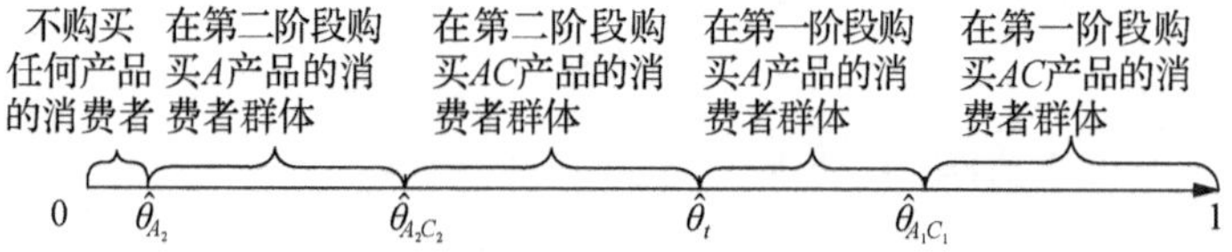

图 5 - 4　集中供应链分别销售降价策略下消费者分布

因此可以得到产品的市场需求分别为：$D_{1A1C}=1-\hat{\theta}_{A_1C_1}$，$D_{1A}=\hat{\theta}_{A_1C_1}-\hat{\theta}_t$，$D_{2A2C}=\hat{\theta}_t-\hat{\theta}_{A_2C_2}$，$D_{2A}=\hat{\theta}_{A_2C_2}-\hat{\theta}_{A_2}$。

根据对消费者购买行为的理性预期，销售商第二阶段里的优化问题可以表示为：

$$\max \Pi_2=(\hat{\theta}_t-\hat{\theta}_{A_2C_2})(p_{2A}+p_{2C}-\delta c)+(\hat{\theta}_{A_2C_2}-\hat{\theta}_{A_2})(p_{2A}-c)$$
$$0\leqslant\hat{\theta}_{A_2}\leqslant\hat{\theta}_{A_2C_2}<\hat{\theta}_t$$

可以证明 Π_2 为凹函数，利用 KKT 条件可以求得 $p_{2A}^*=\frac{\varphi\hat{\theta}_t+c}{2}$，$p_{2C}^*=\frac{\varphi(\delta-1)\hat{\theta}_t+(\delta-1)c}{2}$，进而有 $\hat{\theta}_{A_2C_2}^*=\hat{\theta}_{A_2}^*=\frac{\varphi\hat{\theta}_t+c}{2\varphi}$，因此在第二阶段所有留下来的消费者或者购买 AC 产品，或者离开市场。

然后求解销售商的两个阶段优化问题：

$$\max \Pi=(1-\hat{\theta}_{A_1C_1})(p_{1A}+p_{1C}-\delta c)+(\hat{\theta}_{A_1C_1}-\hat{\theta}_t)(p_{1A}-c)+\Pi_2^*$$

$$\Pi_2^*=(\hat{\theta}_t-(\hat{\theta}_{A_2C_2})^*)(p_{2A}^*+p_{2C}^*-\delta c)$$

$$\max(\delta\hat{\theta}_t-p_{1A}-p_{1C},\hat{\theta}_t-p_{1A})=\max(\varphi\delta\hat{\theta}_t-p_{2A}-p_{2C},\varphi\hat{\theta}_t-p_{2A})$$

$$p_{2A}^*=\frac{\varphi\hat{\theta}_t+c}{2}$$

$$p_{2C}^*=\frac{\varphi(\delta-1)\hat{\theta}_t+(\delta-1)c}{2}$$

$$\hat{\theta}_{A_2C_2}^*=\frac{\varphi\hat{\theta}_t+c}{2\varphi}$$

$$\hat{\theta}_{A_2C_2}^*\leqslant\hat{\theta}_t\leqslant\hat{\theta}_{A_1C_1}\leqslant 1$$

同样利用 KKT 条件求解得到：当 $\frac{\varphi}{4-3\varphi}<c<\frac{(2-\varphi\delta)\varphi}{4-2\varphi-\varphi\delta}$ 时，$p_{1A}^*=\frac{(2-\varphi\delta)^2+(4-2\varphi\delta-\varphi\delta^2)c}{8-6\varphi\delta}$，$p_{1C}^*=\frac{(\delta-1)(c+1)}{2}$；当 $0<c<\frac{\varphi}{4-3\varphi}$ 时，$p_{1A}^*+p_{1C}^*=\frac{\delta(2-\varphi)^2+(4\delta-3\varphi\delta)c}{8-6\varphi}$。

因此可以得到在分别销售降价策略中的均衡最优解如命题 5.1 所示。

命题 5.1：在销售商的分别销售降价策略中，存在最优均衡解：

(1) 当 $\frac{\varphi}{4-3\varphi}<c<\frac{(2-\varphi\delta)\varphi}{4-2\varphi-\varphi\delta}$ 时，销售商的最优均衡定价分别为

$$p_{1A}^*=\frac{(2-\varphi\delta)^2+(4-2\varphi\delta-\varphi\delta^2)c}{8-6\varphi\delta},\ p_{1C}^*=\frac{(\delta-1)(c+1)}{2},$$

$$p_{2A}^*+p_{2C}^*=\frac{\varphi\delta}{2}\left(\frac{(2-\varphi\delta)^2+(4-2\varphi\delta-\varphi\delta^2)c}{(4-3\varphi\delta)(2-\varphi\delta)}-\frac{\delta c}{2-\varphi\delta}\right)+\frac{\delta c}{2}。$$

消费者的购买决策是：消费者$\frac{c+1}{2}<\theta<1$ 在销售第一阶段购买产品 AC，消费者$\frac{(2-\varphi\delta)^2+(4-2\varphi\delta-\varphi\delta^2)c}{(4-3\varphi\delta)(2-\varphi\delta)}-\frac{\delta c}{2-\varphi\delta}<\theta<\frac{c+1}{2}$仅在第一阶段购买主产品 A，消费者 $\frac{1}{2}\left(\frac{(2-\varphi\delta)^2+(4-2\varphi\delta-\varphi\delta^2)c}{(4-3\varphi\delta)(2-\varphi\delta)}-\frac{\delta c}{2-\varphi\delta}\right)+\frac{c}{2\varphi}<\theta<\frac{(2-\varphi\delta)^2+(4-2\varphi\delta-\varphi\delta^2)c}{(4-3\varphi\delta)(2-\varphi\delta)}-\frac{\delta c}{2-\varphi\delta}$ 在第二阶段购买产品 AC。

(2) 当 $0\leqslant c<\frac{\varphi}{4-3\varphi}$时，销售商的均衡最优定价满足

$$p_{1A}^*+p_{1C}^*=\frac{\delta(2-\varphi)^2+(4\delta-3\varphi\delta)c}{(8-6\varphi)},\ p_{2A}^*+p_{2C}^*=\frac{\varphi\delta}{2}\left(\frac{2-\varphi}{4-3\varphi}\right)+\frac{\delta c}{2}。$$

消费者$\frac{2-\varphi}{4-3\varphi}<\theta<1$ 在第一阶段购买产品 AC，消费者$\frac{2-\varphi}{8-6\varphi}+\frac{c}{2\varphi}<\theta<\frac{2-\varphi}{4-3\varphi}$将在第二阶段购买产品 AC。

这里假设 $c<\frac{(2-\varphi\delta)\varphi}{4-2\varphi-\varphi\delta}$以保证两个阶段均有产品销售。在命题 5.1 中，销售商将在第二阶段降低产品的最优定价，产品的价格降低随着 φ 的增加而减小，即第二阶段产品的价值折扣越大，价值减损越小，产品的降价销售幅度越小。另外，组合产品 AC 在第二阶段的价格降低随着 δ 的增加而增加，因为 $\delta>1$ 增加了 φ。

5.3.2 阶段捆绑策略

在第二阶段捆绑销售策略(SPB)中，销售商在第二阶段仅提供捆绑产品，需要决策第一阶段产品 A 和 C 的销售价格(p_{1A}^{SPB}，p_{1C}^{SPB})，以及第二阶段捆绑产品的销售价格(p_{2b}^{SPB})。策略消费者根据产品价值和销售价格，以自身效用最大化为目标进行购买决策，消费者可以分为四个部分，如图 5-5 所示。

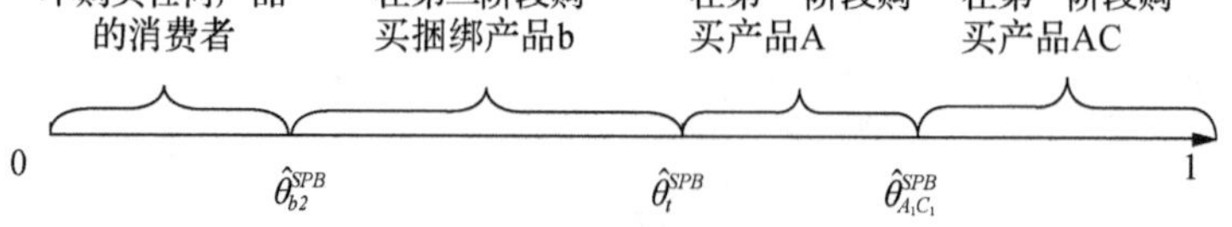

图 5-5 第二阶段捆绑策略下消费者分布

每部分消费者群体的边界消费者满足如下条件：

$\hat{\theta}_{A_1C_1}^{SPB}=\frac{p_{C_1}^{SPB}}{\delta-1}$,

$\max(\delta\hat{\theta}_t^{SPB}-p_{1A}^{SPB}-p_{1C}^{SPB},\hat{\theta}_t^{SPB}-p_{1A}^{SPB})=\varphi\varepsilon\hat{\theta}_t^{SPB}-p_{2b}^{SPB}$,

$\hat{\theta}_{b_2}^{SPB}=\frac{p_{2b}^{SPB}}{\varphi\varepsilon}$。

在理性预期消费者购买决策的基础上，零售商通过两阶段优化确定价格，最优均衡解如命题 5.2 所示。

命题 5.2：在 SPB 策略中，

(1) 当$\frac{\varphi}{4-3\varphi}<c<\frac{(2-\varphi\varepsilon)\varphi}{4-2\varphi-\varphi\varepsilon}$时，均衡状态下，销售商的最优定价为：

$p_{1A}^{SPB*}=\frac{(2-\varphi\varepsilon)^2+(4-2\varphi\varepsilon-\varphi\varepsilon^2)c}{8-6\varphi\varepsilon}$,

$p_{1C}^{SPB*}=\frac{(\delta-1)(c+1)}{2}$,

$p_{2b}^{SPB*}=\frac{\varphi\varepsilon}{2}\left(\frac{(2-\varphi\varepsilon)^2+(4-2\varphi\varepsilon-\varphi\varepsilon^2)c}{(4-3\varphi\varepsilon)(2-\varphi\varepsilon)}-\frac{\varepsilon c}{2-\varphi\varepsilon}\right)+\frac{\varepsilon c}{2}$。

消费者的购买决策为：

消费者$\frac{c+1}{2}<\theta<1$ 在第一阶段购买产品 A 和 C；

消费者$\frac{(2-\varphi\varepsilon)^2+(4-2\varphi\varepsilon-\varphi\varepsilon^2)c}{(4-3\varphi\varepsilon)(2-\varphi\varepsilon)}-\frac{\varepsilon c}{2-\varphi\varepsilon}<\theta<\frac{c+1}{2}$在第一阶段购买 A，

消费者 $\frac{1}{2}\left(\frac{(2-\varphi\varepsilon)^2+(4-2\varphi\varepsilon-\varphi\varepsilon^2)c}{(4-3\varphi\varepsilon)(2-\varphi\varepsilon)}-\frac{\varepsilon c}{2-\varphi\varepsilon}\right)+\frac{c}{2\varphi}<\theta<\frac{(2-\varphi\varepsilon)^2+(4-2\varphi\varepsilon-\varphi\varepsilon^2)c}{(4-3\varphi\varepsilon)(2-\varphi\varepsilon)}-\frac{\varepsilon c}{2-\varphi\varepsilon}$在第二阶段购买捆绑产品。

(2) 当 $0<c<\frac{\varphi}{4-3\varphi}$时，均衡状态下，销售商的最优定价满足：

$p_{1A}^{SPB*}+p_{1C}^{SPB*}=\frac{(2\delta-\varphi\varepsilon)^2+(4\delta^2-2\varphi\delta\varepsilon-\varphi\varepsilon^2)c}{(8\delta-6\varphi\varepsilon)}$,

$p_{2b}^{SPB*}=\frac{\varphi\varepsilon}{2}\left(\frac{(2\delta-\varphi\varepsilon)^2+(4\delta^2-2\varphi\delta\varepsilon-\varphi\varepsilon^2)c}{(2\delta-\varphi\varepsilon)(4\delta-3\varphi\varepsilon)}-\frac{\varepsilon c}{2\delta-\varphi\varepsilon}\right)+\frac{\varepsilon c}{2}$。

消费者的购买决策为：

消费者$\frac{(2\delta-\varphi\varepsilon)^2+(4\delta^2-2\varphi\delta\varepsilon-\varphi\varepsilon^2)c}{(2\delta-\varphi\varepsilon)(4\delta-3\varphi\varepsilon)}-\frac{\varepsilon c}{2\delta-\varphi\varepsilon}<\theta<1$ 在第一阶段购买产品 A 和 C，而消费者

$\frac{1}{2}\left(\frac{(2\delta-\varphi\varepsilon)^2+(4\delta^2-2\varphi\delta\varepsilon-\varphi\varepsilon^2)c}{(2\delta-\varphi\varepsilon)(4\delta-3\varphi\varepsilon)}-\frac{\varepsilon c}{2\delta-\varphi\varepsilon}\right)+\frac{c}{2\varphi}<\theta<$ $\frac{(2\delta-\varphi\varepsilon)^2+(4\delta^2-2\varphi\delta\varepsilon-\varphi\varepsilon^2)c}{(2\delta-\varphi\varepsilon)(4\delta-3\varphi\varepsilon)}-\frac{\varepsilon c}{2\delta-\varphi\varepsilon}$ 在第二阶段购买捆绑产品。

在第一阶段捆绑策略(FPB)中，销售商仅在销售开始的第一阶段进行产品捆绑销售，需要决策销售价格 p_{1b}^{FPB}、p_{2A}^{FPB} 和 p_{2C}^{FPB}。那么根据消费者的购买决策，消费者同样可以分为四个部分如图 5－6 所示，其中每个部分的边界消费者满足如下条件：$\max(\varphi\delta\hat{\theta}_t^{FPB}-p_{1A}^{FPB}-p_{1C}^{FPB},\varphi\hat{\theta}_t^{FPB}-p_{1A}^{FPB})=\varepsilon\hat{\theta}_t^{FPB}-p_{2b}^{FPB}$，$\hat{\theta}_{A_2}^{FPB}=\frac{p_{2A}^{FPB}}{\varphi}$，$\hat{\theta}_{A_2C_2}^{FPB}=\frac{p_{2C}^{FPB}}{\varphi(\delta-1)}$。

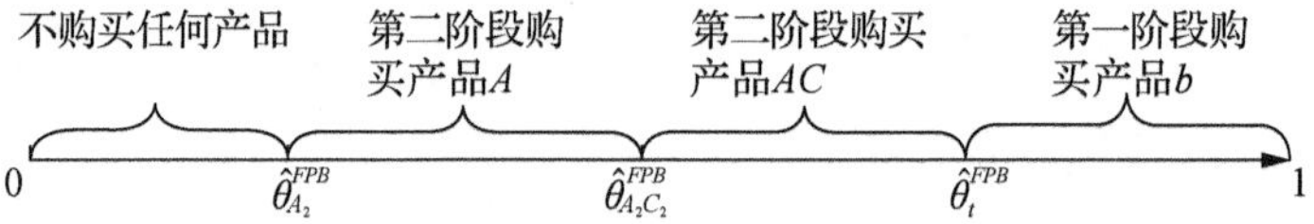

图 5－6　第一阶段捆绑销售策略下消费者分布

同样通过求解可以得到在 FPB 策略下的均衡状态和最优解，如命题 5.3 所示。

命题 5.3：在 FPB 策略下，当 $0<c<\frac{\varphi(2\varepsilon-\varphi\delta)}{4\varepsilon-2\varphi\varepsilon-\varphi\delta}$时，均衡状态中，销售商的最优定价满足 $p_{1b}^{FPB*}=\frac{(2\varepsilon-\varphi\delta)^2+(4\varepsilon^2-2\varphi\delta\varepsilon-\varphi\delta^2)c}{8\varepsilon-6\varphi\delta}$ 和 $p_{2A}^{FPB*}+p_{2C}^{FPB*}=\frac{\varphi\delta}{2}\left(\frac{2\varepsilon-\varphi\delta+2(\varepsilon-\delta)c}{4\varepsilon-3\varphi\delta}\right)+\frac{\delta c}{2}$；消费者 $\frac{2\varepsilon-\varphi\delta+2(\varepsilon-\delta)c}{4\varepsilon-3\varphi\delta}<\theta<1$ 选择在第一阶段购买捆绑产品，而消费者 $\frac{2\varepsilon-\varphi\delta+2(\varepsilon-\delta)c}{8\varepsilon-6\varphi\delta}+\frac{c}{2\varphi}<\theta<\frac{2\varepsilon-\varphi\delta+2(\varepsilon-\delta)c}{4\varepsilon-3\varphi\delta}$则会选择在第二阶段购买产品 A 和 C。

在销售商的均衡最优解中，可以看到在销售商的阶段捆绑策略中，捆绑增加了捆绑阶段的产品价值，因而销售商对捆绑产品的销售定价与互补产品的捆绑效应有关，有$\frac{\partial p_{2b}^{SPB*}}{\partial\varepsilon}>0$ 和 $\frac{\partial p_{1b}^{FPB*}}{\partial\varepsilon}>0$，即随着捆绑效应的增加而提高定价。因此，销售商首先可以在捆绑销售中获得捆绑效应带来的定价提高。然而，销售商的阶段捆绑策略同时还将影响到其他销售阶段的产品定价，例如在 SPB 策略中第一阶段主产品 A 的价格将随着捆绑效应的增加而降低，有 $\frac{\partial p_{1A}^{SPB*}}{\partial\varepsilon}<0$；而在 FPB 策略中，第

二阶段正常销售的产品 A 和 C 的价格之和随着捆绑效应的增加而增加，有 $\frac{\partial(p_{2A}^{FPB*}+p_{2C}^{FPB*})}{\partial\varepsilon}>0$。

5.3.3　策略比较和管理学意义

为了方便对不同的捆绑销售策略和分别销售降价策略进行比较，以得出有意义的管理学观点，假设 $0<c<\frac{(2-\varphi\varepsilon)\varphi}{4-2\varphi-\varphi\varepsilon}$，因为三种策略均衡条件下存在 $\frac{\varphi(2-\varphi\varepsilon)}{4-2\varphi-\varphi\varepsilon}<\frac{\varphi(2-\varphi\delta)}{4-2\varphi-\varphi\delta}<\frac{\varphi(2\varepsilon-\varphi\delta)}{4\varepsilon-2\varphi\varepsilon-\varphi\delta}$。首先通过比较命题中关于不同销售策略下销售商的最优定价决策，可以得到如下结论。

结论 5.1：$p_{1A}^{SPB*}<p_{1A}^{*}$，$p_{1C}^{SPB*}=p_{1C}^{*}$，$p_{2b}^{SPB*}>p_{2A}^{*}+p_{2C}^{*}$；$p_{1b}^{FPB*}>p_{1A}^{*}+p_{1C}^{*}$，$p_{2A}^{FPB*}+p_{2C}^{FPB*}>p_{2A}^{*}+p_{2C}^{*}$。

结论 5.1 表明销售商在捆绑策略中的捆绑产品定价要高于分别降价销售策略中的相同销售阶段的两种产品定价总和。捆绑效应带来捆绑产品价值的增加，因而销售商通过提高捆绑产品的定价来获得捆绑效用带来的好处。但是当市场中消费者表现出策略型行为时，捆绑策略同时影响了销售商其他阶段的产品销售价格，例如相比于分别降价销售策略，在 SPB 策略中第一阶段产品 A 的销售价格有所降低，而在 FPB 策略中第二阶段的组合产品 A 和 C 的整体售价有所提高。因为，考虑到消费者的策略型行为，第二阶段售卖的高价值捆绑产品可能会导致一部分消费者的等待购买行为，因此销售商通过降低第一阶段的产品售价来吸引消费者提前购买。而在 FPB 中，销售商同样是为了吸引消费者提前在第一阶段购买产品，采取提高第二阶段产品销售价格。与主产品 A 不同的是，互补产品 C 的价格将不受销售商的销售策略影响，因为其并没有单独使用的价值。

然而，销售商的销售策略和定价决策也会对消费者的购买行为和市场需求产生影响。通过分析不同销售策略下的均衡状态，可以发现在 SPB 策略中有 $\hat{\theta}_{b_2}^{SPB}>\hat{\theta}_{A_2C_2}$ 和 $\hat{\theta}_{t}^{SPB}>\hat{\theta}_{t}$，意味着相比分别降价销售策略，更多的消费者选择了推迟购买和放弃购买；但在 FPB 策略下有 $\hat{\theta}_{A_2C_2}^{FPB}<\hat{\theta}_{A_2C_2}$ 和 $\hat{\theta}_{t}^{FPB}<\hat{\theta}_{t}$，意味着更多的消费者选择提前购买产品，同时更多的潜在消费者选择了购买产品。所以，对于销售商的市场扩展目标来说，FPB 策略相对于 SPB 策略和分别降价销售策略更有优势。那么对于

销售商在整个销售周期内的销售利润目标而言，可以得到如下结论。

结论 5.2：当 $\frac{\varphi}{4-3\varphi}<c<\frac{(2-\varphi\varepsilon)\varphi}{4-2\varphi-\varphi\varepsilon}$ 时，$\Pi^{SPB}<\Pi<\Pi^{FPB}$；当 $0<c\leqslant\frac{\varphi}{4-3\varphi}$ 时，若有 $\frac{2}{3}<\frac{\varphi\varepsilon}{\delta}<1$，则 $\Pi<\Pi^{SPB}<\Pi^{FPB}$，否则 $\Pi^{SPB}<\Pi<\Pi^{FPB}$。

如结论 5.2 所示，面对市场中消费者策略行为，当产品单位成本满足条件 $0<c<\frac{(2-\varphi\varepsilon)\varphi}{4-2\varphi-\varphi\varepsilon}$ 时，销售商在 FPB 策略中获得的销售利润要高于其他两种策略。但是对于销售商来说，相比于分别降价销售策略，SPB 策略并不能总是有利于提高其销售利润。只有当 $0<c\leqslant\frac{\varphi}{4-3\varphi}$，且 $\frac{2}{3}<\frac{\varphi\varepsilon}{\delta}<1$ 时，SPB 策略更优于分别降价销售策略，其他情形下其都不利于提高销售利润。

在 FPB 销售策略中，销售商从捆绑效应中获利的同时，还由于在第一阶段提供了价值更高的捆绑产品，进而吸引了更多的消费者在产品还没有发生价值折扣的第一阶段提前购买产品，因此相比于其他销售策略更有利于提高利润。而在 SPB 策略中，情况相反，由于更高价值的捆绑产品出现在销售的第二阶段，一方面意味着产品发生的价值损失更高，另一方面导致更多的策略型消费者推迟购买行为。理论研究和实践都证明了策略型消费者的推迟购买行为将会导致销售商的利润损失。因此 SPB 策略对销售商的利润影响，决定于捆绑效应、产品价值折扣系数以及策略型消费者的选择。因此从市场拓展和销售周期利润目标来看，在第一阶段进行捆绑销售，而在第二阶段采用分别销售是销售商最好的选择。

5.4 供应商升级策略分析

5.4.1 捆绑升级策略

根据分散供应链中供应商升级策略中产品销售描述，可以知道在捆绑升级策略下，消费者的可能购买方案有四种：(1) 在第一阶段购买产品 A，同时在第二阶段购买升级产品 $sb(A_1 sb_2)$；(2) 只在第一阶段购买产品 $A(A_1)$；(3) 只在第二阶段购买产品 $sb(sb_2)$；(4) 不购买任何产品(n)。记消费者的行动方案集为：$SB=$

$\{A_1sb_2, A_1, sb_2, n\}$。根据消费者效用函数的定义，行动方案的净效用分别为：$u_{A_1}^{sb}=\theta-p_{1A}^{sb}$，$u_{sb_2}^{sb}=2\varphi\theta-p_{2sb}^{sb}$，$u_{A_1sb_2}^{sb}=(1-\varphi)\theta+2\varphi\theta-p_{1A}^{sb}-p_{2sb}^{sb}$，$u_n^{sb}=0$。

若在捆绑升级策略中消费者的行动方案集中所有行动方案在均衡状态下均存在，那么有 $u_{A_1sb_2}^{sb}\geqslant u_{A_1}^{sb}\geqslant u_{sb_2}^{sb}>0$，则假设 $\theta_{A_1sb_2}^{sb}\geqslant\theta_{A_1}^{sb}\geqslant\theta_{sb_2}^{sb}>0$，即消费者价值偏好类型越高，其越倾向于选择消费效用更高的购买方案。因此，根据消费者的选择行动方案，市场中的消费者按照价值偏好从高到低可以被分成 4 个部分，如图 5－7 所示。

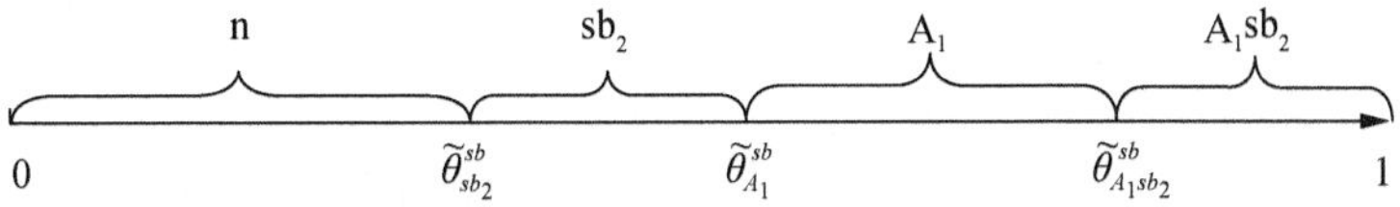

图 5－7　捆绑升级策略下消费者分布

边界消费者$\tilde{\theta}_{A_1sb_2}^{sb}$从购买方案 A_1sb_2 和 A_1 中所获得的效用相同($u_{A_1sb_2}^{sb}=u_{A_1}^{sb}$)，因此有 $\tilde{\theta}_{A_1sb_2}^{sb}=\dfrac{p_{2sb}^{sb}}{\varphi}$，类似可以得到其他几个部分的边界消费者为 $\tilde{\theta}_{A_1}^{sb}=\dfrac{p_{1A}^{sb}-p_{2sb}^{sb}}{1-2\varphi}$，$\tilde{\theta}_{sb_2}^{sb}=\dfrac{p_{2sb}^{sb}}{2\varphi}$，且有 $0<\tilde{\theta}_{sb_2}^{sb}\leqslant\tilde{\theta}_{A_1}^{sb}\leqslant\tilde{\theta}_{A_1sb_2}^{sb}\leqslant 1$。因此，可以表示出每个方案所占市场的份额为：$q_{A_1sb_2}^{sb}=1-\tilde{\theta}_{A_1sb_2}^{sb}=1-\dfrac{p_{2sb}^{sb}}{\varphi}$，$q_{A_1}^{sb}=\tilde{\theta}_{A_1sb_2}^{sb}-\tilde{\theta}_{A_1}^{sb}=\dfrac{p_{2sb}^{sb}}{\varphi}-\dfrac{p_{1A}^{sb}-p_{2sb}^{sb}}{1-2\varphi}$，$q_{sb_2}^{sb}=\tilde{\theta}_{A_1}^{sb}-\tilde{\theta}_{sb_2}^{sb}=\dfrac{p_{1A}^{sb}-p_{2sb}^{sb}}{1-2\varphi}-\dfrac{p_{2sb}^{sb}}{2\varphi}$；每个阶段的产品需求分别为：$D_{1A}^{sb}=q_{A_1sb_2}^{sb}+q_{A_1}^{sb}$，$D_{2sb}^{sb}=q_{A_1sb_2}^{sb}+q_{sb_2}^{sb}$。

然后分析供应商和零售商的价格决策，根据图 5－3 的事件序列，供应商和零售商之间的博弈可以表示为如下模型 5－1。

$$
\text{模型 5－1：}\quad
\begin{cases}
\max\limits_{w_{1A}^{sb}} \Pi_{s12}^{sb}(w_{1A}^{sb}, p_{1A}^{sb}) \\
p_{1A}^{sb}\text{由下面子问题得到：} \\
\begin{cases}
\max\limits_{p_{1A}^{sb}} \Pi_{R12}^{sb}(p_{1A}^{sb}, w_{2sb}^{sb}) \\
w_{2sb}^{sb}\text{由下面子问题得到：} \\
\begin{cases}
\max\limits_{w_{2A}^{sb}} \Pi_{s2}^{sb}(w_{2sb}^{sb}, p_{2sb}^{sb}) \\
p_{2sb}^{sb}\text{由下面子问题得到：} \\
\max\limits_{p_{2A}^{sb}} \Pi_{R2}^{sb}(p_{2sb}^{sb})
\end{cases}
\end{cases}
\end{cases}
$$

通过求解上述问题，可以得到在捆绑升级策略下的均衡解，如命题 5.4 所示。

命题 5.4：在捆绑升级策略下，供应商和零售商的均衡最优定价为 w_{1A}^{sb*}、w_{2sb}^{sb*}、p_{1A}^{sb*}、p_{2sb}^{sb*}，令 $M=\frac{1}{\varphi}+\frac{1}{2\varphi}+\frac{1}{1-2\varphi}$，$N=1-2\varphi$。

（1）当 $0<\varphi\leqslant 0.325$ 时，均衡状态下消费者购买方案所占比例为：$q_{A_1sb_2}^{sb*}=\frac{\varphi-p_{2sb}^{sb*}}{\varphi}$，$q_{A_1}^{sb*}=\frac{(1-\varphi)p_{2sb}^{sb*}-\varphi p_{1A}^{sb*}}{1-2\varphi}$，$q_{sb_2}^{sb*}=\frac{2\varphi p_{1A}^{sb*}-p_{2sb}^{sb*}}{1-2\varphi}$；零售商的产品零售价格为：$p_{1A}^{sb*}=\frac{8MN^2+7N+(8MN-6)w_{1A}^{sb*}}{16MN-13}$，$p_{2sb}^{sb*}=\frac{3}{4M}\left(1+\frac{p_{1A}^{sb*}}{1-2\varphi}\right)$；供应商的产品批发价格为：$w_{1A}^{sb*}=\frac{(16MN-13)(8MN^2+6N)}{4(8MN-6)^2}+\frac{32MN^2+N}{4(8MN-6)(8MN-7)}$，$w_{2sb}^{sb*}=\frac{1}{2M}\left(1+\frac{p_{1A}^{sb*}}{1-2\varphi}\right)$。

（2）当 $0.325<\varphi<0.5$，市场中有 3/4 的消费者选择方案 A_1sb_2，其余消费者均选择不购买任何产品离开市场；供应商的最优价格决策为：$w_{1A}^{sb*}=\frac{1-\varphi}{2}$，$w_{2sb}^{sb*}=\varphi$；零售商的最优定价为：$p_{1A}^{sb*}=\frac{3(1-\varphi)}{4}$，$p_{2sb}^{sb*}=\frac{3\varphi}{2}$。

证明：在捆绑升级策略中供应商和零售商的博弈有三种情形。

（1）当 $0<\tilde{\theta}_{sb_2}^{sb}<\tilde{\theta}_{A_1}^{sb}<\tilde{\theta}_{A_1sb_2}^{sb}<1$，$0<\varphi<\varphi^{sb1}$ 时：

$\tilde{\theta}_{A_1sb_2}^{sb}=\frac{p_{2sb}^{sb}}{\varphi}$，$\tilde{\theta}_{A_1}^{sb}=\frac{p_{1A}^{sb}-p_{2sb}^{sb}}{1-2\varphi}$，$\tilde{\theta}_{A_2}^{sb}=\frac{p_{2sb}^{sb}}{2\varphi}$；$D_{1A}^{sb}=1-\frac{p_{1A}^{sb}-p_{2sb}^{sb}}{1-2\varphi}$，$D_{2sb}^{sb}=\left(1-\frac{p_{2sb}^{sb}}{\varphi}\right)+\left(\frac{p_{1A}^{sb}-p_{2sb}^{sb}}{1-2\varphi}-\frac{p_{2sb}^{sb}}{2\varphi}\right)$。

第二阶段决策：根据第一阶段的价格决策 w_{1A}^{sb}，p_{1A}^{sb}，供应商、零售商在第二阶段开始前再次进行价格博弈，给出第二阶段批发和销售价格 w_{2sb}^{sb}，p_{2sb}^{sb}。

首先，零售商根据供应商的价格决策 w_{2sb}^{sb}，进行零售价格决策 $p_{2sb}^{sb*}=\left[1+\frac{p_{1A}^{sb}}{1-2\varphi}+\left(\frac{1}{\varphi}+\frac{1}{1-2\varphi}+\frac{1}{2\varphi}\right)w_{2sb}^{sb}\right]/\left(\frac{2}{\varphi}+\frac{2}{1-2\varphi}+\frac{2}{2\varphi}\right)$；理性的供应商在预计到零售商的反应函数 p_{2sb}^{sb*} 的情况下做出批发价格决策使得其第二阶段销售利润最大化，得到 $w_{2sb}^{sb*}=\left(1+\frac{p_{1A}^{sb}}{1-2\varphi}\right)/\left(\frac{2}{\varphi}+\frac{2}{1-2\varphi}+\frac{2}{2\varphi}\right)$。

其次，理性预计第二阶段的价格决策，零售商根据两阶段利润最大化做出第一阶段销售价格：

$\Pi_{R12}^{\mathscr{b}} = (p_{1A}^{\mathscr{b}} - w_{1A}^{\mathscr{b}})\left(1-\frac{p_{1A}^{\mathscr{b}}-p_{2\mathscr{b}}^{\mathscr{b}}}{1-2\varphi}\right) + (p_{2\mathscr{b}}^{\mathscr{b}} - w_{2\mathscr{b}}^{\mathscr{b}})\left[\left(1-\frac{p_{2\mathscr{b}}^{\mathscr{b}}}{\varphi}\right)+\left(\frac{p_{1A}^{\mathscr{b}}-p_{2\mathscr{b}}^{\mathscr{b}}}{1-2\varphi}-\frac{p_{2\mathscr{b}}^{\mathscr{b}}}{2\varphi}\right)\right]$，将 $p_{2\mathscr{b}}^{\mathscr{b}*}$ 和 $w_{2\mathscr{b}}^{\mathscr{b}*}$ 代入，解得 $p_{1A}^{\mathscr{b}*} = \frac{8MN^2+7N+(8MN-6)w_{1A}^{\mathscr{b}*}}{16MN-13}$，其中 $M=\frac{1}{\varphi}+\frac{1}{1-2\varphi}+\frac{1}{2\varphi}$，$N=1-2\varphi$。

最后，根据供应商的两阶段利润最大化求解得到：

$$w_{1A}^{\mathscr{b}*} = \frac{(16MN-13)(8MN^2+6N)}{4(8MN-6)^2}+\frac{32MN^2+N}{4(8MN-6)(8MN-7)}。$$

$$0<\tilde{\theta}_{\mathscr{b}_2}<\tilde{\theta}_{A_1}<\tilde{\theta}_{A_1\mathscr{b}_2}<1 \Rightarrow \frac{3N}{8MN\varphi-3}<p_{1A}^{\mathscr{b}*}<\frac{3N(1-\varphi)}{4MN\varphi-3(1-\varphi)} \Rightarrow \alpha^{\mathscr{b}1}\approx 0.325。$$

(2) 当 $0<\tilde{\theta}_{\mathscr{b}_2}^{\mathscr{b}}\leqslant\tilde{\theta}_{A_1}^{\mathscr{b}}=\tilde{\theta}_{A_1\mathscr{b}_2}^{\mathscr{b}}<1$ 时：

$$\tilde{\theta}_{A_1\mathscr{b}_2}^{\mathscr{b}}=\tilde{\theta}_{A_1}^{\mathscr{b}}=\frac{p_{1A}^{\mathscr{b}}}{1-\varphi},\tilde{\theta}_{A_2}^{\mathscr{b}}=\frac{p_{2\mathscr{b}}^{\mathscr{b}}}{2\varphi};D_{1A}^{\mathscr{b}}=1-\frac{p_{1A}^{\mathscr{b}}}{1-\varphi},D_{2\mathscr{b}}^{\mathscr{b}}=1-\frac{p_{2\mathscr{b}}^{\mathscr{b}}}{2\varphi}。$$

类似(1)，可以得到：$w_{1A}^{\mathscr{b}*}=\frac{1-\varphi}{2}$，$p_{1A}^{\mathscr{b}*}=\frac{3(1-\varphi)}{4}$，$w_{2\mathscr{b}}^{\mathscr{b}*}=\varphi$，$p_{2\mathscr{b}}^{\mathscr{b}*}=\frac{3\varphi}{2}$。将均衡解代入消费者分布的表达式中，可以得到 $\tilde{\theta}_{\mathscr{b}_2}^{\mathscr{b}}=\tilde{\theta}_{A_1}^{\mathscr{b}}=\tilde{\theta}_{A_1\mathscr{b}_2}^{\mathscr{b}}$，所有在第一阶段购买产品 A 的消费者均会在第二阶段再购买捆绑产品 b，销售商在销售期内获得利润为：$\Pi_{s12}^{\mathscr{b}(2)}=\frac{1+\varphi}{8}$。

(3) 当 $0<\tilde{\theta}_{\mathscr{b}_2}^{\mathscr{b}}<\tilde{\theta}_{A_1}^{\mathscr{b}}<\tilde{\theta}_{A_1\mathscr{b}_2}^{\mathscr{b}}=1$ 时：

$$\tilde{\theta}_{A_1}^{\mathscr{b}}=\frac{p_{1A}^{\mathscr{b}}-p_{2\mathscr{b}}^{\mathscr{b}}}{1-2\varphi},\ \tilde{\theta}_{\mathscr{b}_2}^{\mathscr{b}}=\frac{p_{2\mathscr{b}}^{\mathscr{b}}}{2\varphi}。$$

类似(1)，可以得到：$w_{1A}^{\mathscr{b}*}=\frac{(1-2\varphi)(8-13\varphi)(4-7\varphi)+\varphi(1-2\varphi)(8-12\varphi)}{(4-6\varphi)^2(4-7\varphi)}$，$p_{1A}^{\mathscr{b}*}=\frac{4(1-2\varphi)+(4-6\varphi)w_{1A}^{\mathscr{b}*}}{8-13\varphi}$，$w_{2\mathscr{b}}^{\mathscr{b}*}=\varphi p_{1A}^{\mathscr{b}*}$，$p_{2\mathscr{b}}^{\mathscr{b}*}=\frac{3\varphi(1+\delta)}{4}p_{1A}^{\mathscr{b}*}$。

通过比较发现，$\Pi_{s12}^{\mathscr{b}(2)}>\Pi_{s12}^{\mathscr{b}(3)}$，且 $\Pi_{s12}^{\mathscr{b}(1)}>\Pi_{s12}^{\mathscr{b}(2)}$，$0<\varphi<\varphi^{\mathscr{b}1}$。

因此可以得到命题 5.4。

命题 5.4 表明在捆绑升级策略下，市场均衡状态受到 φ 的影响：当 $0<\varphi\leqslant 0.325$ 时，均衡状态下消费者选择的购买方案更多，销售商可以通过优化定价来充分细分消费者市场；当 $0.325<\varphi<0.5$ 时，均衡状态下消费者的购买方案比较单一，最优定价对市场的细分减弱。产品阶段价值折扣系数反映了市场中策略型消

费者的耐心程度，较小的 φ 意味着消费者越没有耐心，等待行为产生的价值损失更大，而较大的 φ 意味着消费者更具有耐心。因此，市场中消费者的耐心程度将影响均衡状态下的购买决策集和企业最优定价效率。在捆绑升级策略最优定价中，随着 φ 的增加，消费者耐心程度越高，销售商为减少消费者的等待购买行为，不断降低第一阶段价格，同时提高第二阶段价格。

5.4.2 模块化升级与整合策略

与捆绑升级策略类似，在模块化升级和整合升级策略下的可能行动方案集分别为：$SC=\{A_1C_2, A_1, A_2C_2, A_2, n\}$，$SBC=\{A_1sb_2, A_1C_2, sb_2, n\}$，行动方案的效用为：$u_{A_2}^{sc}=\varphi\theta-p_{2A}^{sc}$，$u_{A_1C_2}^{sc}=(1+\varphi\lambda)\theta-p_{1A}^{sc}-p_{2C}^{sc}$，$u_{A_2C_2}^{sc}=2\varphi\theta-p_{2A}^{sc}-p_{2C}^{sc}$。通过分析消费者购买决策和供应商与零售商之间的博弈，同样可以得到在模块化升级策略下的均衡解。

命题 5.5：(1) 在模块化升级策略中，均衡状态下消费者市场的购买行为集有三种情形：$SC_1^*=\{A_1, A_2C_2\}$，$SC_2^*=\{A_1C_2, A_2\}$，$SC_3^*=\{A_1C_2, A_2C_2, A_2\}$；(2) 不同的购买决策，供应商和零售商均存在均衡最优价格决策。均衡状态下消费者市场的购买行为集和供应链均衡价格决策分别如表 5 - 1 和表 5 - 2 所示。

表 5 - 1　模块化升级策略中均衡状态下消费者购买决策

<table>
<tr><td>$0<\varphi<0.5$</td><td>$0.82<\lambda\leqslant 1$</td><td>$0.458<\lambda<0.82$</td><td>$0<\lambda<0.458$</td></tr>
<tr><td>$0<\varphi<\varphi^{sc3}$</td><td>SC_1^*</td><td rowspan="2">SC_1^*</td><td rowspan="2">SC_1^*</td></tr>
<tr><td>$\varphi^{sc3}\leqslant\varphi<\varphi^{sc2}$</td><td>$SC_2^*$</td></tr>
<tr><td>$\varphi^{sc2}\leqslant\varphi<\max(0.4,\varphi^{sc1})$</td><td rowspan="2">$SC_3^*$</td><td rowspan="2">$SC_3^*$</td><td>$SC_3^*$</td></tr>
<tr><td>$\max(0.4,\varphi^{sc1})\leqslant\varphi<0.5$</td><td>$SC_2^*$</td></tr>
</table>

表 5 - 2　模块升级策略中销售商最优定价

	SC_1^*	SC_2^*	SC_3^*
w_{1A}^{x*}	$\frac{(4-7\varphi)^2(1-2\varphi)-8(2-3\varphi)(1-2\varphi)^2}{(2-3\varphi)^2(8-15\varphi)}$	$\frac{(1+\varphi\lambda)(1+\varphi\lambda-\varphi)(4+4\varphi\lambda-3\varphi)^2}{4(2+2\varphi\lambda-\varphi)^2(3+3\varphi\lambda-2\varphi)}$	$\frac{2(1+\varphi\lambda-2\varphi)[2\varphi(8-6\varphi)+(16-13\varphi)^2-(8-6\varphi)(16-13\varphi)]}{(8-6\varphi)^2(8-7\varphi)}$
w_{2A}^{x*}	$\varphi(p_{1A}^{x*}-\lambda)$	$\frac{\varphi}{2}$	$\frac{\varphi p_{1A}^{x*}}{2(1+\varphi\lambda-\varphi)}$
p_{2C}^{x*}	$\varphi\lambda$	$\frac{(1+\varphi\lambda)-p_{1A}^{x*}}{2}$	$\frac{\varphi}{2}$
p_{1A}^{x*}	$\frac{2(1-2\varphi)+(2-3\varphi)w_{1A}^{x*}}{4-7\varphi}$	$\frac{4(1+\varphi\lambda)(1+\varphi\lambda-\varphi)+2(2+2\varphi\lambda-\varphi)w_{1A}^{x*}}{(8+8\varphi\lambda-5\varphi)}$	$\frac{8(1+\varphi\lambda-2\varphi)+(8-6\varphi)w_{1A}^{x*}}{16-13\varphi}$
p_{2A}^{x*}	$\frac{\varphi}{2}p_{1A}^{x*}-\varphi\lambda$	$\frac{\varphi p_{1A}^{x*}+\varphi p_{2C}^{x*}+(1+\varphi\lambda)w_{2A}^{x*}}{(1+\varphi\lambda)}$	$\frac{\varphi p_{1A}^{x*}+(1+\varphi\lambda-\varphi)w_{2A}^{x*}}{2(1+\varphi\lambda-\varphi)}$

证明：在模块化升级策略的定价博弈中存在三种情形，且在一定条件下有均衡解。

(1) 当 $0<\tilde{\theta}^{sc}_{A_2}=\tilde{\theta}^{sc}_{A_2C_2}<\tilde{\theta}^{sc}_{A_1}\leqslant\tilde{\theta}\,sc_{A_1C_2}\leqslant 1,0<\varphi\leqslant\min\left(\frac{2}{5},\varphi^{sc3}\right)$时：

$$\tilde{\theta}^{sc}_{A_1C_2}=\frac{p^{sc}_{2C}}{\varphi\lambda},\tilde{\theta}^{sc}_{A_1}=\frac{p^{sc}_{1A}-p^{sc}_{2A}-p^{sc}_{2C}}{1-2\varphi},\ \tilde{\theta}^{sc}_{A_2C_2}=\frac{p^{sc}_{2A}+p^{sc}_{2C}}{2\varphi}。$$

逆序求解得到均衡定价决策为：

$$w^{sc*}_{1A}=\frac{4(8-14\varphi)^2(1-2\varphi)-32(4-6\varphi)(1-2\varphi)^2}{(4-6\varphi)^2(16-30\varphi)},w^{sc*}_{2A}=\varphi p^{sc*}_{1A}-\varphi\lambda,\ p^{sc*}_{2C}=\varphi\lambda,p^{sc*}_{1A}=\frac{4(1-2\varphi)+(4-6\varphi)w^{sc*}_{1A}}{8-14\varphi},\ p^{sc*}_{2A}=\frac{2\alpha p^{sc*}_{1A}-p^{sc*}_{2C}+w^{sc*}_{2A}}{2}。$$

$\tilde{\theta}^{sc}_{A_1C_2}=1$，表明在第一阶段购买产品 A 的消费者不会购买供应商提供的升级模块，而所有第二阶段购买产品 A 的消费者都会同时购买 C。

将均衡解代入临界消费者的表达式中，可以得到$\tilde{\theta}^{sc}_{A_1C_2}=1$，且当 $0<\varphi\leqslant\min\left(\frac{2}{5},\varphi^{sc2}\right)$时，$0<\tilde{\theta}^{sc}_{A_2C_2}<\tilde{\theta}^{sc}_{A_1}<1$ 和 $p^{sc}_{1A},p^{sc}_{2C},p^{sc}_{2A}>0$，即消费者中一部分消费者只在第一阶段购买产品 A，另一部分消费者在第二阶段同时购买产品 A 和 C，还有一部分消费者不购买任何产品。

(2) 当 $0<\tilde{\theta}^{sc}_{A_2}=\tilde{\theta}^{sc}_{A_2C_2}<\tilde{\theta}^{sc}_{A_1}=\tilde{\theta}^{sc}_{A_1C_2}<1$ 时：

$$\tilde{\theta}^{sc}_{A_1C_2}=\frac{p^{sc}_{1A}+p^{sc}_{2C}-p^{sc}_{2A}}{1+\varphi\lambda-\varphi},\ \tilde{\theta}^{sc}_{A_2}=\frac{p^{sc}_{2A}}{\varphi}。$$

逆序求解得到均衡定价决策为：

$$w^{sc*}_{1A}=\frac{(1+\varphi\lambda)(1+\varphi\lambda-\varphi)(4+4\varphi\lambda-3\varphi)^2}{4(2+2\varphi\lambda-\varphi)^2(3+3\varphi\lambda-2\varphi)},w^{sc*}_{2A}=\frac{\varphi}{2},$$

$$p^{sc*}_{2C}=\frac{(1+\varphi\lambda)-p^{sc*}_{1A}}{2},\ p^{sc*}_{1A}=\frac{4(1+\varphi\lambda)(1+\varphi\lambda-\varphi)+2(2+2\varphi\lambda-\varphi)w^{sc*}_{1A}}{(8+8\varphi\lambda-5\varphi)},$$

$$p^{sc*}_{2A}=\frac{\varphi p^{sc*}_{1A}+\varphi p^{sc*}_{2C}+(1+\varphi\lambda)w^{sc*}_{2A}}{(1+\varphi\lambda)};$$

(3) 当 $0<\tilde{\theta}^{sc}_{A_2}<\tilde{\theta}^{sc}_{A_2C_2}<\tilde{\theta}^{sc}_{A_1}=\tilde{\theta}^{sc}_{A_1C_2}<1,\varphi^{sc2}\leqslant\varphi<1$ 时：

$$\tilde{\theta}^{sc}_{A_1C_2}=\frac{p^{sc}_{A_1}-p^{sc}_{C_2}}{1+\varphi\lambda-2\varphi},\tilde{\theta}^{sc}_{A_2C_2}=\frac{p^{sc}_{2C}}{\varphi},\tilde{\theta}^{sc}_{A_2}=\frac{p^{sc}_{2A}}{\varphi}。$$

逆序求解得到均衡定价决策为：

$$w^{sc*}_{1A}=\frac{2(1+\varphi\lambda-2\varphi)[2\varphi(8-6\varphi)+(16-13\varphi)^2-(8-6\varphi)(16-13\varphi)]}{(8-6\varphi)^2(8-7\varphi)},$$

$$w^{sc*}_{2A}=\frac{\varphi p^{sc*}_{1A}}{2(1+\varphi\lambda-\varphi)},\ p^{sc*}_{2C}=\frac{\varphi}{2},p^{sc*}_{1A}=\frac{8(1+\varphi\lambda-2\varphi)+(8-6\varphi)w^{sc*}_{1A}}{16-13\varphi},$$

$$p_{2A}^{sc*}=\frac{\varphi p_{1A}^{sc*}+(1+\varphi\lambda-\varphi)w_{2A}^{sc*}}{2(1+\varphi\lambda-\varphi)}。$$

由条件 $0<\tilde{\theta}_{A_2}^{sc}<\tilde{\theta}_{A_2C_2}^{sc}<\tilde{\theta}_{A_1C_2}^{sc}<1$，可以得到 $\varphi\geqslant\varphi^{sc2}$。

上述三种情形对应供应商不同的定价决策，其会以两阶段的利润最大化来选择其中一种定价决策。因此，通过比较不同定价决策下的利润，得到均衡状态下的消费者购买行为集和供应链成员的均衡决策。

在比较不同情形下供应商利润时，存在三个 φ 的临界值，其中，φ^{sc1} 为供应商在第二种情形和第三种情形中获得的两阶段总利润相等时的价值折扣系数；φ^{sc2} 由如下等式确定：$\frac{27}{1+\varphi\lambda-\varphi}-\frac{2\varphi}{24+24\varphi\lambda-43\varphi}-\frac{3}{\varphi}+24\lambda=44$；$\varphi^{sc3}$ 由如下等式确定：$\frac{6(47\varphi^2-49\varphi+12)(1-2\varphi)}{(2-3\varphi)(8-15\varphi)(4-7\varphi)}=\lambda$。命题 5.5 得证。

从命题 5.5 可以看出，购买方案 A_1C_2 只在 $\varphi>\varphi^{sc3}$ 时出现在均衡状态下消费者的购买行为集中，即随着策略型消费者耐心增大，一部分前期购买 A 产品的消费者，在第二阶段购买升级模块 C，供应商的模块化升级策略开始影响消费者的购买行为，促使一部分早期购买者再次消费。同时，模块升级策略中的不同步消费损失及升级模块的价值升级系数也会影响均衡状态下消费者的购买行为，当 $\varphi^{sc3}<\varphi<\varphi^{sc2}$ 且 $0.82<\lambda\leqslant1$，或者 $\max(0.4,\varphi^{sc1})\leqslant\varphi<0.5$ 且 $0<\lambda<0.458$ 时购买方案 A_2C_2 将不会出现在均衡购买决策中，而决策 A_1C_2 的占比相应增加。

在整合升级策略中，制造商同时使用捆绑和模块升级，在第二阶段以升级产品替代原产品，同时为早期购买者提供模块化升级。

命题 5.6：在整合升级策略中，存在均衡状态和销售商的最优定价。

(1) 当 $0<\varphi<\varphi^{sbc1}$ 时，均衡状态中消费者的购买行为集为 $SBC_1^*=\{A_1C_2, b_2\}$，零售商最优定价决策为：

$$w_{1A}^{sbc*}=\frac{(2-4\varphi+\varphi\lambda)(1-2\varphi+2\varphi\lambda)}{2(4-8\varphi+3\varphi\lambda)}-\frac{(1-2\varphi)(2-4\varphi+\varphi\lambda)(1-2\varphi+2\varphi\lambda)(11-22\varphi+8\varphi\lambda)}{2\,(3-6\varphi+2\varphi\lambda)^2(4-8\varphi+3\varphi\lambda)},$$

$$w_{2b}^{sbc*}=\frac{1}{2}-\varphi, p_{2C}^{sbc*}=\frac{(2-4\varphi+\varphi\lambda)-p_{1A}^{sbc*}}{2},$$

$$p_{1A}^{sbc*}=\frac{2(2-4\varphi+\varphi\lambda)(1-2\varphi+2\varphi\lambda)+2(3-6\varphi+2\varphi\lambda)w_{1A}^{sbc*}}{(11-22\varphi+8\varphi\lambda)},$$

$$p_{2b}^{sbc*}=\frac{(1-2\varphi)(p_{1A}^{sbc*}+p_{2C}^{sbc*})+(2-4\varphi+\varphi\lambda)w_{1b}^{sbc*}}{2(2-4\varphi+\varphi\lambda)}。$$

(2) 当 $\varphi^{sbc1}\leqslant\varphi<0.5$ 时，整合策略中的模块化升级措施不影响消费者的购买决策和销售商的定价决策，均衡状态与捆绑升级策略下相同。

5.4.3 策略比较与管理学意义

根据命题 5.4 和 5.5 关于两种升级策略下的均衡最优定价，最后回到销售阶段开始前的供应商升级策略选择问题，通过比较供应商利润可以得到如下结论。

结论 5.3：当 $0.75<\lambda\leqslant1$ 且 $\varphi^{sc2}<\varphi\leqslant0.5$，或 $0.6853<\lambda\leqslant0.75$ 且 $\max\{\varphi^{sc2}, 0.325\}<\varphi\leqslant\varphi^{sc4}$ 时，有 $\Pi_{s12}^{sb*}<\Pi_{s12}^{sc*}$，供应商在捆绑升级策略中获得的利润低于其在模块化升级策略中获得的利润，采用模块化升级策略更有利；在其他情形下采用捆绑升级策略更有利。

当销售商的捆绑升级策略面临消费者的策略等待行为时，供应商试图通过产品的模块化设计和模块化升级来影响消费者购买行为提高自身利润，但由于消费者策略行为和模块化升级带来的消费不同步损失，使得模块化升级策略未必总是奏效，如结论 5.3 所示，只有当 φ 和 λ 满足一定条件时，供应商才比较适合采用模块化升级。

由以上结论可以看出，当供应商在整合升级策略中提供升级模块时，只有在策略型消费者耐性程度较小的情形下，影响消费者的购买决策和供应商的销售利润，如结论 5.4 所示。

结论 5.4：当 $0<\varphi<\varphi^{sbc1}$ 时，供应商两阶段的销售总利润有 $\Pi_{s12}^{sbc*}>\Pi_{s12}^{sb*}$，$\Pi_{s12}^{sbc*}>\Pi_{s12}^{sc*}$，即在整合升级策略中供应商获得利润均高于其他两种升级策略。

综合结论 5.3 和 5.4，可以看出，面对策略型消费者时，由供应商提供捆绑升级策略在一定条件下会提高其利润。当采用捆绑升级策略时，策略的有效条件与市场消费者的耐心程度和升级模块的不同步消费价值增值损失有关；而当采用混合策略，即在捆绑升级的同时提供升级模块，有效条件为 $\varphi^{sbc1}\leqslant\varphi<0.5$（其中，当产品价值的第二阶段折扣系数为 φ^{sbc1} 时，供应商在整合升级策略中消费者购买行为集为 SBC_1^* 时获得的两阶段总利润等于其在捆绑升级策略下获得的两阶段总利润）。

5.5　数值实验与管理启示

（1）消费者策略行为和产品互补性在捆绑销售中的影响分析

在上文的分析中，考虑了消费者的策略行为，即消费者在理性预期销售策略和销售价格的基础上，根据自身效用最大化进行购买产品品种和购买时机的决策。若假设市场中的消费者都是不具有策略行为的，那么他们将只在当期决定是否购买产品，购买哪种产品，因而不会发生购买等待行为。

在不考虑消费者的策略行为时，分别销售降价策略中消费者的购买行为可以分为如图 5－8 所示的 5 个部分，且有$\hat{\theta}^{o}_{A_1C_1}=\frac{p^{o}_{1C}}{\delta-1}$；$\hat{\theta}^{o}_{A_1}=p^{o}_{1A}$；$\hat{\theta}^{o}_{A_2C_2}=\frac{p^{o}_{2C}}{\varphi(\delta-1)}$；$\hat{\theta}^{o}_{A_2}=\frac{p^{o}_{2A}}{\varphi}$。用上标“$o$”表示不考虑消费者策略行为的情形。

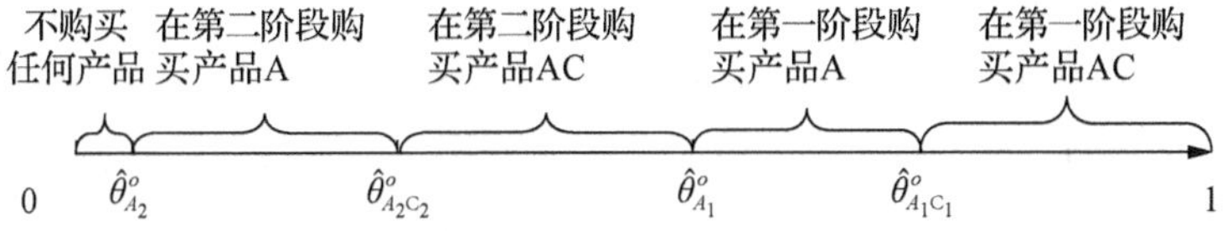

图 5－8　不考虑消费者策略行为时分别销售降价策略下消费者分布

通过求解可以得到均衡状态和最优解为：当 $0<c<\frac{\varphi}{2-\varphi}$时，销售商的最优定价满足条件 $p^{o*}_{1A}+p^{o*}_{1C}=\frac{2\delta+\delta c}{4-\varphi}$和 $p^{o*}_{2A}+p^{o*}_{2C}=\frac{\varphi\delta+2\delta c}{4-\varphi}$，消费者 $\frac{2+c}{4-\varphi}<\theta<1$ 在第一阶段购买产品 A 和 C，消费者$\frac{\varphi+2c}{(4-\varphi)\varphi}<\theta<\frac{2+c}{4-\varphi}$在第二阶段购买产品 A 和 C；当 $c>\frac{\varphi}{2-\varphi}$，由于消费者选择在第二阶段不购买任何产品，因此将不被考虑。

类似地，可以求解得到在不考虑消费者策略行为情形下，SPB 和 FPB 策略的均衡状态和最优解。在 SPB 策略中，销售商的定价决策满足 $p^{oSPB*}_{1A}+p^{oSPB*}_{1C}=\frac{2\delta^2+(2\delta^2-\varepsilon\delta)c}{4\delta-\varepsilon\varphi}$和 $p^{oSPB*}_{2b}=\frac{\varphi}{2\delta}\left(\frac{2\delta^2+(2\delta^2-\varepsilon\delta)c}{4\delta-\varepsilon\varphi}\right)+\frac{\varepsilon c}{2}$，消费者 $\frac{2\delta+(2\delta-\varepsilon)c}{4\delta-\varphi\varepsilon}<\theta<1$ 在第一阶段购买产品 A 和 C，消费者$\frac{1}{2\delta}\left(\frac{2\delta^2+(2\delta^2-\varepsilon\delta)c}{4\delta-\varepsilon\varphi}\right)+\frac{c}{2\varphi}<\theta<\frac{2\delta+(2\delta-\varepsilon)c}{4\delta-\varphi\varepsilon}$在第二阶段购买捆绑产品。

在 FPB 策略中，销售商的最优定价满足 $p_{1b}^{oFPB*}=\frac{2\varepsilon^2+(2\varepsilon^2-\varepsilon\delta)c}{4\varepsilon-\varphi\delta}$ 和 $p_{2A}^{oFPB*}+p_{2C}^{oFPB*}=\frac{\varphi\delta}{2}\left(\frac{2\varepsilon+(2\varepsilon-\delta)c}{4\varepsilon-\varphi\delta}\right)+\frac{\delta c}{2}$，消费者 $\frac{2\varepsilon+(2\varepsilon-\delta)c}{4\varepsilon-\varphi\delta}<\theta<1$ 在第一阶段购买捆绑产品，消费者 $\frac{1}{2}\left(\frac{2\varepsilon+(2\varepsilon-\delta)c}{4\varepsilon-\varphi\delta}\right)+\frac{c}{2\varphi}<\theta<\frac{2\varepsilon+(2\varepsilon-\delta)c}{4\varepsilon-\varphi\delta}$ 在第二阶段购买产品 A 和 C。

比较不考虑消费者策略行为下三种销售策略中销售商的利润，可以得到 $\Pi^{oFPB}>\Pi^{oSPB}>\Pi^{o}$，意味着互补产品的捆绑销售总是能够提高销售商的利润，尤其是第一阶段捆绑销售策略，相比于分别销售降价策略。这样的结论与命题 5.2 中考虑消费者策略行为情形下是不同的，因此消费者的策略行为确实影响了销售商销售策略的选择，若被忽略将可能影响到销售商决策的正确性。

然而在任何销售策略中，消费者的策略行为都对销售商的定价决策产生了影响。通过比较可以得到 $p_{1A}^{*}+p_{1C}^{*}<p_{1A}^{o*}+p_{1C}^{o*}$，$p_{2A}^{SPB*}+p_{2C}^{SPB*}<p_{2A}^{oSPB*}+p_{2C}^{oSPB*}$，$p_{1b}^{FPB*}<p_{1b}^{oFPB*}$，即当消费者表现出策略行为时，销售商总是会响应降低销售价格。除此之外，消费者策略行为对不同的销售策略下销售商的利润也会产生影响。假设一种销售策略下，销售商利润受到消费者策略行为的影响表示为：$\Delta\Pi=\Pi-\Pi^{c}$（$\Delta\Pi(SPB)=\Pi^{SPB}-\Pi^{oSPB}$，$\Delta\Pi(FPB)=\Pi^{FPB}-\Pi^{oFPB}$）。由于解析表达式比较复杂，这里将用数值仿真的方法来观察研究，假设 $c=0.1$，$r=1$，$\delta=1.1$，得到如图 5-9 和推论 5.1。

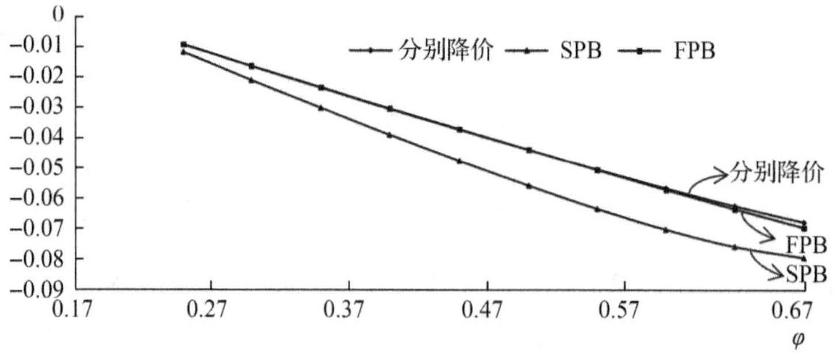

图 5-9　供应链利润损失与消费者耐心程度

推论 5.1：在销售商的三种销售策略中，消费者的策略行为均会降低销售商的利润，且减少的利润随着商品价值的阶段折扣系数即消费者的耐心程度的增加而增加。但是三种策略中的利润损失并不相同，其中 SPB 策略下销售商遭受的损失最大,FPB 和分别降价策略中利润损失相近。

在 SPB 策略中,捆绑销售一定程度上改变了消费者的耐心程度,例如产品的阶段折扣系数由 φ 变成了 $\varepsilon\varphi$,因此可以理解为消费者的耐心程度有所增加,如前面已经证明的随着消费者耐心程度的增加,消费者策略行为对销售商的利润影响就越大,因此在 SPB 策略中销售商的利润损失相对于其他两种策略要大。因为在销售第二阶段产品的价值越高,消费者越愿意等待。而在 FPB 策略中,第一阶段的销售产品价值的增加,吸引消费者愿意提前购买,因此相当于降低了消费者耐心程度。

接下来,依然通过数值实验来观察考虑消费者策略行为时,每种销售策略下,消费者的耐心程度对销售商的利润影响,假设 $c=0.1$,$\delta=1.1$,$r=1.6$,结果如图 5-10 所示,得到推论 5.2。

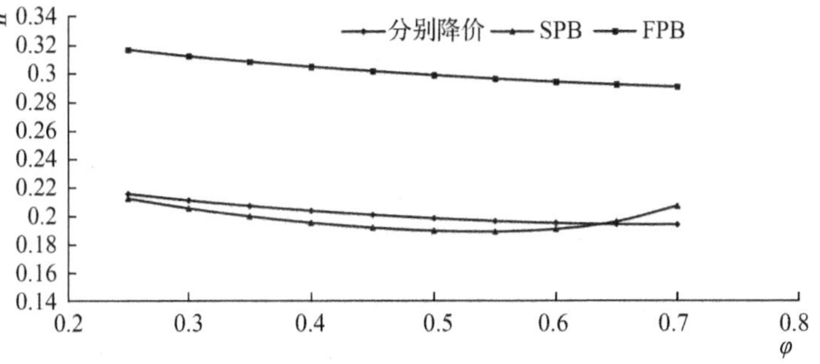

图 5-10　供应链利润与消费者耐心程度

推论 5.2:考虑消费者策略行为时,在 FPB 策略和分别降价策略中,销售商的利润随着策略型消费者的耐心程度的增加而降低;在 SPB 策略中,随着消费者耐心程度的增加,销售商利润减少,但当消费者耐心程度非常大时,销售利润反而随着耐心程度的增加而增加。

通过图 5-10 也可以发现,三种销售策略中,前期捆绑策略下销售商的收益要高于其他两种销售策略,当 φ 较小时,后期捆绑策略收益小于动态定价,但当 φ 较大时,后期捆绑策略要优于动态定价。

所以对于销售商来说,若市场中的策略型消费者的耐心程度不是非常大的时候,三种策略的优先选择顺序为前期捆绑、动态定价和后期捆绑,但若其耐心程度非常大,策略选择顺序应该为前期捆绑、后期捆绑和动态定价。

在这一章中,考虑的是同时销售两种互补产品的销售商在面临消费者策略行为时的销售策略和定价决策。通过互补产品的捆绑销售，增加商品的消费价值，试图寻求利润的增长。因此，产品的互补性将成为影响销售商销售决策和利润的重要因素。此处涉及产品互补性的因素主要有两个，一个是δ，即产品C对主产品A的价值增值系数；另一个是ε，即捆绑产品的价值增值系数，同时也反映了互补产品的捆绑效应，因为$\varepsilon=(1+r)\delta$，当δ为固定值时，ε越大，即表明捆绑效应r越大。

首先，通过数值实验观察互补产品的价值增值系数δ对销售商三种策略下利润的影响，得到图 5-11 和图 5-12，以及推论 5.3。

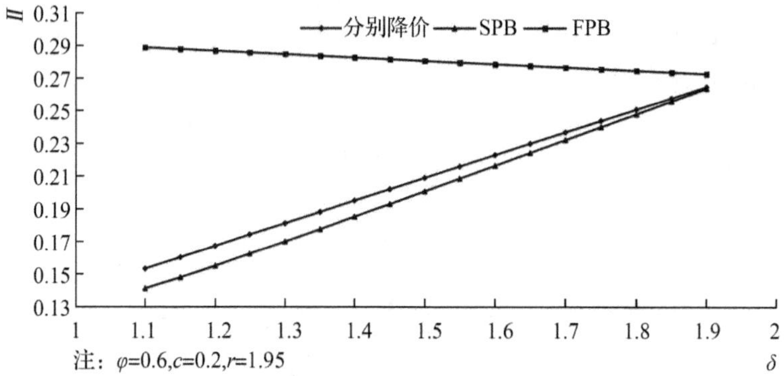

图 5-11　当 $0<c<\frac{\varphi}{4-3\varphi}$ 时，销售商利润与互补产品价值增值系数

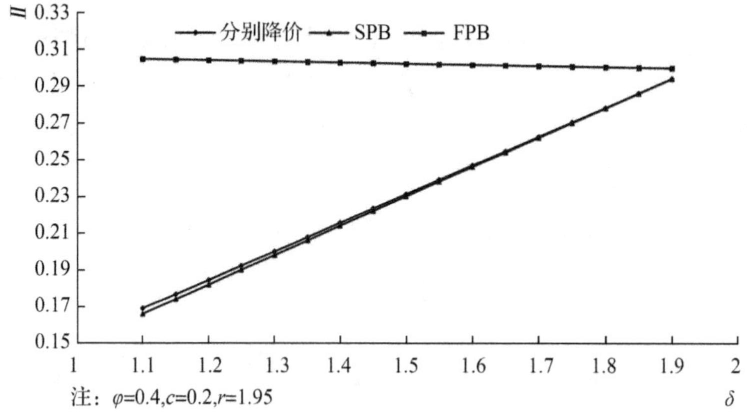

图 5-12　当 $c>\frac{\varphi}{4-3\varphi}$ 时，销售商利润与互补产品价值增值系数

推论 5.3：在 SPB 策略和分别降价策略中，互补产品销售商在销售周期内的利润随着互补产品增值系数的增加而增加，而在 FPB 策略中，销售商的利润随着互补增值系数的增加而降低。

推论 5.3 表明，在销售商不同的销售策略中，互补产品的价值增值系数对其利润的影响是不同的。在 SPB 和分别降价策略中，互补增值系数越大，组合产品 AC 的价值越大，于是其与产品 A 的差异性越大。销售商首先从互补产品的价值增值中获得利益，另一方面正如 Parlakturk 证明的，其将从产品差异性增大中获利。而在 FPB 策略中，AC 组合产品出现在销售第二阶段，而价值增值系数的增加，将变相地增加消费者的耐心程度，进而有损自身的利润。

通过图 5-12 还可以发现，FPB 策略相对于 SPB 和分别降价销售策略的优势随着互补增值系数的增加而降低。因此，对于互补产品销售商来说，面对消费者策略行为时，互补产品的增值系数越小，使用第一阶段捆绑策略越有利。

同样可以通过数值实验来分析捆绑效应对销售策略和利润的影响，得到图 5-13 和图 5-14，以及推论 5.4。

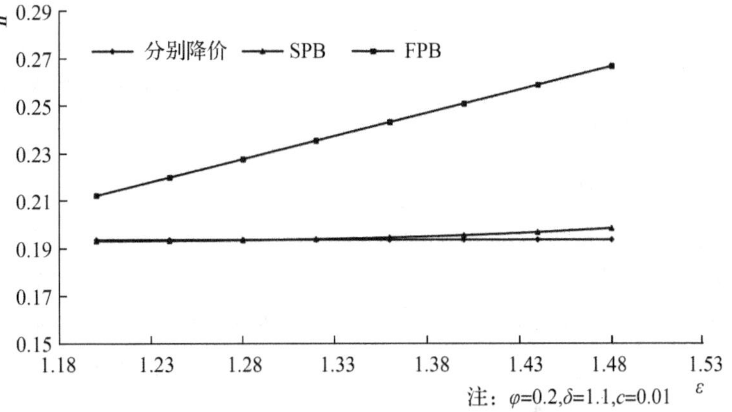

图 5-13　当 $0<c<\frac{\varphi}{4-3\varphi}$ 时，销售商利润与捆绑产品价值增值系数

推论 5.4：随着互补产品捆绑系数的增加，动态定价策略收益不变，第一阶段捆绑策略收益不断提高；而对于第二阶段捆绑策略，当 $0<c<\frac{\varphi}{4-3\varphi}$ 时，销售商利润小幅度增加，当 ε 较大时，捆绑利润大于动态定价，当 $c>\frac{\varphi}{4-3\varphi}$ 时，销售商利润不断降低，捆绑收益小于动态定价。随着 ε 的增大，第一阶段捆绑销售策略相对于其他两种策略的优势更加明显。

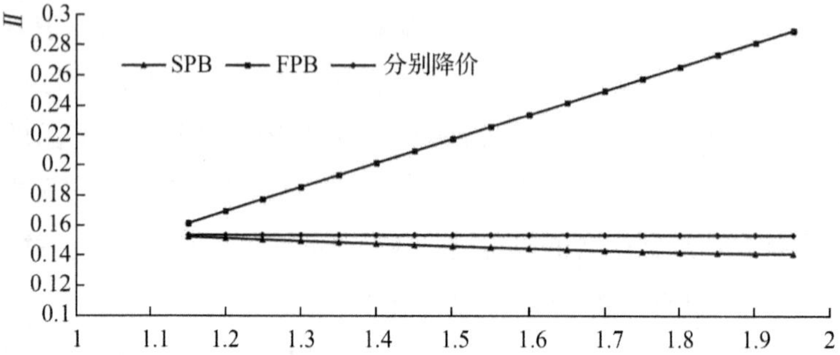

注：$\varphi=0.6,\delta=1.1,c=0.2$

图 5-14　当 $c>\frac{\varphi}{4-3\varphi}$ 时，销售商利润与捆绑产品价值增值系数

在 FPB 策略中，高的捆绑效应增加了第一阶段捆绑产品的价值，因此销售商获利于捆绑效应。而在 SPB 两种销售策略中，捆绑效应越大，捆绑价值越大，同时消费者的耐心程度越大，消费者策略行为的影响越大，因此销售商在从捆绑效应中获利的同时，还受到策略型消费者耐心程度的不利影响。

与互补产品增值系数不同，随着捆绑效应的增加，第一阶段捆绑销售策略相对于其他两种策略的优势越发明显。因此，互补产品捆绑效应越大的销售商，选择第一阶段捆绑销售策略越有利。

(2) 升级策略对绩效的影响及参数分析

此部分首先通过数值实验进一步讨论供应商的产品升级策略对零售商及供应链绩效的影响。根据命题 5.5 中关于模块化升级策略下的均衡状态和最优决策，假设 $\varphi\in(0,0.5)$，$\lambda\in\{0.3,0.72,0.9\}$，分别考察零售商和供应链绩效（所有成员的利润总和）在模块化升级策略和捆绑升级策略下的变化，得到图 5-15 和图 5-16。如图所示，相对于捆绑升级策略，零售商和供应链在模块化升级策略下获得利润更少。因此得到如下的推论。

推论 5.5：面对策略型消费者市场，供应商的模块化升级策略将不利于下游零售商和整体供应链的绩效。

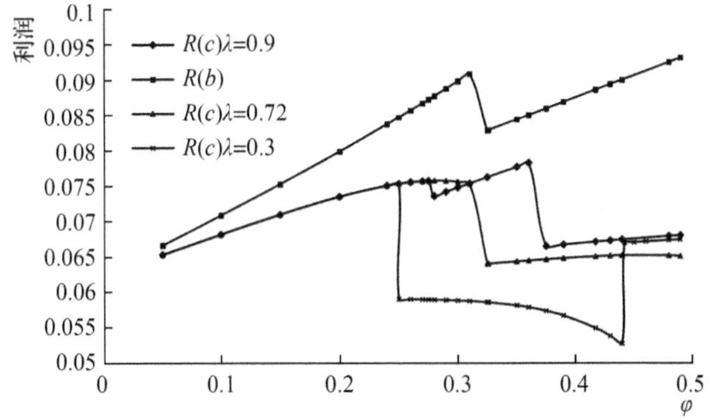

图 5－15　捆绑升级和模块升级策略中的零售商利润比较

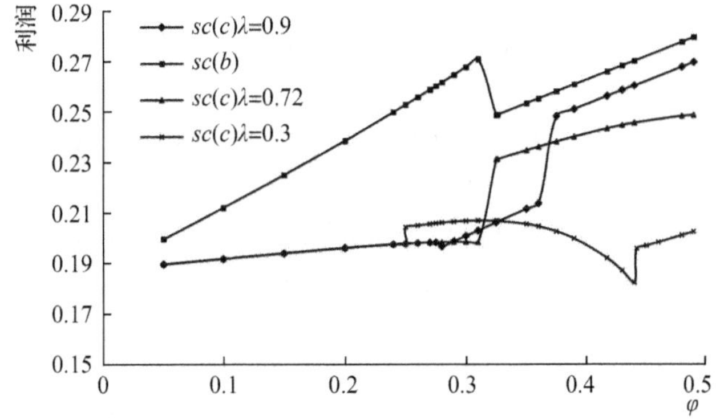

图 5－16　捆绑升级和模块升级策略中供应链利润比较

在整合升级策略中，均衡状态下消费者的购买决策不随 λ 改变，因此令 $\lambda=0.3$，$\varphi\in(0,0.5)$，可以得到图 5－17 和图 5－18，以及推论 5.6。

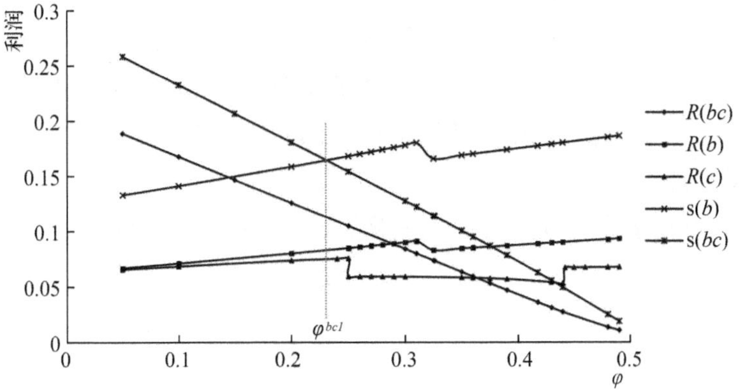

图 5－17　整合升级策略中的零售商利润

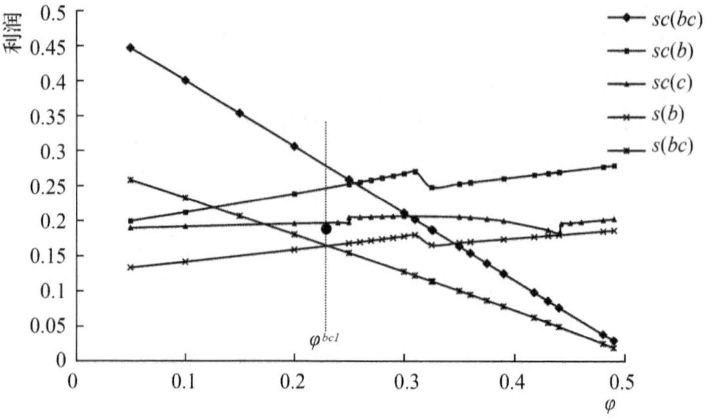

图 5-18　整合升级策略中的供应链利润

推论 5.6:当 $0<\varphi<\varphi^{bc1}$ 时,供应商整合升级策略有利于提升零售商和供应链利润。

在模块化升级策略下,由于模块化升级策略中原产品与升级模块不同步消费带来消费者价值的损失也将成为销售商的损失,使得供应链整体绩效降低,同时因为技术因素等原因导致产品销售渠道的改变导致零售商损失了升级模块的销售利润。但若供应商在捆绑升级的同时提供模块升级,作为对前期购买消费者的升级补救措施,则因此促进第一阶段产品 A 的销售,进而提高了零售商和供应链的利润。但随着消费者耐心程度的增加,升级模块的提供对消费者的影响逐渐消失,也将失去对销售者利润的影响。

接着对参数 λ 进行分析。在模块化升级策略的 SC_3^* 和 SC_2^* 均衡中,销售商的均衡利润会受到 λ 的影响,因此在两个均衡中分别假设 $\varphi=0.4$、$\lambda\in(0.5, 1)$ 和 $\varphi=0.45$、$\lambda\in(0, 0.6)$(模块升级策略优越于捆绑升级策略),得到图 5-19、图 5-20。可以看出,销售商及供应链整体的利润随着 λ 的增加而增加,因此得到推论 5.7。

推论 5.7:在 φ 确定的情形下,模块化和整合升级策略的优势随着 λ 的增大而更加显著。

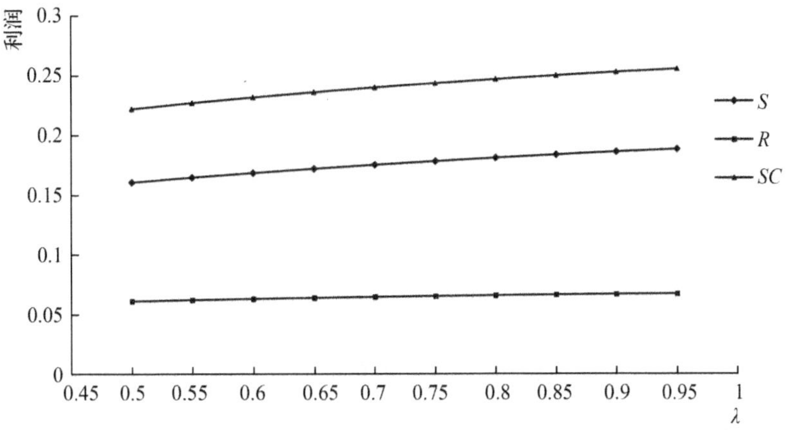

图 5－19　模块升级策略中 SC_3^* 情形下的利润变化

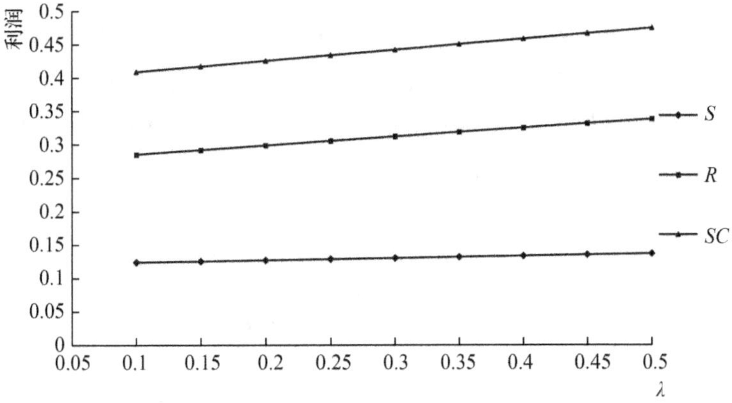

图 5－20　模块升级策略中 SC_2^* 情形下的利润变化

5.6　本章小结

这一章主要分析面对消费者策略行为和产品价值在整个销售期内存在阶段价值降低时，互补产品供应链的捆绑销售和升级策略。首先分析了集中供应链的综合销售商在两阶段销售期内的捆绑销售策略和定价决策。通过建立和求解消费者和销售商的购买博弈模型，对比分析不同策略下均衡决策和销售利润，研究发现：面对消费者策略行为时，销售商选择在第一阶段捆绑互补产品销售相对于其他两种销售策略，将获得最高的销售利润，而在第二阶段捆绑销售中，销售商获得利润并不总是高于普通的第二阶段分别降价销售策略。通过分析互补产品的互补性对销售商销售决策和利润的影响，研究结果还发现第一阶段捆绑销售策略相对于其他两种销售策略的优势随着互补产品增值系数的增加而减弱，但随着互补产品捆绑效应的增加而增强。

本章还研究了考虑消费者策略行为的供应链中供应商的产品升级策略，考察了捆绑升级、模块化升级以及整合升级策略，研究供应商的升级策略决策。研究结论表明：供应商的升级策略、策略型消费者的耐心程度和升级模块的价值升级系数均会影响均衡状态下市场消费者的购买决策和企业的最优决策；模块化升级并不总是供应商的最优升级策略，当消费者购买第二阶段的升级模块可以获得适当的效用时，模块化升级更优于捆绑升级策略，若消费者的耐心程度较小时，同时使用模块升级和捆绑升级的整合升级策略将优于其他两种单独策略，与升级模块的价值升级系数无关。通过数值实验发现，供应商的模块化升级策略将造成销售商和供应链整体绩效损失，而整合升级策略将会增加销售商和供应链整体利润；模块化升级和整合升级策略相对于捆绑升级策略的优势，将随着不同步消费损失的减小即价值升级系数的增加而更加显著。

第6章

绿色供应链背景下的互补产品创新与扩散决策研究

当绿色制造和绿色供应链管理成为如今企业面临的重要课题和重要机遇，越来越多的企业通过技术创新、技术改进等多种方式实现产品的绿色化，从而在竞争中获得优势，并实现经济效益、生态效益和社会效益的协调最优。本章将考虑产品的绿色创新，以一个双渠道绿色创新供应商、一个互补产品供应商和一个零售商组成的互补产品供应链为研究对象，研究供应链上游供应商的绿色产品扩散渠道决策和产品绿色度、价格决策，以及下游零售商的绿色营销努力程度决策。

DILIUZHANG

6.1 引言

上汽通用于2008年发起“绿动未来”战略，旨在规范并倡导其多家上下游供应商齐头并进，制造出“更好性能，更低能耗，更少排放”的高科技绿色产品，并于2017年发布了多款混合动力环保车型。爱普生倡导绿色打印，在喷墨领域、视觉领域不断创新，致力于在2050年前将所有产品服务生命周期中的二氧化碳排放量减少90%。2015年，中国国务院发布“中国制造2025”，同时将“绿色制造工程”作为重点实施的五大工程之一，部署全面推行绿色制造，努力构建高效、清洁、低碳、循环的绿色制造体系。在一些高端精品超市，例如金鹰超市、Ole’精品超市等，我们已经可以看到货架上相对于传统产品的绿色环保产品在售卖。

对于绿色产品的需求端，消费者绿色偏好逐渐形成，并成为企业和供应链进行产品绿色创新的动力和决策考虑因素。随着消费者环保意识的提升和绿色消费理念的养成，售价较高的绿色环保产品正逐渐被消费者青睐，甚至成为一些消费者的优先选择。国内针对环境标志的公众调查结果显示，有90%的受访者知晓“中国环境标志”，有78.4%的受访者愿意为“中国环境标志”认证产品支付同等甚至更高的价格。然而，绿色产品是绿色创新的最高阶段，是绿色供应链管理的基础对象，其创新和扩散不仅需要一定的市场条件，例如企业的绿色技术投入和消费者的绿色偏好，还需要有合理的产品设计和扩散渠道策略。

随着因特网和电子商务的发展，许多制造商例如西门子、格力和海尔等都有自己的线上销售渠道，且越来越多的企业倾向于通过线上渠道销售低碳绿色产品，线上渠道的使用能够很大程度上扩大低碳绿色产品的需求。那么，双渠道制造商需要慎重决策供应链上不同销售渠道中产品的价格和绿色度。互补产品制造商的绿色创新和销售渠道决策更为复杂，既要处理好普通产品与绿色创新产品之间、扩散渠道之间的竞争关系，还需要考虑互补产品需求之间的互补性。因此，互补产品制造商的绿色创新和扩散决策是本章研究的重要内容之一。

另外，对于供应链上的零售商来说，为了鼓励消费者购买低碳绿色产品，也已经开始采用一定的广告策略进行绿色营销，例如，沃尔玛和苏宁也会在他们的实体店销售和推荐绿色低碳产品。销售商的绿色营销会给消费者展示更多关于产品的环境信息，从而影响消费者对绿色产品的实际需求，但销售商也要为此付出一定的成本。因此，研究供应链下游销售商的绿色营销努力对供应链决策和绩效的影响是非常有意义的，是本章的另一个重要内容。

6.2　问题描述与符号

本章考虑由一个进行绿色制造的双渠道供应商 S_A（同时拥有线上和线下销售渠道），一个采取传统生产的互补产品传统供应商 S_C 和一个共同零售商 R 组成的供应链系统，如图 6－1 所示。

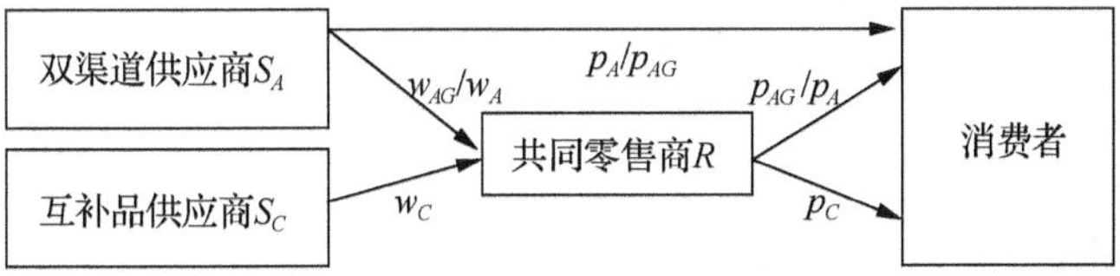

图 6－1　供应链结构模型

供应商 S_A 以单位成本 c_A 制造产品 A，并以批发价格 w_A 销售给传统渠道的零售商 R，或以零售价格 p_A 在线上渠道销售，互补产品供应商 S_C 以单位成本 c_C 制造产品 C，并以批发价格 w_C 销售给零售商 R。供应链下游零售商作为定价博弈中的追随者，根据供应商们的定价决策，确定零售价格（p_A，p_C）进行产品销售。供应链成员之间的决策次序可以表示为如图 6－2 所示。

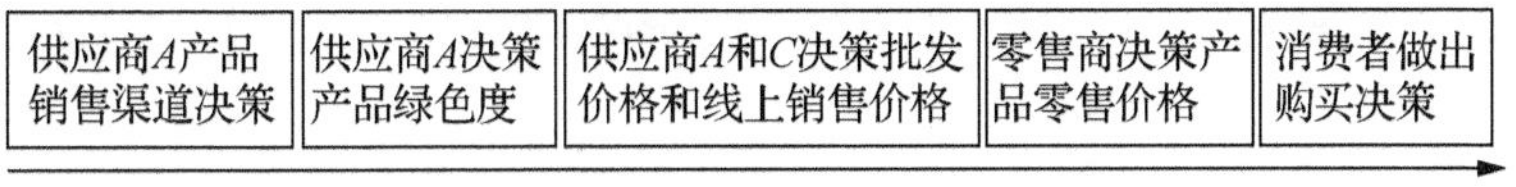

图 6－2　供应链成员决策次序

若供应商 S_A 拟进行绿色投入，制造绿色产品 AG，那么其需要考虑产品 AG 和产品 A 的销售渠道问题，本章考虑两种情形分别是 AG 线上 A 线下（通过线上渠道销售绿色产品 AG，通过传统渠道的零售商销售传统产品 A）和 AG 线下 A 线上。考虑到在绿色产品销售之初往往存在一个过渡期，而供应商通常会在这段时间内同时销售传统产品和绿色产品，会将两种产品通过不同的渠道销售，并针对特定的渠道进行产品管理。因此，本章仅考察两种产品分开渠道销售的情形。

假设绿色产品的绿色度为 e_A，供应商 S_A 的绿色投入成本为 $\varepsilon_A e_A^2$（ε_A 为绿色制造投入系数），单位生产成本为 c_A 不变（这对于电子产品的绿色创新是非常正常

的)。考虑到产品 $A(AG)$ 和 C 的互补性,假设消费市场需求为:

$$D_A = a - kp_A + tp_{AG} - \alpha_1 p_C \tag{6-1}$$

$$D_{AG} = a - kp_{AG} + tp_A - \alpha_2 p_C + \sigma e_A \tag{6-2}$$

$$D_C = a_1 - \beta_1 p_C - \beta_2 p_{AG} - \beta_3 p_A \tag{6-3}$$

式中:a 表示产品 A 和 AG 总的市场容量;k、t 分别表示产品 A 和 AG 的需求对自身价格和另一个产品价格的弹性系数;α_1、α_2 分别表示产品 A 和 AG 对互补产品 C 的交叉价格弹性系数;σ 表示绿色产品的消费者偏爱系数(绿色制造水平系数);a_1、β_1、β_2、β_3 分别表示产品 C 的总市场容量、需求对其自身价格、需求对绿色互补产品价格和需求对传统互补产品价格的交叉弹性系数。由于大部分互补产品之间存在不对称的互补关系,因此,交叉价格弹性系数也存在差异,有 $\alpha_1 \neq \beta_3$ 和 $\alpha_2 \neq \beta_2$。

6.3 建模与求解分析

6.3.1 AG 线上 A 线下情形的决策分析

在这种情形下,供应商 S_A 先决策 AG 的绿色制造水平 e_A,然后 S_A 和 S_C 同时决策批发价格(w_A, w_C)和线上销售价格(p_{AG}),接着零售商决策零售价格(p_A, p_C),最后消费者决策购买产生产品需求。供应链中的价格博弈模型可以描述为 $\max\limits_{e_A^*} \Pi_{S_A}[w_A^*(e_A), w_C^*(e_A), p_{AG}^*(e_A), e_A]$,其中,$w_A^*(e_A)$,$w_C^*(e_A)$,$p_{AG}^*(e_A)$ 由以下子问题得到:

$$\begin{cases} \begin{cases} \max\limits_{w_A, p_{AG}} \Pi_{S_A}[w_A, p_{AG}, p_A^*(w_A, w_C, p_{AG}), p_C^*(w_A, w_C, p_{AG})] \\ \max\limits_{w_C} \Pi_{S_C}[w_C, p_A^*(w_A, w_C, p_{AG}), p_C^*(w_A, w_C, p_{AG})] \end{cases} \\ \text{其中 } p_A^*, p_C^* \text{ 由子问题} \max\limits_{p_A, p_c} \Pi_R(p_A, p_C) \text{得到。} \end{cases} \tag{6-4}$$

逆序求解此模型,可以得到如下命题。

命题 6.1:若$\{2k[(\alpha_1+\beta_3)^2-4k\beta_1]+4k(\beta_1+\beta_3)\}[4k(\alpha_1+\beta_3)\alpha_1-4k(\alpha_1+\beta_1)]+2t(\alpha_2+\beta_3)-[k(\alpha_1+\beta_3)(\beta_3-\alpha_2)+2k\beta_1(t-1)+2k\alpha_1(1-\beta_3)][k(\alpha_1+\beta_3)(\beta_3-\alpha_2)+2t\beta_1(1-k)-2k(\beta_3-\alpha_1\alpha_2)]>0$、$4k\beta_1-(\alpha_1+\beta_3)^2>0$,在 AG 线上 A 线下的销售模式中,供应链上成员存在最优的绿色制造水平决策和价格决策,表示如下:

$$e_A^*=\frac{\left\{\begin{array}{l}[2k\beta_1-\alpha_1(\alpha_1+\beta_3)](s_4u-Xs_1)+tT[Fs_1-GS_2)u-(H-Fu+Gv)s_1]+\\ aT(Fs_1-Gs_2)+[2k\alpha_2+t(\alpha_1+\beta_3)][(Fs_1-Gs_2)W-(H-Fu+Gv)s_3]+\\ \sigma T(H-Fu+Gv)-aTs_1-k(\alpha_1-\beta_3)(s_3u+s_1W)-2kT(H-Fu+Gv)(Fs_1-Gs_2)-\\ [2\beta_1t+\alpha_2(\alpha_1+\beta_3)][Fs_1-Gs_2)X+(H-Fu+Gv)s_4]\end{array}\right\}}{\left\{\begin{array}{l}2[2k\beta_1-\alpha_1(\alpha_1+\beta_3)]s_1s_4+2tT(Fs_1-Gs_2)s_1+\\ 2kT(Fs_1-Gs_2)^2+2[2k\alpha_2+t(\alpha_1+\beta_3)](Fs_1-Gs_2)s_3+\\ 2[2\beta_1t+\alpha_2(\alpha_1+\beta_3)](Fs_1-Gs_2)s_4-2\sigma T(Fs_1-Gs_2)+2T\varepsilon_A\end{array}\right\}}$$

$$w_A^*=\frac{(GK+EO)\{HN+EL-E\sigma[(\alpha_1+\beta_3)^2-4k\beta_1]e_A^*\}-(GN+EL)(HK+EQ)}{(GK+EO)(EM+FN)-(GN+EL)(EJ+FK)}$$

$$w_C^*=\frac{(EM+FN)(HK+EQ)-(EJ+FK)\{HN+EL-E\sigma[(\alpha_1+\beta_3)^2-4k\beta_1]e_A^*\}}{(GK+EO)(EM+FN)-(GN+EL)(EJ+FK)}$$

$$p_{AG}^*=\frac{\left\{\begin{array}{l}H[(GK+EO)(EM+FN)-(GN+EL)(EJ+FK)]-\\ G(EM+FN)(HK+EQ)+G(EJ+FK)\{HN+EL-E\sigma[(\alpha_1+\beta_3)^2-4k\beta_1]e_A^*\}-\\ F(GK+EO)\{HN+EL-E\sigma[(\alpha_1+\beta_3)^2-4k\beta_1]e_A^*\}+F(GN+EL)(HK+EQ)\end{array}\right\}}{E(GK+EO)(EM+FN)-(GN+EL)(EJ+FK)}$$

$$p_A^*=\frac{(\alpha_1+\beta_3)(a_1-\beta_3p_{AG}^*+\alpha_1w_A^*+\beta_1w_C^*)-2\beta_1(a+tp_{AG}^*+kw_A^*+\beta_3w_C^*)}{(\alpha_1+\beta_3)^2-4k\beta_1}$$

$$p_C^*=\frac{(\alpha_1+\beta_3)(a+tp_{AG}^*+kw_A^*+\beta_3w_C^*)-2k(a_1-\beta_3p_{AG}^*+\alpha_1w_A^*+\beta_1w_C^*)}{(\alpha_1+\beta_3)^2-4k\beta_1}$$

此处相关字母符号的公式见附录。

证明：首先，根据市场需求，零售商利润可以表示为：

$$\Pi_R=(p_A-w_A)(a-kp_A+tp_{AG}-\alpha_1p_C)+(p_C-w_C)(a_1-\beta_1p_C-\beta_2p_{AG}-\beta_3p_A) \tag{6-5}$$

分别求 Π_R 关于 p_A 和 p_C 的一阶导数，并令其为零，可以得到：

$$p_A=\frac{(\alpha_1+\beta_3)(a_1-\beta_3p_{AG}+\alpha_1w_A+\beta_1w_C)-2\beta_1(a+tp_{AG}+kw_A+\beta_3w_C)}{(\alpha_1+\beta_3)^2-4k\beta_1} \tag{6-6}$$

$$p_C=\frac{(\alpha_1+\beta_3)(a+tp_{AG}+kw_A+\beta_3w_C)-2k(a_1-\beta_3p_{AG}+\alpha_1w_A+\beta_1w_C)}{(\alpha_1+\beta_3)^2-4k\beta_1} \tag{6-7}$$

为了保证公式(6 - 6)和公式(6 - 7)是 Π_R 最优的唯一解，须令 Π_R 的海塞矩阵为负定，即 $\boldsymbol{H}_R(p_A,p_C)=\begin{bmatrix}\frac{\partial^2\Pi_R}{\partial p_A\partial p_A} & \frac{\partial^2\Pi_R}{\partial p_A\partial p_C}\\ \frac{\partial^2\Pi_R}{\partial p_C\partial p_A} & \frac{\partial^2\Pi_R}{\partial p_C\partial p_C}\end{bmatrix}$ 为负定，则令 $\left(\frac{\partial^2\Pi_R}{\partial p_A^2}\times\frac{\partial^2\Pi_R}{\partial p_C^2}-\frac{\partial^2\Pi_R}{\partial p_A\partial p_C}\times\frac{\partial^2\Pi_R}{\partial p_C\partial p_A}\right)>0$，得到最优条件为 $4k\beta_1-(\alpha_1+\beta_3)^2>0$。

接着，两个互补产品供应商追求各自利润最大化做出定价决策，其利润函数可以表示为：

$$\Pi_{S_A}=w_A(a-kp_A+tp_{AG}-\alpha_1p_C)+p_{AG}(a-kp_{AG}+tp_A-\alpha_2p_C+\sigma e_A)-\varepsilon_Ae_A^2 \tag{6-8}$$

$$\Pi_{S_C}=w_C(a_1-\beta_1p_C-\beta_2p_{AG}-\beta_3p_A) \tag{6-9}$$

将式(6-6)、式(6-7)代入式(6-8)、式(6-9)，并求 Π_{S_A} 关于 w_A 和 p_{AG} 的一阶导数，Π_{S_C} 关于 w_C 的一阶导数，令其等于零，联合求解可以得到：

$$w_A=\frac{(GK+EO)\{HN+EL-E\sigma[(\alpha_1+\beta_3)^2-4k\beta_1]e_A\}-(GN+EL)(HK+EQ)}{(GK+EO)(EM+FN)-(GN+EL)(EJ+FK)} \tag{6-10}$$

$$w_C=\frac{(EM+FN)(HK+EQ)-(EJ+FK)\{HN+EL-E\sigma[(\alpha_1+\beta_3)^2-4k\beta_1]e_A\}}{(GK+EO)(EM+FN)-(GN+EL)(EJ+FK)} \tag{6-11}$$

$$p_{AG}=\frac{\left\{\begin{array}{l}H[(GK+EO)(EM+FN)-(GN+EL)(EJ+FK)]-\\G(EM+FN)(HK+EQ)+G(EJ+FK)\{HN+EL-E\sigma[(\alpha_1+\beta_3)^2-4k\beta_1]e_A\}-\\F(GK+EO)\{HN+EL-E\sigma[(\alpha_1+\beta_3)^2-4k\beta_1]e_A\}+F(GN+EL)(HK+EQ)\end{array}\right\}}{E(GK+EO)(EM+FN)-(GN+EL)(EJ+FK)} \tag{6-12}$$

令 Π_{S_A} 的海塞矩阵为负定，得到最优条件为：

① $\{2k[(\alpha_1+\beta_3)^2-4k\beta_1]+2t(\alpha_2+\beta_3)+4k(\beta_1+\beta_3)\}[4k(\alpha_1+\beta_3)\alpha_1-4k(\alpha_1+\beta_1)]-[k(\alpha_1+\beta_3)(\beta_3-\alpha_2)+2k\beta_1(t-1)+2k\alpha_1(1-\beta_3)][k(\alpha_1+\beta_3)(\beta_3-\alpha_2)+2t\beta_1(1-k)-2k(\beta_3-\alpha_1\alpha_2)]>0$。

② 当 $p_C<p_C^*$ 时，$k+\beta_3(1-\alpha_1-\beta_3)>0$；当 $p_C>p_C^*$ 时，$k+\beta_3(1-\alpha_1-\beta_3)<0$。

最后，供应商 S_A 决策绿色制造水平 e_A 以使所有产品销售利润最大化。为了方便计算，将式(6-10)～式(6-12)整理为下列各式：

$$w_A=u-s_1e_A \tag{6-13}$$

$$w_C = s_2 e_A - v \tag{6-14}$$

$$p_{AG} = \frac{(H - Fu + Gv) + (Fs_1 - Gs_2)e_A}{E} \tag{6-15}$$

将式(6-6)、式(6-7)、式(6-13)、式(6-14)、式(6-15)代入式(6-8)，并对 e_A 求一阶导数，令其等于零。得到：

$$e_A^* = \frac{\left\{\begin{array}{l}[2k\beta_1 - \alpha_1(\alpha_1+\beta_3)](s_4 u - Xs_1) + tT[(Fs_1 - Gs_2)u - (H - Fu + Gv)s_1] + \\ aT(Fs_1 - Gs_2) + [2k\alpha_2 + t(\alpha_1+\beta_3)][(Fs_1 - Gs_2)W - (H - Fu + Gv)s_3] + \\ \sigma T(H - Fu + Gv) - aTs_1 - k(\alpha_1 - \beta_3)(s_3 u + s_1 W) - 2kT(H - Fu + Gv)(Fs_1 - Gs_2) - \\ [2\beta_1 t + \alpha_2(\alpha_1+\beta_3)][(Fs_1 - Gs_2)X + (H - Fu + Gv)s_4]\end{array}\right\}}{\left\{\begin{array}{l}2[2k\beta_1 - \alpha_1(\alpha_1+\beta_3)]s_1 s_4 + 2tT(Fs_1 - Gs_2)s_1 + \\ 2kT(Fs_1 - Gs_2)^2 + 2[2k\alpha_2 + t(\alpha_1+\beta_3)](Fs_1 - Gs_2)s_3 + \\ 2[2\beta_1 t + \alpha_2(\alpha_1+\beta_3)](Fs_1 - Gs_2)s_4 - 2\sigma T(Fs_1 - Gs_2) + 2T\varepsilon_A\end{array}\right\}}。$$

将 e_A^* 代入式(6-13)～式(6-15)可以得到 w_A^*，w_C^*，p_{AG}^*，再代入式(6-6)、式(6-7)得 p_A^*，p_C^*。

6.3.2　AG 线下 A 线上情形的决策分析

在这种情形下，供应商 S_A 将绿色产品通过线下零售商的传统渠道销售，而将传统产品放在线上渠道销售(为与前一种情形区分，用上标 I 来表示)。

(1) 零售商不进行绿色营销的情形

S_A 先决策 AG 的绿色制造水平 e_A^I，然后 S_A 和 S_C 同时决策批发价格(w_{AG}^I，w_C^I)和线上销售价格(p_A^I)，接着零售商决策零售价格(p_{AG}^I，p_C^I)，最后消费者决策购买产生产品需求。供应商和零售商的利润函数分别可以表示如下：

$$\Pi_R^I = (p_{AG}^I - w_{AG}^I)(a - kp_{AG}^I + tp_A^I - \alpha_2 p_C^I + \sigma e_A^I) + (p_C^I - w_C^I)(a - \beta_1 p_C^I - \beta_2 p_{AG}^I - \beta_3 p_A^I) \tag{6-16}$$

$$\Pi_{S_A}^I = w_{AG}^I(a - kp_{AG}^I + tp_A^I - \alpha_2 p_C^I + \sigma e_A^I) + p_A^I(a - kp_A^I + tp_{AG}^I - \alpha_1 p_C^I) - \varepsilon_A e_A^I \tag{6-17}$$

$$\Pi_{S_C}^I = w_C^I(a_1 - \beta_1 p_C^I - \beta_2 p_{AG}^I - \beta_3 p_A^I) \tag{6-18}$$

定价博弈模型可以描述为：

$$\max_{e_A^I} \Pi_{S_A}^I \left[w_{AG}^{I*}(e_A^I), w_C^{I*}(e_A^I), p_A^{I*}(e_A^I), e_A^I \right]$$

其中 $w_{AG}^{I*}(e_A^I), w_C^{I*}(e_A^I), p_A^{I*}(e_A^I)$ 由以下子问题得到：

$$\begin{cases} \begin{cases} \max\limits_{w_{AG}^I, p_A^I} \Pi_{S_A}^I \left[w_{AG}^I, p_A^I, p_{AG}^{I*}(w_{AG}^I, w_C^I, p_A^I), p_C^{I*}(w_{AG}^I, w_C^I, p_A^I) \right] \\ \max\limits_{w_C^I} \Pi_{S_C}^I \left[w_C^I, p_{AG}^{I*}(w_{AG}^I, w_C^I, p_A^I), p_C^{I*}(w_{AG}^I, w_C^I, p_A^I) \right] \end{cases} \\ p_{AG}^{I*}, p_C^{I*} \text{ 由子问题 } \max\limits_{p_{AG}^I, p_C^I} \Pi_R^I(p_{AG}^I, p_C^I) \text{得到。} \end{cases} \tag{6-19}$$

逆序求解可以得到如下命题。

命题 6.2：在 AG 线下 A 线上情形中，不考虑销售商的绿色营销努力，如果有 $[4k(\alpha_2+\beta_2)\alpha_2-4k^2\beta_1-4k\alpha_2^2]\{2k[(\alpha_2+\beta_2)^2-4k\beta_1]+2t(\alpha_2+\beta_2)\beta_3+4t^2\beta_1+2t\alpha_1(\alpha_2+\beta_2)+4k\alpha_1\beta_3\}-\{(k\beta_3-t\alpha_2)(\alpha_2+\beta_2)+2tk\beta_1+t[(\alpha_2+\beta_2)^2-4k\beta_1]-2k\alpha_2\beta_3+[t\alpha_2(\alpha_2+\beta_2)-2kt\beta_1]-[k\alpha_1(\alpha_2+\beta_2)-2k\alpha_1\alpha_2]\}^2>0$、$4k\beta_1-(\alpha_2+\beta_2)^2>0$，则供应链成员存在最优的定价和绿色创新水平决策如下：

$$e_A^{I*}=\frac{\left\{\begin{aligned}&[2k\alpha_1+t(\alpha_2+\beta_2)](\alpha_1-\beta_1v_1-\beta_3u_2)s_9-[2k\alpha_1+t(\alpha_2+\beta_2)](\beta_1s_2+\beta_3s_9)u_2-\\&[2t\beta_1+\alpha_1(\alpha_2+\beta_2)](a+ku_1-\beta_2v_1+tu_2)s_9+[(\alpha_2+\beta_2)^2-4k\beta_1](a-2ku_2)s_9+\\&[2t\beta_1+\alpha_1(\alpha_2+\beta_2)](\sigma-ks_7+\beta_2s_8-ts_9)u_2-2k\alpha_1(\beta_1s_8+\beta_3s_9)u_2+\alpha_2s_7u_2+\alpha_2s_9u_1-\\&2k\alpha_2\{(\beta_1s_8+\beta_3s_9+\alpha_2s_7)u_1+\sigma[(\alpha_2+\beta_2)^2-4k\beta_1]u_2-(a_1-\beta_1v_1-\beta_3u_2+\alpha_2u_2)s_7\}+\\&t[(\alpha_2+\beta_2)^2-6k\beta_1]u_2s_7+4k^2\beta_1s_7u_1-2k\beta_1\beta_2(v_1s_7+s_8u_1)-2k\beta_1(\sigma u_1-as_7)-\\&\alpha_2(\alpha_2+\beta_2)[(ks_7-\beta_2s_8+ts_9)u_1+(ku_1-\beta_2v+tu_2)s_7-\sigma u_1+as_7]+2kt\beta_1s_9u_1+\\&k(\alpha_2+\beta_2)(\beta_3s_9u_1+\beta_3s_7u_2+\beta_1v_1s_7+\beta_1s_8u_1-a_1s_7)+[(\alpha_2+\beta_2)^2-4k\beta_1](as_7-ts_9u_1)\end{aligned}\right\}}{\left\{\begin{aligned}&[2k(\alpha_2+\beta_2)s_7-2t(\alpha_2+\beta_2)s_9-4k\alpha_2-2k\alpha_1s_9](\beta_1s_8+\beta_3s_9)-4k\alpha_2^2s_7-\\&\{4k\beta_1s_7-[2t\beta_1+\alpha_1(\alpha_2+\beta_2)]s_9\}(\sigma-ks_7+\beta_2s_8-ts_9)+\\&[(\alpha_2+\beta_2)^2-4k\beta_1][2ts_7s_9-2k(2\alpha_2\sigma+s_9^2)]+2\alpha_2s_9s_7-2\varepsilon_A[(\alpha_2+\beta_2)^2-4k\beta_1]-\\&2\alpha_2(\alpha_2+\beta_2)(\sigma+ks_7-\beta_2s_8+ts_9)s_7-2k(\alpha_2+\beta_2)\alpha_2s_7^2\end{aligned}\right\}}$$

$$w_{AG}^{I*}=\frac{\left\{\begin{aligned}&(K_2F_2+G_2O_2)[K_2J_2+N_2Q_2+s(a+\sigma e_A^{I*})]-\\&(K_2L_2+N_2O_2)[K_2H_2+G_2Q_2+s(a+\sigma e_A^{I*})+K_2se_A^{I*}]\end{aligned}\right\}}{(K_2F_2+G_2O_2)(K_2M_2+N_2J_2)-(K_2L_2+N_2O_2)(K_2E_2+G_2J_2)}$$

$$w_C^{I*}=\frac{\left\{\begin{aligned}&(K_2M_2+N_2J_2)[K_2H_2+G_2Q_2+s_6(a+\sigma e_A^{I*})+K_2se_A^{I*}]-\\&(K_2E_2+G_2J_2)[K_2I_2+N_2Q_2+s_2(a+\sigma e_A^{I*})]\end{aligned}\right\}}{(K_2F_2+G_2O_2)(K_2M_2+N_2J_2)-(K_2L_2+N_2O_2)(K_2E_2+G_2J_2)}$$

$$p_A^{I*}=\frac{Q_2-[\beta_1(\alpha_2+\beta_2)+2\beta_1\beta_2](a+\sigma e_A^{I*})-J_2w_{AG}^{I*}-O_2w_C^{I*}}{K_2}$$

$$p_{AG}^{I*}=\frac{(\alpha_2+\beta_2)(a_1+\beta_1w_C^{I*}-\beta_3p_A^{I*}+\alpha_2w_{AG}^{I*})-2\beta_1(a+\sigma e_A^{I*}+kw_{AG}^{I*}+\beta_2w_C^{I*}+tp_A^{I*})}{(\alpha_2+\beta_2)^2-4k\beta_1}$$

$$p_C^{I*}=\frac{(\alpha_2+\beta_2)(a+\sigma e_A^{I*}+kw_{AG}^{I*}+\beta_2w_C^{I*}+tp_A^{I*})-2k(a_1+\beta_1w_C^{I*}-\beta_3p_A^{I*}+\alpha_2w_{AG}^{I*})}{(\alpha_2+\beta_2)^2-4k\beta_1}$$

证明过程与定理1类似,此处不再赘述。

(2) 零售商进行绿色营销的情形

S_A先决策AG的绿色制造水平e_A^{II},然后S_A和S_C同时决策批发价格(w_{AG}^{II},w_C^{II})和线上销售价格(p_A^{II}),接着零售商先进行绿色营销投资决策即绿色营销努力水平e_R^{II},然后决策零售价格(p_{AG}^{II},p_C^{II})。零售商通过营销努力,给消费者传达更多的绿色产品知识,从而提高了消费者对绿色产品的需求。因此,AG产品的需求可以被表示为(ζ为绿色营销努力系数):

$$D_{AG}^{II}=a-kp_{AG}^{II}+tp_A^{II}-\alpha_2p_C^{II}+\sigma e_A^{II}+\zeta e_R^{II} \tag{6-20}$$

同时也会给零售商增加成本负担,零售商的利润函数可以表示如下:

$$\begin{aligned}\Pi_R^{II}=&(p_{AG}^{II}-w_{AG}^{II})(a-kp_{AG}^{II}+tp_A^{II}-\alpha_2p_C^{II}+\sigma e_A^{II}+\zeta e_R^{II})+\\&(p_C^{II}-w_C^{II})(a-\beta_1p_C^{II}-\beta_2p_{AG}^{II}-\beta_3p_A^{II})-\varepsilon_Re_R^{II2}\end{aligned} \tag{6-21}$$

定价博弈模型可以描述为:

$$\max_{e_A^{II}}\Pi_{S_A}^{II}[w_{AG}^{II*}(e_A^{II}),w_C^{II*}(e_A^{II}),p_A^{II*}(e_A^{II}),e_A^{II}]$$

其中$w_{AG}^{II*}(e_A^{II}),w_C^{II*}(e_A^{II}),p_A^{II*}(e_A^{II})$由以下子问题得到:

$$\begin{cases}\begin{cases}\max\limits_{w_{AG}^{II},p_A^{II}}\Pi_{S_A^{II}}[w_{AG}^{II},p_A^{II},\tau_R^{II*}(w_{AG}^{II},w_C^{II},p_A^{II})]\\\max\limits_{w_C^{II}}\Pi_{S_C^{II}}[w_C^{II},\tau_R^{II*}(w_{AG}^{II},w_C^{II},p_A^{II})]\end{cases}\\\text{其中 } e_R^{II*}\text{ 由以下子问题得到:}\\\begin{cases}\max\limits_{\theta_R^{II}}\Pi_R^{II}[p_{AG}^{II*}(e_R^{II}),p_C^{II*}(e_R^{II}),e_R^{II}]\\p_{AG}^{II*},p_C^{II*}\text{ 由子问题}\max\limits_{p_{AG}^{II},p_C^{II}}\Pi_R^{II}(p_{AG}^{II},p_C^{II})\text{得到}\end{cases}\end{cases} \tag{6-22}$$

逆序求解可以得到如下命题6.3,证明过程类似于命题6.1。

命题 6.3：在 AG 线下 A 线上情形下，考虑销售商的绿色营销努力，如果有

$$4k\beta_1-(\alpha_2+\beta_2)^2>0,$$

$$\begin{aligned}&\{\alpha_2[2k\alpha_1+t(\alpha_2+\beta_2)]-[2t\beta_1+\alpha_2(\alpha_2+\beta_2)](\zeta B+k)-\beta_3[2k\alpha_2-k(\alpha_2+\beta_2)]-\\&[\alpha_2(\alpha_2+\beta_2)+2k\beta_1](t+\zeta C)+t[(\alpha_2+\beta_2)^2-4k\beta_1](1+\zeta C)\}^2-\\&\{2\alpha_2[2k\alpha_2-k(\alpha_2+\beta_2)]-2[\alpha_2(\alpha_2+\beta_2)+2k\beta_1](\zeta B+k)+2\zeta B[(\alpha_2+\beta_2)^2-4k\beta_1]\}-\\&2k[(\alpha_2+\beta_2)^2-4k\beta_1]-2\beta_3[2k\alpha_1+k(\alpha_2+\beta_2)]-(2t+2\zeta C)[2t\beta_1+\alpha_2(\alpha_2+\beta_2)]>0,\end{aligned}$$

供应链成员存在最优的定价和绿色制造水平决策如下：

$$e_A^{II*}=\frac{\left\{\begin{aligned}&[\alpha_2(\alpha_2+\beta_2)-2k\beta_1][a+\zeta A+(\zeta B+k)u_4+(\zeta C+t)u_3-(\zeta D+\beta_2)v_3]s_{12}+\\&[(\alpha_2+\beta_2)^2-4k\beta_1](\sigma-s_{10}-\zeta Bs_{12}-\zeta Cs_{10}-\zeta Ds_{11}+\zeta Z)u_4-\\&[\alpha_2(\alpha_2+\beta_2)-2k\beta_1][\sigma-(\zeta B+k)s_{12}-(\zeta C+t)s_{10}+(\zeta D+\beta_3)s_{11}+\zeta Z]u_4-\\&t[(\alpha_2+\beta_2)^2-4k\beta_1]s_{12}(u_3+\zeta A+\zeta Bu_4+\zeta Cu_3+\zeta Dv_3)-s_{12}a[(\alpha_2+\beta_2)^2-4k\beta_1]-\\&s_{12}[2k\alpha_2-k(\alpha_2+\beta_2)(a-\beta_1v_3-\beta_3u_3+\alpha_2u_4)+[2k\alpha_2-k(\alpha_2+\beta_2)](\beta_1s_{11}+s_{10}\beta_3-\alpha_2s_{12})u_4-\\&s_{10}a[(\alpha_2+\beta_2)^2-4k\beta_1]+2k[(\alpha_2+\beta_2)^2-4k\beta_1]s_{10}u_3-s_{10}[2k\alpha_1+t(\alpha_2+\beta_2)]\cdot\\&(a_1-\beta_1v_3-\beta_3u_3+\alpha_2u_4)+[2k\alpha_1+(\alpha_2+\beta_2)(\beta_1s_{11}+\beta_3s_{10}-\alpha_2s_{10}-\alpha_2s_{12})u_3+\\&s_{10}[2t\beta_1+\alpha_1(\alpha_2+\beta_2)][a+\zeta A+(\zeta B+k)u_4+(\zeta C+t)u_3-(\zeta D+\beta_2)v_3]-\\&[2t\beta_1+\alpha_1(\alpha_2+\beta_2)][\sigma-(\zeta B+k)s_{12}-(\zeta C+t)s_{10}+(\zeta D+\beta_2)s_{11}+\zeta Z]u_3\end{aligned}\right\}}{\left\{\begin{aligned}&2s_{12}[2k\alpha_2-k(\alpha_2+\beta_2)](\beta_1s_{11}+s_{10}\beta_3-\alpha_2s_{12})+2ks_{10}[(\alpha_2+\beta_2)^2-4k\beta_1]s_{10}-\\&2[\alpha_2(\alpha_2+\beta_2)-2k\beta_1]s_{12}[\sigma-(\zeta B+k)s_{12}-(\zeta C+t)s_{10}+(\zeta D+\beta_3)s_{11}+\zeta Z]+\\&2t(\alpha_2+\beta_2)^2-4k\beta_1]s_{12}(\sigma-s_{10}-\zeta Bs_{12}-\zeta Cs_{10}-\zeta Ds_{11}+\zeta Z)+\\&2s_{10}[2k\alpha_1+t(\alpha_2+\beta_2)](\beta_1s_{11}+\beta_3s_{10}-\alpha_2s_{12})+2\varepsilon_C[(\alpha_2+\beta_2)^2-4k\beta_1]-\\&2s_{10}[2t\beta_1+\alpha_1(\alpha_2+\beta_2)][r-(\zeta B+k)s_{12}-(\zeta C+t)s_{10}+(\zeta D+\beta_1)s_{11}+\zeta Z]\end{aligned}\right\}}$$

$$p_A^{II*}=u_3-s_{10}e_A^{II*};\ w_C^{II*}=s_{11}e_A^{II*}-v_3;\ w_{AG}^{II*}=u_4-s_{12}e_A^{II*};$$

$$e_R^{II*}=A+Bw_{AG}^{II*}+Cp_A^{II*}+Dw_C^{II*}+Ze_A^{II*};$$

$$p_{AG}^{II*}=\frac{(\alpha_2+\beta_2)(a_1+\beta_1w_C^{II*}-\beta_3p_A^{II*}+\alpha_2w_{AG}^{II*})-2\beta_1(a+\sigma e_A^{II*}+\zeta e_R^{II*}+kw_{AG}^{II*}+\beta_2w_C^{II*}+tp_A^{II*})}{(\alpha_2+\beta_2)^2-4k\beta_1};$$

$$p_C^{II*}=\frac{(\alpha_2+\beta_2)(a+\sigma e_A^{II*}+\zeta e_R^{II*}+kw_{AG}^{II*}+\beta_2w_C^{II*}+tp_A^{II*})-2k(a_1+\beta_1w_C^{II*}-\beta_3p_A^{II*}+\alpha_2w_{AG}^{II*})}{(\alpha_2+\beta_2)^2-4k\beta_1}.$$

6.4 算例分析

由于上述解析解较为复杂，本部分将利用合适的算例进行分析，以期得到更多

的结论和提示。首先，分析供应商 A 的绿色度和销售渠道决策，以及零售商的绿色营销投入决策和影响；然后分析互补产品的交叉价格弹性系数对产品的绿色度和供应链成员利润的影响；最后进行供应链利润的分析。

6.4.1　供应链的绿色创新决策分析

(1) 供应商 A 的决策及利润分析。这一部分将首先分析与供应商产品绿色创新密切相关的两个因素，即绿色投入系数 ε_A 和绿色制造水平系数 σ（消费者对绿色产品的偏爱系数），对产品绿色度 e_A 和供应商 A 利润的影响。假设 $a=a_1=1, k=\beta_1=0.9, t=0.2, \alpha_1=\alpha_2=\beta_2=\beta_3=0.5$，分别令 $\sigma=0.8, \varepsilon_A\in[0.8, 0.98]$ 和 $\varepsilon_A=0.8, \sigma\in[0.8, 0.98]$，进行算例实验可以得到不同销售模式下产品的绿色度随绿色投入系数和绿色制造水平系数的变化趋势，如图 6－3 和图 6－4；不同销售模式下供应商 A 的利润随绿色投入系数和绿色制造水平系数的变化趋势，如图 6－5 和图 6－6。

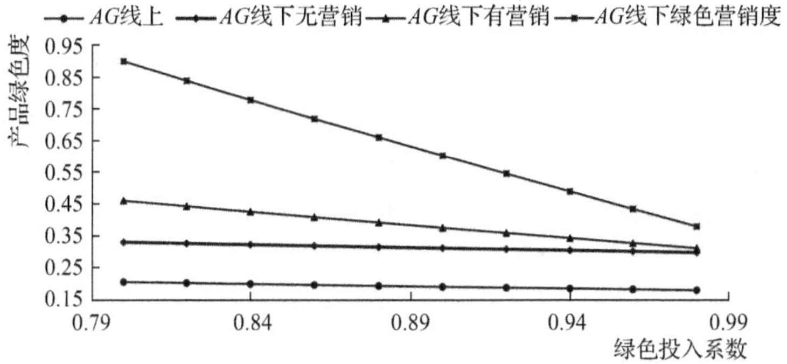

图 6－3　绿色投入系数对产品绿色度的影响

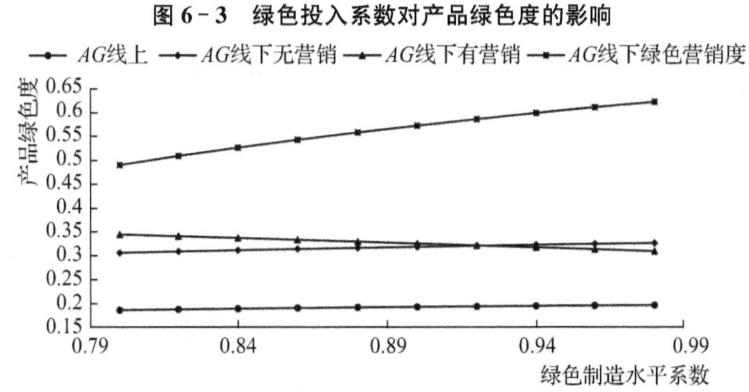

图 6－4　绿色制造水平系数对产品绿色度的影响

关于供应商 A 的产品绿色度决策，由图 6-3 可以看出，在三种情形下供应商 A 决策的最优产品绿色度随着绿色投入系数的增加呈下降趋势，即绿色投入系数越高，产品的绿色度就会越低。对于企业来说，绿色投入系数增加，意味着相同绿色度的产品绿色创新需要投入更多的成本。因此，企业在进行绿色度决策时就会越保守，通过降低绿色度来降低成本风险。由图 6-4 可以看出，供应商 A 决策的绿色度随着绿色制造水平系数的增加，在没有零售商绿色营销的情形下呈上升趋势，但在零售商投入绿色营销情形下呈现小幅的下降趋势。在没有绿色营销情形下，绿色制造水平系数越高意味着市场中消费者对绿色产品的偏爱程度越高，消费者对绿色产品的需求就越多，因此供应商更有动力提高产品绿色度。但当下游销售商开展绿色营销时，上游的供应商会从销售商的绿色营销努力中获得溢出效应，因此随着绿色制造水平系数增加，绿色营销努力的大幅提升，降低了产品的绿色度。另外，从图 6-3 和图 6-4 中可以看出，AG 线下销售模式中产品绿色度要高于 AG 线上销售模式，同时在 AG 线下模式中销售商的绿色营销会提高产品的绿色度。

关于供应商 A 的销售渠道决策，与其所得利润密切相关。从图 6-5 和图 6-6 可以看出，在没有销售商的绿色营销情形下，供应商 A 的利润随着绿色投入系数的增加而下降，随着绿色制造水平系数增加而上升；但是当销售商进行绿色营销时，供应商 A 的利润随着绿色技术系数的增长先上升后下降，随着绿色制造水平系数的增加出现下降趋势。由于销售商绿色营销努力的溢出效应，使得关键因素对供应商 A 利润的影响发生了变化。但可以看出，供应商 A 对绿色创新产品 AG 采用线下销售渠道总是可以获得更高的利润，因此，相比于线上销售模式，线下销售绿色产品更具有优势。

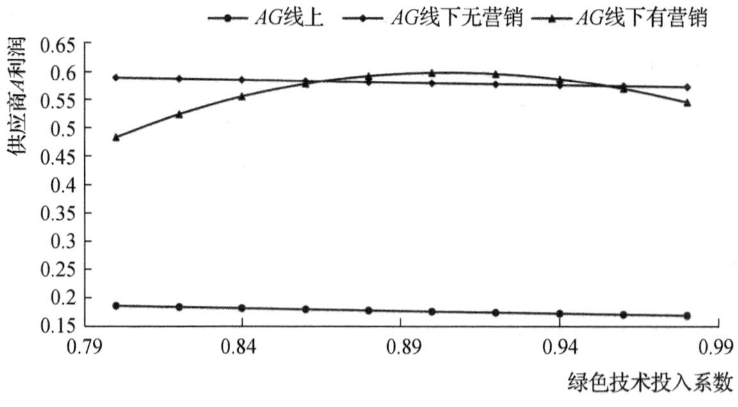

图 6-5　绿色投入系数对供应商 A 利润的影响

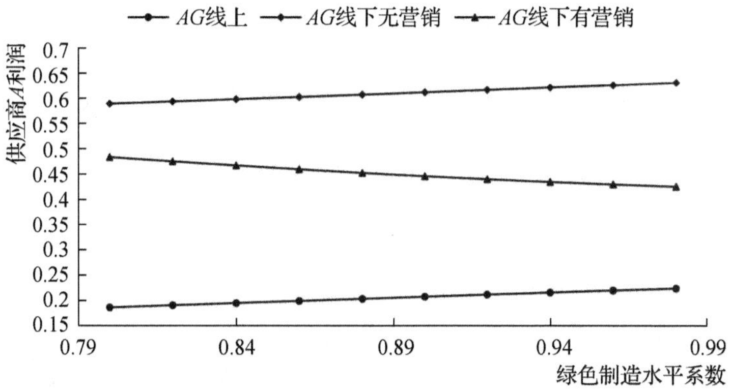

图 6－6　绿色制造水平系数对供应商 A 利润的影响

(2) 零售商的决策及利润分析。关于零售商的绿色营销努力决策及其影响，同样设 $a=a_1=1$，$k=\beta_1=0.9$，$t=0.2$，$\alpha_1=\alpha_2=\beta_2=\beta_3=0.5$，分别假设 $\varepsilon_A=0.94$、$\varepsilon_A=0.98$，令 $\sigma\in[0.8,0.98]$，进行算例计算和绘图，可以得到供应商 A 利润随绿色制造水平系数的变化趋势如图 6－7 和图 6－8 所示。通过图 6－3 和图 6－4 可以发现，零售商绿色营销努力水平随着绿色投入系数的增加而下降，随着绿色制造水平系数增加而上升。综合图 6－5～图 6－8 发现，当绿色投入系数中等程度时($\varepsilon_A=0.94$)，零售商的绿色营销会增加供应商 A 的利润，但当绿色投入系数较大或较小时，绿色营销反而会减少供应商 A 的利润。

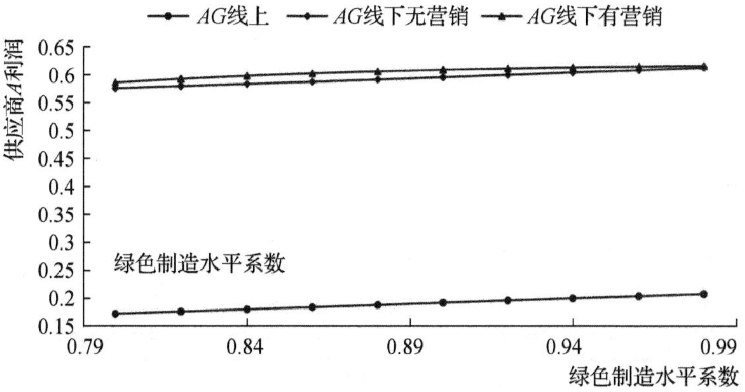

图 6－7　绿色营销对供应商 A 利润的影响($\varepsilon_A=0.94$)

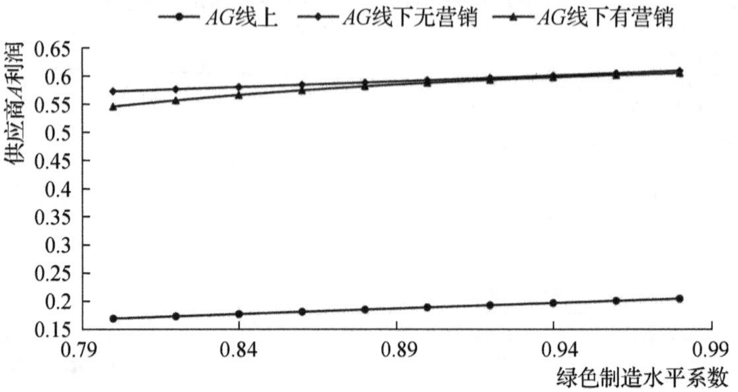

图 6-8　绿色营销对供应商 A 利润的影响($\varepsilon_A=0.98$)

关于零售商的利润分析,假设 $\sigma=0.8$,$\varepsilon_A\in[0.8,0.98]$ 进行算例分析,得到图 6-9 关于绿色投入系数对零售商利润的影响;假设 $\sigma\in[0.8,0.98]$,分别令 $\varepsilon_A=0.8$、$\varepsilon_A=0.98$,得到图 6-10、图 6-11 关于绿色制造水平系数对零售商利润的影响。我们发现零售商的利润随着绿色投入系数的增加而快速下降,而随着绿色制造水平系数的增加而快速上升,其绿色营销努力对利润的影响同时也会受到两个重要因素的影响。当绿色投入系数适当时($\varepsilon_A=0.8$),零售商可以通过绿色营销增加利润,且随着绿色制造水平系数增加而增加;但当绿色投入系数很大时($\varepsilon_A=0.98$),绿色营销在绿色制造水平系数较小时增加零售商利润,在绿色制造系数较大时反而降低了其利润。

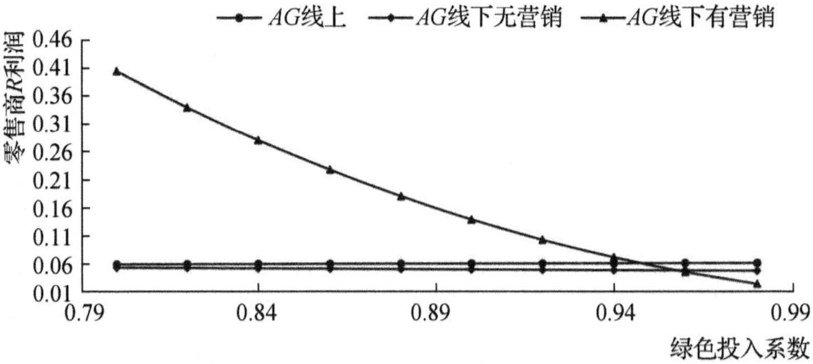

图 6-9　绿色投入系数对零售商利润的影响

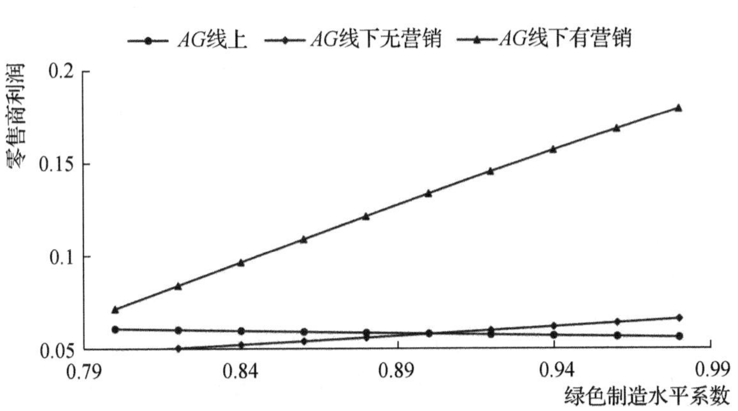

图 6-10　绿色制造水平系数对零售商利润的影响($\varepsilon_A=0.8$)

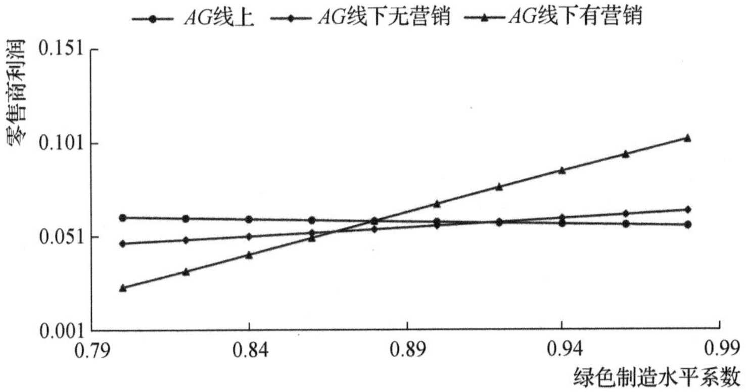

图 6-11　绿色制造水平系数对零售商利润的影响($\varepsilon_A=0.98$)

6.4.2　互补产品交叉价格弹性的影响及互补供应商利润分析

这一部分将首先通过算例分析互补产品的交叉价格弹性系数对供应商 A 绿色创新决策的影响。令 $a=a_1=1$，$k=\beta_1=0.9$，$t=0.2$，为了便于分析，假设 $\alpha_1=\alpha_2=\beta_2=\beta_3=Z$，即模型中的互补产品交叉价格弹性系数相同。鉴于三种销售渠道模式下的最优解条件不同，分别假设 $Z\in[0.44, 0.53]$（AG 线上），$Z\in[0.41, 0.5]$（AG 线下无营销），$Z\in[0.5, 0.509]$（AG 线下有营销），得到三种销售渠道模式下供应链成员利润和供应商 A 最优产品绿色度随互补产品交叉价格弹性系数的变化趋势，如图 6-12～图 6-14 所示。

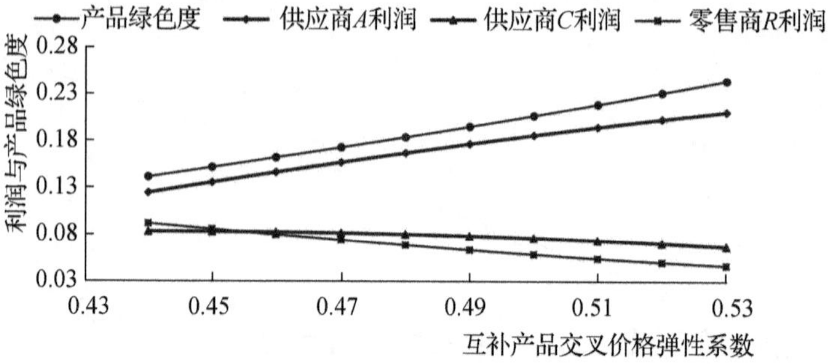

图 6-12　*AG* 线上情形下互补产品交叉价格弹性系数的影响

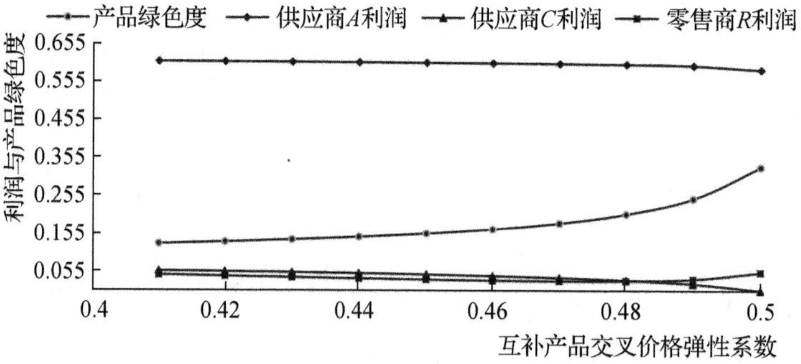

图 6-13　*AG* 线下无绿色营销情形下互补产品交叉价格弹性系数的影响

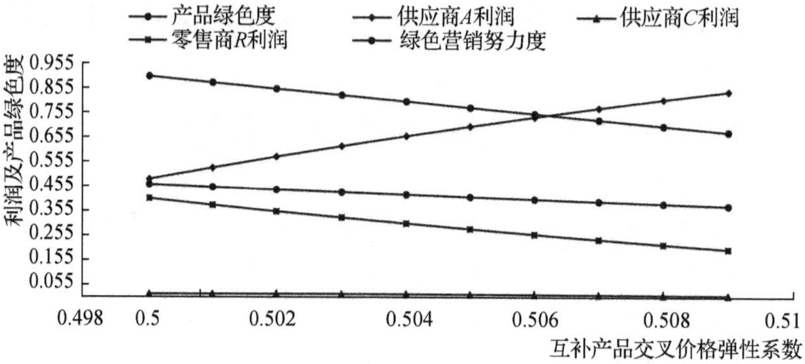

图 6-14　*AG* 线下有绿色营销情形下互补产品交叉价格弹性系数的影响

从图 6-12 和图 6-13 可以看出，互补产品的交叉价格弹性系数会影响供应商 A 的绿色度决策。在销售商不进行绿色营销时，随着互补产品交叉价格弹性系数增加，即产品互补性越高，供应商 A 进行绿色创新的产品绿色度就越高；但是当零售商进行绿色营销时，互补性越高，产品绿色度和绿色营销努力程度会降低。

从图 6－12～图 6－14 中供应链成员利润随互补产品交叉价格弹性系数变化的曲线可以看出，互补产品的交叉价格弹性系数对供应链成员的利润有不同的影响，其中对供应商 A 和零售商 R 的影响较大，尤其在 AG 线上和 AG 线下有绿色营销的营销模式中，互补程度越高，供应商 A 的利润越高，零售商 R 的利润越低，供应商 C 的利润受交叉价格弹性系数的影响并不明显。

为了得到互补产品交叉价格弹性系数对供应商 A 的绿色产品销售渠道决策的影响，假设 $Z\in[0.5,\ 0.5009]$（确保三种模式下均有最优解），得到三种销售渠道模式中供应商 A 利润随互补产品交叉价格弹性系数变化的趋势，如图 6－15 所示。互补产品交叉价格弹性系数的增加基本不会改变供应商 A 的绿色创新渠道决策，即图 6－15 中 AG 线下无营销和 AG 线下有营销的趋势线总是高于 AG 线上趋势线。

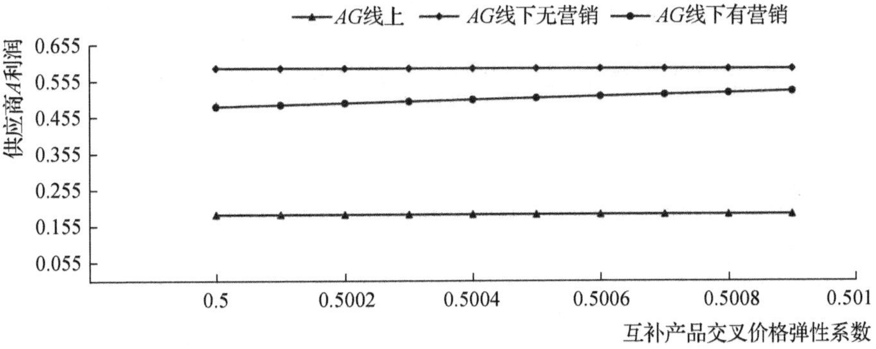

图 6－15　互补产品交叉价格弹性系数对供应商 A 绿色产品销售渠道决策的影响

6.4.3　供应链利润分析

本节主要考虑绿色投入系数、绿色制造水平系数和零售商的绿色营销努力对供应链利润的影响。假设 $\sigma=0.8,\varepsilon_A\in[0.8,0.98]$；$\varepsilon_A=0.8,\sigma\in[0.8,0.98]$；$\varepsilon_A=0.98,\sigma\in[0.8,0.98]$，进行数值分析，分别得到图 6－16～图 6－18。

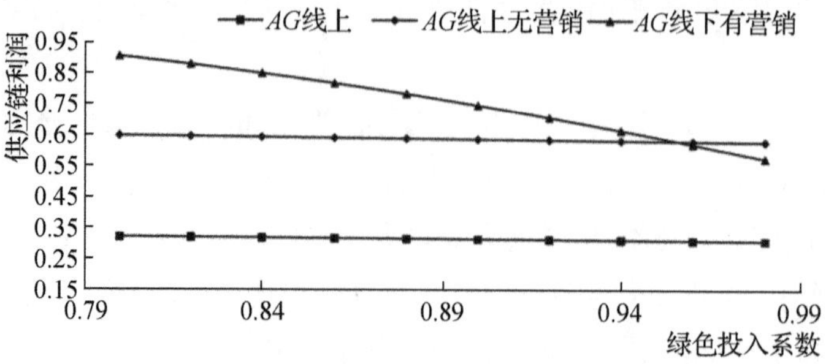

图 6-16　绿色投入系数对供应链利润的影响

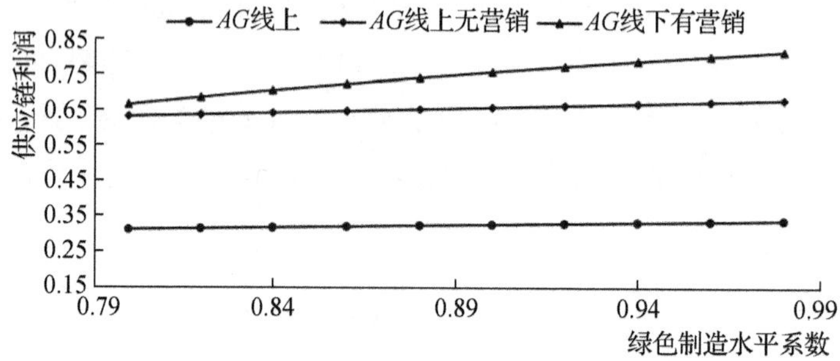

图 6-17　绿色制造水平系数对供应链利润的影响($\varepsilon_A = 0.8$)

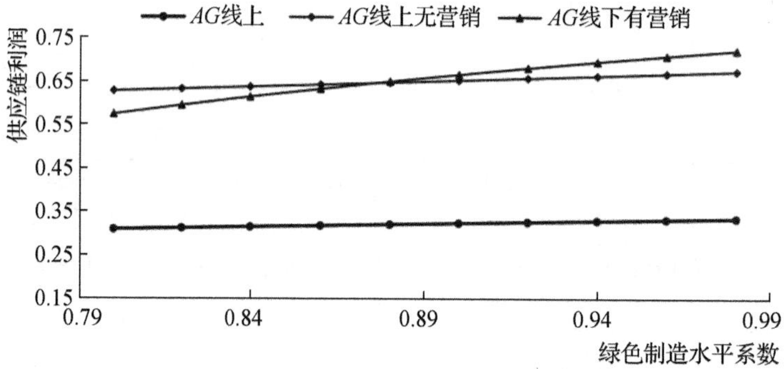

图 6-18　绿色制造水平系数对供应链利润的影响($\varepsilon_A = 0.98$)

图 6-16～图 6-18 均显示当供应商 A 采用 AG 线上模式时，供应链的利润最低。从图 6-16 看出，供应链利润随着绿色投入系数的增加而降低；从图 6-17 和图 6-18 可以看出，供应链利润随着绿色制造水平系数的增加而提高；对比图 6-17 和图 6-18 中 AG 线下无营销和 AG 线下有营销线条发现，零售商的绿色营销努力对供应链利润的影响与零售商利润相同。因此，在产品的绿色创新过程中，由于零售商更加接近消费者市场，零售商的决策更有利于供应链的优化。

6.5　本章小结

本章基于消费者的绿色偏好研究一个双渠道互补产品供应链的绿色创新与定价决策，通过研究得到的主要结论有以下几点：(1) 在三种销售模式下，均存在一定的条件使得供应链成员能够获得最优的绿色度和定价决策。(2) 相对于线上销售模式，供应商采用绿色产品线下销售模式可以获得更高的利润，同时也会提高产品绿色创新的绿色度。(3) 当零售商不进行绿色营销时，绿色创新供应商的最优产品绿色度和利润随着绿色投入系数的增加而降低，随着绿色制造水平系数的增加而提高；当零售商进行绿色营销时，产品绿色度随着绿色投入系数的增加而降低，但随着绿色制造水平系数的增加呈现小幅的下降趋势。(4) 零售商的绿色营销努力水平随着绿色投入系数的增加而降低，随着绿色制造水平系数的增加而提高；当绿色投入系数适当时，零售商可以通过绿色营销增加利润，同时提高互补产品供应商和供应链的利润；但当绿色技术系数很大时，绿色营销在绿色制造水平较小时增加零售商和供应链利润，在绿色制造系数较大时反而降低了其利润；当绿色投入系数较大或较小时，绿色营销反而会减少供应商的利润。(5) 在销售商不进行绿色营销时，产品互补性越高，供应商 A 进行绿色创新的产品绿色度越高；但是当零售商进行绿色营销时，互补性越高，产品绿色度和绿色营销努力程度会降低。另外，产品互补性的增加基本不会改变绿色创新供应商的绿色产品销售渠道决策，但是当无绿色营销时，会缩小不同渠道模式下的利润差距。

本章仅考虑了单一供应商进行产品绿色创新，而当互补产品供应商同时进行绿色创新时，供应链成员的决策也是值得研究的问题，而且更加复杂。例如，互补产品市场需求不仅受到交叉价格弹性系数的影响，还将受到互补产品的绿色创新度对需求的交叉影响；另外，销售商的绿色营销和捆绑策略可能会影响到供应链成员的决策和利润。

第7章

互补产品供应链绿色创新与捆绑优化策略研究

作为互补产品的常见销售策略，捆绑销售不仅能给供应链成员带来捆绑效应，还能使零售商得益于互补产品的绿色创新溢出效应，减少绿色产品营销投入，但也可能降低互补产品供应商的绿色投入积极性和捆绑产品绿色度。因此，本章将在绿色供应链的背景下，考虑互补产品的绿色创新溢出效应和捆绑效应，构建多阶段博弈模型，分析互补供应链成员在不同情形下的最优定价决策及均衡条件，讨论供应链成员的绿色创新决策（当一个供应商确定进行绿色制造时，互补供应商是否进行绿色创新）、零售商的捆绑策略以及绿色营销投入策略。

DIQIZHANG

7.1　引言

丰田普锐斯是面向大众日益增多的混合动力汽车中的一款，有着低燃耗和低有害物排放的优点。对于丰田公司来说，比生产一台符合绿色生产、有益于环境保护的汽车更难的事情是营销第一代普锐斯。丰田汽车销售公司高级副总裁及总经理埃德蒙德(Don Edmond)坦白地说："这是我参与过的最大的赌博之一，并不是因为我们对产品质量缺乏信心，对产品概念的逻辑缺乏信心，或者对这个突破性技术的重要意义缺乏信心。关键是要使消费者相信混合动力技术不仅仅是一个科学研究项目。" 起初，当汽车新出来时没有人愿意买，丰田给 1 000 美元的抵扣，但仍然卖不出去。但是，丰田深深懂得绿色消费者的影响力，开始调整其营销活动，针对不同的细分市场发布不同的营销信息，例如给 "早期应用者/技术的开拓者"宣传汽车的新技术；积极地将信息传递给那些撰写有关环境问题博客的人；在促销活动中，丰田策划了"油电混合动力之旅"，提高了顾客对混合动力技术的认识。实践证明，丰田销售的绿色营销是有效的、双赢的，普锐斯全球累积销售量很快就超过了 100 万台，在 40 多个国家和地区销售，在运行中大约减少了 4.5 万 t 二氧化碳的排放，既完成了商业目标，也实现了绿色目标。有过类似营销转变经历的还包括户外服装公司修纳、全球消费品巨人宝洁公司。宝洁公司在绿色创新其产品的同时，依靠绿色营销努力不但赢得了绿色消费者，更是赢得了其产品的主流消费者。例如，宝洁在英国和美国举行一系列宣讲活动，通过沟通来影响消费者使用产品的方法，从而接受新的环保绿色产品。

2021 年 1 月 11 日，商务部办公厅发布《关于推动电子商务企业绿色发展工作的通知》，从持续推动企业节能增效、快递包装绿色供应链管理、发挥平台优势培育绿色发展生态以及保障措施四个方面推出 12 项举措。在具体措施上，通知强调支持电商平台扩大节能、环保、绿色等产品销售，设立绿色产品销售专区，加强集中展示和宣传；鼓励电商平台建立积分奖励、信用评分等机制，引导消费者购买绿色商品、使用绿色包装或减量包装，参与包装回收；引导电商平台开展以旧换新等绿色环保主题促销和教育宣传活动，传播绿色环保理念，增加消费者对绿色产品的认知；鼓励电商平台开展绿色公益活动，提升消费者绿色环保意识。

由此可见，绿色供应链管理中的绿色营销已经在运营实践和政策制定中被高度关注，已经成为绿色供应链背景下企业不可回避的运营决策之一。而互补产品的绿色营销相对于传统替代产品和独立产品更加复杂。一方面，互补产品创新存在明显的溢出效应，供应商的绿色创新策略会对互补产品本身的市场需求产生影响，进而会影响零售商的绿色营销投入决策。例如，影剧院临时停车的方便与否以及相应的成本将会在很大程度上影响顾客是否去看电影；地面运送系统的方便快捷程度会影响人们对航空运输的选择。虽然这些互补性产品或服务已经超出传统定义的影剧院产业边界，但企业应该善于从互补产品或服务中寻找市场创新的空间。另一方面，捆绑销售作为互补产品销售的传统和重要策略之一，也会影响互补产品绿色创新和绿色营销策略。当然，销售商的绿色营销策略也同样会以某种方式影响上游互补供应商的绿色创新和定价策略。

目前关注互补产品供应链中绿色创新、绿色营销和捆绑策略的研究还非常少。Shan 等[192]利用斯坦伯格博弈研究了绿色供应链背景下的互补产品供应链中的定价和捆绑策略，包括纯分别定价、纯捆绑定价和混合捆绑定价，研究发现在多数情况下，互补供应商更倾向于纯捆绑定价策略，而零售商的偏好则比较复杂；另外，消费者对于一种产品的绿色偏好越高，越可以促进另一个互补产品供应商提高绿色制造水平。与此研究关注的捆绑定价不同，本章研究主要考虑互补产品的捆绑销售除了影响定价方式以外，还将带来组合产品的附加值的增加，进而影响消费者的购买决策。另一方面，本章研究关注到互补产品之间的绿色创新溢出效应对消费者市场需求的影响，研究其对供应链成员决策和利润的影响。在研究问题方面，本章通过多阶段斯坦伯格博弈分析供应链成员的定价决策，讨论零售商的绿色营销投入和捆绑销售策略，以及另一个互补产品供应商的绿色创新投入决策。

7.2 模型与假设

两个互补产品供应商 A 和 C，通过共同的零售商 R 销售产品，供应链结构如图 7-1 所示。

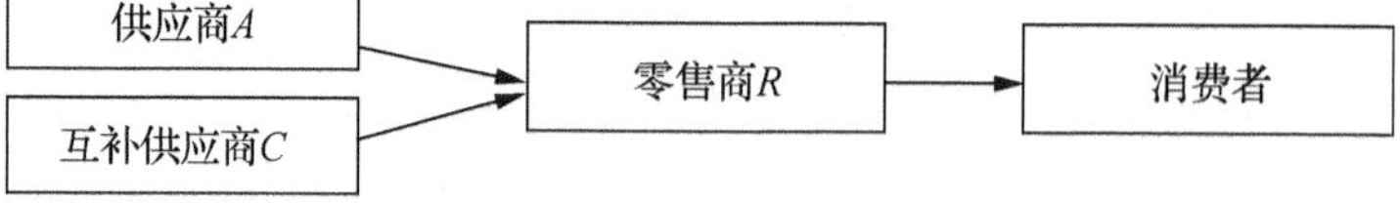

图 7-1 互补产品供应链结构

供应商 S_A 提供绿色度为 e_A 的产品 A，并以批发价格 w_A 销售给零售商 R。互补产品供应商 S_C 考虑是否进行绿色创新，提供传统产品或绿色度为 e_C 的绿色产品，并以批发价格 w_C 销售给零售商 R。供应链下游零售商在已知供应商行为的基础上决策销售方式是分别销售或捆绑销售、是否进行绿色营销投入 e_R，再以零售价格 (p_A, p_C) 或 p_B 进行产品销售。供应链成员的决策次序如图 7－2 所示。供应商的生产制造成本分别为 c_A 和 c_C，绿色投入成本与产品的绿色度有关，分别为 $\varepsilon_A e_A^2$ 和 $\varepsilon_C e_C^2$；零售商的绿色营销成本为 $\varepsilon_R e_R^2$。

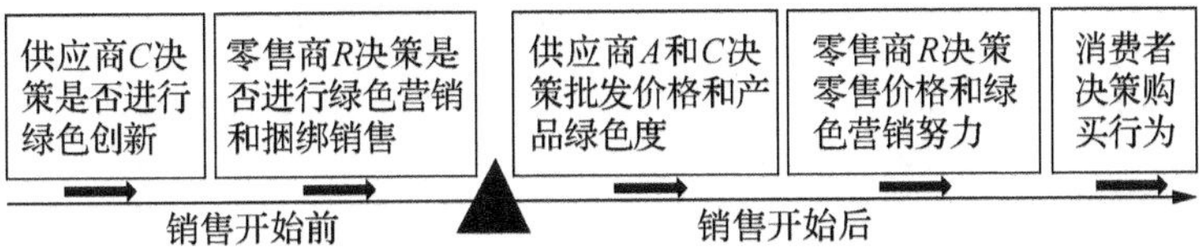

图 7－2　供应链成员决策次序

绿色产品 A 具有完整的使用价值，能够被独立销售，例如汽车和计算机设备，其对于消费者的保留价值为 $v_A = v + \sigma e_A$。互补产品 C 没有独立使用价值，例如车载导航、音箱等汽车配套产品，配合 A 产品消费，对于消费者的保留价值为 $v_{AC} = (1+\delta)v + (\sigma+\varphi)e_A$，互补产品 C 对消费者的保留价值增值为 $v_C = \delta v + \varphi e_A$。当互补供应商 C 进行绿色创新时，产品 A 和 C 对消费者的保留价值分别为 $v_A = v + \sigma e_A + \varphi e_C$，$v_C = \delta v + \sigma e_C + \varphi e_A$；组合产品 AC 的保留价值为 $v_{AC} = (1+\delta)v + (\sigma+\varphi)(e_A + e_C)$。

当零售商进行捆绑销售时，其提供的捆绑产品 b 对消费者的保留价值为 $v_b = (1+r)[(1+\delta)v + (\sigma+\varphi)e_A]$（$C$ 为传统产品）或 $v_b = (1+r)[(1+\delta)v + (\sigma+\varphi)(e_A + e_C)]$（$C$ 为绿色产品）。考虑到产品捆绑带来消费者交易成本的降低，即互补产品的捆绑效应，捆绑产品的价值大于两种互补产品单独价值之和，r 为互补产品的捆绑效应，为捆绑产品的价值增值系数，表现为捆绑产品附加值相对于标准产品的价值比例。除此之外，零售商对零售产品进行绿色营销时，会增加产品对于消费者的保留价值，表示为 ζe_R，例如考虑互补产品绿色创新和零售商绿色营销的绿色产品 A 的消费者保留价值为 $v_A = v + \sigma e_A + \varphi e_C + \zeta e_R$。

假设市场中消费者是异质的，具有绿色偏好的，对产品的基本保留价值在[0, 1]之间服从均匀分布，即 $v \in U(0,1)$。消费者观察到产品零售价格，以自身消费效用最大化为目标，在购买行为集中做出购买决策。零售商的销售方式不同，消费者的购买行为集不同：当零售商分开销售产品时，有 $H^m = \{AC, A, N\}$，$m \in \{1AC,$

$1MAC,2AC,2MAC\}$；当零售商进行捆绑销售时，有$H^m=\{B,N\},m\in\{1B,1MB,2B,2MB\}$。购买行为$AC$表示消费者同时从零售商处购买产品$A$和$C$；$A$表示只购买产品$A$；$N$表示消费者不购买产品；$B$表示消费者从零售商处购买捆绑产品$b$。选择具体的某一种购买行为，消费者获得的消费效用为U_t^m。

表7-1 模型的符号与含义

符号	含义
v	产品A对于消费者的基本保留价值，$v\in U(0,1)$
δ	产品A和C的互补系数，$0<\delta<1$
σ	绿色制造水平系数
φ	绿色制造溢出系数
ζ	绿色营销水平系数
e_j	产品创新和营销水平
ε_j	绿色投入系数
r	捆绑效应系数，$r>0$
v_i^m	消费者保留价值
U_t^m	消费者消费效用
H^m	消费者的购买行为集
w_i^m	批发价格
p_i^m	零售价格
Π_j^m	供应链成员利润
上标	$m\in\{1AC,1B,1MAC,1MB,2AC,2B,2MAC,2MB\}$分别表示不同的决策情形，1和2分别表示供应商$C$不进行绿色制造和进行绿色制造，$AC$和$B$表示零售商分别销售和捆绑销售情形，$M$表示零售商进行绿色营销情形。
下标	$i\in\{A,C,b\}$，分别表示产品A、C和b；$j\in\{s_A,s_C,R\}$，分别表示供应链成员A、C和R；$t\in\{AC,A,b,N\}$，分别表示消费者同时购买A和C产品，仅购买A产品，购买捆绑产品b和没有购买任何产品。

7.3　定价博弈

根据供应链中成员的决策次序，采取逆序求解的方式逐步得到各成员最优的定价决策、零售商的销售方式和绿色营销决策，最后得到互补供应商的绿色创新决策。给定供应商的创新策略、零售商的销售方式和绿色营销决策，这一部分我们将首先分别求解八种子博弈情形，如表7－2所示。

表7－2　定价博弈情形

供应商 C 不进行产品绿色创新(1)				供应商 C 进行产品绿色创新(2)			
零售商不进行绿色营销		零售商进行绿色营销(M)		零售商不进行绿色营销		零售商进行绿色营销(M)	
组件(AC)	捆绑(B)	组件(AC)	捆绑(B)	组件(AC)	捆绑(B)	组件(AC)	捆绑(B)
$1AC$	$1B$	$1MAC$	$1MB$	$2AC$	$2B$	$2MAC$	$2MB$

7.3.1　供应商 C 不进行产品绿色创新情形

若零售商不进行绿色营销，当其采用组件销售策略时，消费者的购买行为集为 $H^{1AC}=\{AC,A,N\}$，即购买组合产品 AC、单产品 A 或不购买产品。假设价值偏好越高的消费者越倾向于购买保留价值越高的产品组合，因此按照产品对消费者的基本价值从高到低，消费市场可以被分成三个部分如图7－3所示：

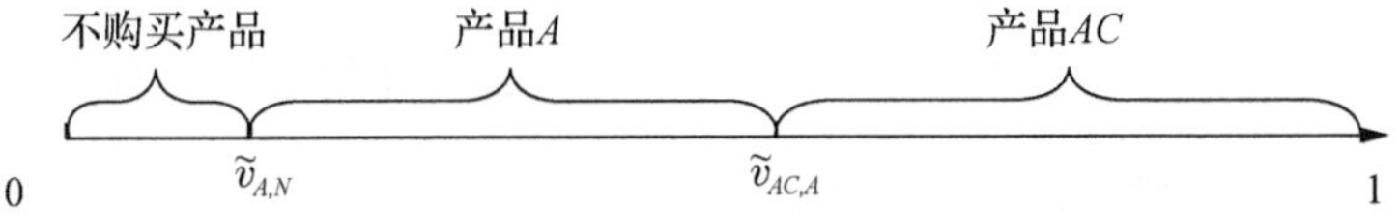

图7－3　消费市场分布

边界消费者($\tilde{v}_{AC,A}$)从消费组合产品 AC 或产品 A 中获得相同的净效用，边界消费者($\tilde{v}_{A,N}$)消费产品 A 获得净效用为零。由模型假设可知：

$$U_{AC}^{1AC}=(1+\delta)v+(\sigma+\varphi)e_A^{1AC}-p_A^{1AC}-p_C^{1AC} \tag{7-1}$$

$$U_A^{1AC}=v+\sigma e_A^{1AC}-p_A^{1AC} \tag{7-2}$$

产品的市场需求有两种情形：第一种情形是既有一部分消费者同时购买组合产品

AC,还有一部分消费者只购买产品 A;第二种情形是所有的消费者都购买组合产品 AC。在第一种情形中,通过求解 $U_{AC}^{1AC}(\tilde{v}_{AC,A})=U_{A}^{1AC}(\tilde{v}_{AC,A})$ 和 $U_{A}^{1AC}(\tilde{v}_{A,N})=0$,我们可以得到边界消费者的基本保留价值为 $\tilde{v}_{AC,A}=\dfrac{p_{C}^{1AC}-\varphi e_{A}^{1AC}}{\delta}$, $\tilde{v}_{A,N}=p_{A}^{1AC}-\sigma e_{A}^{1AC}$,因此当 $0<p_{A}^{1AC*}-\sigma e_{A}^{1AC*}<\dfrac{p_{C}^{1AC*}-re_{A}^{1AC*}}{\delta}<1$ 时,$D_{A}^{1AC}=1-p_{A}^{1AC}+\sigma e_{A}^{1AC}$, $D_{C}^{1AC}=1-\dfrac{p_{C}^{1AC}-\varphi e_{A}^{1AC}}{\delta}$。在第二种情形中,通过求解 $U_{AC}^{1AC}=(1+\delta)v+(\sigma+\varphi)e_{A}^{1AC}-p_{A}^{1AC}-p_{C}^{1AC}=0$,得到边界消费者的基本保留价值为 $\tilde{v}_{AC,N}=\dfrac{p_{A}^{1AC}+p_{C}^{1AC}-(\sigma+\varphi)e_{A}^{1AC}}{1+\delta}$,因此当 $0<\dfrac{p_{A}^{1AC}+p_{C}^{1AC}-(\sigma+\varphi)e_{A}^{1AC}}{1+\delta}<1$ 时,$D_{A}^{1AC}=D_{C}^{1AC}=1-\dfrac{p_{A}^{1AC}+p_{C}^{1AC}-(\sigma+\varphi)e_{A}^{1AC}}{1+\delta}$。

在两种情形下的供应链成员的利润函数分别可以表示为:

$$\Pi_{R}^{1AC}=(p_{A}^{1AC}-w_{A}^{1AC})D_{A}^{1AC}+(p_{C}^{1AC}-w_{C}^{1AC})D_{C}^{1AC} \tag{7-3}$$

$$\Pi_{A}^{1AC}=(w_{A}^{1AC}-c_{A}^{1AC})D_{A}^{1AC}-\varepsilon_{A}(e_{A}^{1AC})^{2} \tag{7-4}$$

$$\Pi_{C}^{1AC}=(w_{C}^{1AC}-c_{C}^{1AC})D_{C}^{1AC} \tag{7-5}$$

每个供应链成员以其利润最大化为决策目标,通过求解成员间的价格博弈可以得到该子博弈在两种情形下的最优均衡价格决策,如表 7-3 第一列和第二列所示。

根据最优解,求解 $0<p_{A}^{1AC*}-\sigma e_{A}^{1AC*}<\dfrac{p_{C}^{1AC*}-re_{A}^{1AC*}}{\delta}<1$,得到第一种情形中关于互补产品之间互补系数的最优条件(1)为 $\dfrac{\varphi\sigma-\varphi\sigma c_{A}+\sigma^{2}c_{A}-8\varepsilon_{A}c_{A}}{\sigma^{2}-8\varepsilon_{A}c_{A}}<\delta<1$,而第二种情形中的最优条件(2)为 $0<\delta<1$。可见条件(1)为条件(2)的子集。根据假设供应商 A 作为供应链的主体核心企业,对供应链上的定价博弈起着主导作用,分别计算定价决策满足条件(1)和条件(2)时供应商 A 的利润 $\Pi_{A(1)}^{1AC}$ 和 $\Pi_{A(2)}^{1AC}$,通过比较发现有 $\Pi_{A(2)}^{1AC}<\Pi_{A(1)}^{1AC}$。因此,当 $\dfrac{\varphi\sigma-\varphi\sigma c_{A}+\sigma^{2}c_{A}-8\varepsilon_{A}c_{A}}{\sigma^{2}-8\varepsilon_{A}c_{A}}<\delta<1$ 时,供应商 A 选择的博弈均衡解如表 7-3 中第一列所示,一部分消费者购买 AC 组合产品,还有一部分消费者单独购买产品 A,否则供应商 A 选择如表中第二列所示,所有消费者均购买组合产品 AC。

当零售商采用捆绑销售时,消费者的购买行为集为 $H^{1B}=\{B,N\}$,即购买捆绑产品 b 或不购买产品。根据模型假设,由 $U_{b}^{1B}=(1+r)[(1+\delta v)+(\sigma+\varphi)e_{A}^{1B}]-p_{b}^{1B}$ 得到,边界消费者的基本保留价值为 $\tilde{v}_{b,N}=\dfrac{p_{b}^{1B}-(1+r)(\sigma+\varphi)e_{A}^{1B}}{(1+r)(1+\delta)}$。因此,捆绑产品 b 的市场需求为 $D_{b}^{1B}=1-\dfrac{p_{b}^{1B}-(1+r)(\sigma+\varphi)e_{A}^{1B}}{(1+r)(1+\delta)}$,供应链成员的利润函数可以

表示为：

$$\Pi_R^{1B}=(p_b^{1B}-w_A^{1B}-w_C^{1B})\left(1-\frac{p_b^{1B}-(1+r)(\sigma+\varphi)e_A^{1B}}{(1+r)(1+\delta)}\right) \tag{7-6}$$

$$\Pi_A^{1B}=(w_A^{1B}-c_A^{1B})\left(1-\frac{p_b^{1B}-(1+r)(\sigma+\varphi)e_A^{1B}}{(1+r)(1+\delta)}\right)-\varepsilon_A(e_A^{1B})^2 \tag{7-7}$$

$$\Pi_C^{1B}=(w_C^{1B}-c_C^{1B})\left(1-\frac{p_b^{1B}-(1+r)(\sigma+\varphi)e_A^{1B}}{(1+r)(1+\delta)}\right) \tag{7-8}$$

通过求解得到该子博弈的均衡解如表 7－3 第三列所示。

表 7－3　1*AC* 及 1*B* 子博弈的均衡解

均衡解	$m=1AC$		$m=1B$
	$\frac{\varphi\sigma-\varphi\sigma c_A+\sigma^2c_A-8\varepsilon_Ac_A}{\sigma^2-8\varepsilon_Ac_A}<\delta<1$	其他	$0<\frac{p_b^{1B}-(1+r)(\sigma+\varphi)e_A^{1B}}{(1+r)(1+\delta)}<1$
e_A^{m*}	$\frac{\delta(1-c_A)}{8\varepsilon_A-\sigma^2}$	$\frac{(\sigma+\varphi)[(1+\delta)-c_A+c_C]}{12(1+\delta)\varepsilon_A-(\sigma+\varphi)^2}$	$\frac{(\sigma+\varphi)[(1+r)(1+\delta)-c_A+c_C]}{12(1+\delta)\varepsilon_A-(1+r)(\sigma+\varphi)^2}$
w_A^{m*}	$\frac{4\varepsilon_A+(4\varepsilon_A-\sigma^2)c_A}{8\varepsilon_A-\sigma^2}$	$\frac{\left\{4(1+\delta)^2\varepsilon_A+[8(1+\delta)\varepsilon_A-(\sigma+\varphi)^2]c_A+4(1+\delta)\varepsilon_Ac_C\right\}}{12(1+\delta)\varepsilon_A-(\sigma+\varphi)^2}$	$\frac{\left\{4(1+r)(1+\delta)^2\varepsilon_A+[8(1+\delta)\varepsilon_A-(1+r)(\sigma+\varphi)^2]c_A+4(1+\delta)\varepsilon_Ac_C\right\}}{12(1+\delta)\varepsilon_A-(1+r)(\sigma+\varphi)^2}$
w_c^{m*}	$\frac{\left\{\alpha(8\varepsilon_A-\sigma^2)+\varphi\delta+(8\varepsilon_A-\sigma^2)c_C-\varphi\delta c_A\right\}}{2(8\varepsilon_A-\sigma^2)}$	$\frac{\left\{(1+\delta)+(\sigma+\varphi)e_A^{1AC*}-w_A^{1AC*}+c_C\right\}}{2}$	$\frac{\left\{(1+r)(1+\delta)+(1+r)(\sigma+\varphi)e_A^{1B*}-w_A^{1B*}+c_C\right\}}{2}$
p_A^{m*}	$\frac{1+\sigma e_A^{1AC*}+w_A^{1AC*}}{2}$	$p_A^{1AC*}+p_C^{1AC*}=\frac{\left\{(1+\delta)+(\sigma+\varphi)e_A^{1AC*}+w_A^{1AC*}+w_C^{1AC*}\right\}}{2}$	$p_b^{m*}=\frac{\left\{(1+r)(1+\delta)+(1+r)(\sigma+\varphi)e_A^{1B*}+w_A^{1B*}+w_C^{1B*}\right\}}{2}$
p_C^{m*}	$\frac{\delta+\varphi e_A^{1AC*}+w_C^{1AC*}}{2}$		

在对以上子博弈进行求解的过程中，我们可以得到：$\frac{\partial p_A^{1AC*}}{\partial e_A^{1AC*}}>0$，$\frac{\partial p_C^{1AC*}}{\partial e_A^{1AC*}}>0$，$\frac{\partial w_A^{1AC*}}{\partial e_A^{1AC*}}>0$，$\frac{\partial w_C^{1AC*}}{\partial e_A^{1AC*}}>0$，$\frac{\partial w_A^{1B*}}{\partial e_A^{1B*}}>0$，$\frac{\partial w_C^{1B*}}{\partial e_A^{1B*}}>0$，$\frac{\partial p_B^{1B*}}{\partial e_A^{1B*}}>0$。另外对表 7－3 中的均衡解进行参数分析可以得到：$\frac{\partial e_A^{1AC*}}{\partial\sigma}>0$，$\frac{\partial e_A^{1AC*}}{\partial\varepsilon_A}<0$，$\frac{\partial e_A^{1B*}}{\partial\sigma}>0$，$\frac{\partial e_A^{1B*}}{\partial\varphi}>0$，$\frac{\partial e_A^{1B*}}{\partial\varepsilon_A}<0$，$\frac{\partial e_A^{1B*}}{\partial r}>0$，$\frac{\partial e_A^{1B*}}{\partial\delta}<0$。因此可以得到如下命题。

命题 7.1：在互补产品供应商 C 不进行产品绿色创新，零售商不进行绿色营销时，供应链成员在定价博弈中有均衡解如表 7-3 所示；供应链成员的最优定价随着供应商 A 的绿色创新水平的提高而提高；供应商 A 的绿色创新决策随着绿色制造水平系数的增加而提高，随着绿色技术投入系数的增加而降低；当零售商进行捆绑销售时，供应商 A 的绿色创新水平还随着互补产品绿色创新溢出系数和捆绑效应系数的增加而增加，随着互补程度系数的增加而降低。

关于供应商 A 在零售商不同销售策略下的绿色创新水平，令 $c_A=c_C=0$，可以得到当 $r>\frac{12(1+\delta)\sigma\varepsilon_A-8(\sigma+\varphi)(1+\delta)\varepsilon_A-(\sigma+\varphi)^2\sigma+(\sigma+\varphi)(1+\delta)\sigma^2}{8(\sigma+\varphi)(1+\delta)\varepsilon_A-(\sigma+\varphi)(1+\delta)\sigma^2+(\sigma+\varphi)^2\sigma}$时，$e_A^{1B*}>e_A^{1AC*}$，即捆绑销售情形下供应商 A 的绿色创新度高于分别销售情形。因此，可以得到如下命题。

命题 7.2：在互补产品供应商 C 不进行产品绿色创新、零售商不进行绿色营销时，如果互补产品的捆绑效应系数足够大，零售商的捆绑销售可以鼓励供应商提高绿色产品的绿色创新度，否则将不利于供应商 A 增加绿色创新度。

若零售商进行绿色营销，在零售商分别销售和捆绑销售时，消费者在不同的购买行为中获得的净效用为：

$$U_{AC}^{1MAC}=(1+\delta v)+(\sigma+\varphi)e_A^{1MAC}+\zeta e_R^{1MAC}-p_A^{1MAC}-p_C^{1MAC} \tag{7-9}$$

$$U_A^{1MAC}=v+\sigma e_A^{1MAC}+\zeta e_R^{1MAC}-p_A^{1MAC} \tag{7-10}$$

$$U_b^{1MB}=(1+r)[(1+\delta)v+(\sigma+\varphi)e_A^{1MB}]+\zeta e_R^{1MB}-p_A^{1MB} \tag{7-11}$$

通过对边界消费者的分析，可以表示出各种产品的市场需求以及供应链成员的利润为：

$$\Pi_R^{1MAC}=(p_A^{1MAC}-w_A^{1MAC})D_A^{1MAC}+(p_C^{1MAC}-w_C^{1MAC})D_C^{1MAC}-\varepsilon_A(e_R^{1MAC})^2 \tag{7-12}$$

$$\Pi_A^{1MAC}=(w_A^{1MAC}-c_A^{1MAC})D_A^{1MAC} \tag{7-13}$$

$$\Pi_C^{1MAC}=(w_C^{1MAC}-c_C^{1MAC})D_C^{1MAC} \tag{7-14}$$

$$\Pi_R^{1MB}=(p_b^{1MB}-w_A^{1MB}-w_C^{1MB})D_b^{1MB}-\varepsilon_R(e_R^{1MB})^2 \tag{7-15}$$

$$\Pi_A^{1MB}=(w_A^{1MB}-c_A^{1MB})D_b^{1MB}-\varepsilon_A(e_A^{1MB})^2 \tag{7-16}$$

$$\Pi_C^{1MB}=(w_C^{1MB}-c_C^{1MB})D_b^{1MB} \tag{7-17}$$

在此种情形下，零售商根据上游供应商的绿色创新和定价决策，需要同时做出其对产品的定价决策和对绿色产品 A 的绿色营销努力决策。所以，根据逆序求解可以得到子博弈均衡解如表 7-4 所示。

表 7-4　1*MAC* 和 1*MB* 子博弈的均衡解

均衡解	1*MAC*		1*MB*
	$0<p_A^{1MAC*}-\sigma e_A^{1MAC*}<\dfrac{p_C^{1MAC*}-\varphi e_A^{1MAC*}}{\delta}<1$	其他	$0<\dfrac{(p_A^{1MB*}-\zeta e_R^{1MB*}-(1+r)(\sigma+\varphi)e_A^{1MB*})}{(1+\delta)(1+r)}<1$
e_A^{m*}	$\dfrac{\delta\varepsilon_R(1-c_A)}{2(8\varepsilon_A-\zeta^2)\varepsilon_A-\sigma^2\varepsilon_R}$	$\dfrac{(\sigma+\varphi)(1+\delta)\varepsilon_R-(\sigma+\varphi)\varepsilon_R(c_A+c_C)}{3[4(1+\delta)\varepsilon_A-\zeta^2]\varepsilon_A-(\sigma+\varphi)^2\varepsilon_R}$	$\dfrac{\left\{\begin{matrix}(\sigma+\varphi)(1+r)^2(1+\delta)\varepsilon_R-\\(1+r)(\sigma+\varphi)\varepsilon_R(c_A+c_C)\end{matrix}\right\}}{3[4(1+r)(1+\delta)\varepsilon_A-\eta^2]\varepsilon_A-(1+r)^2(\sigma+\varphi)^2\varepsilon_R}$
w_A^{m*}	$\dfrac{\left\{\begin{matrix}(4\varepsilon_A-\zeta^2)\varepsilon_A+\\ [(4\varepsilon_A-\zeta^2)\varepsilon_A-\sigma^2\varepsilon_R]c_A\end{matrix}\right\}}{2(8\varepsilon_A-\zeta^2)\varepsilon_A-\sigma^2\varepsilon_R}$	$\dfrac{(1+\delta)+(\sigma+\varphi)e_A^{1MAC*}+2c_A-c_C}{3}$	$\dfrac{(1+r)(1+\delta)+(1+r)(\sigma+\varphi)e_A^{1MB*}+2c_A-c_C}{3}$
w_C^{m*}	$\dfrac{\delta+\varphi e_A^{1MAC*}+c_C}{2}$	$\dfrac{(1+\delta)+(\sigma+\varphi)e_A^{1MAC*}-w_A^{1MAC*}+c_C}{2}$	$\dfrac{(1+r)(1+\delta)+(1+r)(\sigma+\varphi)e_A^{1MB*}-w_A^{1MB*}+c_C}{2}$
e_R^{m*}	$\dfrac{\zeta(1+\sigma e_A^{1MAC*}-w_A^{1MAC*})}{4\varepsilon_R-\zeta^2}$	$\dfrac{\left\{\begin{matrix}\zeta[(1+\delta)+(\sigma+\varphi)e_A^{1MAC*}-\\ w_A^{1MAC*}+w_C^{1MAC*}]\end{matrix}\right\}}{4(1+\delta)\varepsilon_R-\zeta^2}$	$\dfrac{\left\{\begin{matrix}\eta[(1+r)(1+\delta)+(1+r)(\sigma+\varphi)e_A^{1MB*}-\\ w_A^{1MB*}+w_C^{1MB*}]\end{matrix}\right\}}{4(1+r)(1+\delta)\varepsilon_R-\eta^2}$
p_A^{m*}	$\dfrac{1+\sigma e_A^{1MAC*}+\zeta e_R^{1MAC*}+w_A^{1MAC*}}{2}$	$p_A^{m*}+p_C^{m*}=\dfrac{\left\{\begin{matrix}(1+\delta)+(\sigma+\varphi)e_A^{1MAC*}+\zeta e_R^{1MAC*}+\\ w_A^{1MAC*}+w_C^{1MAC*}\end{matrix}\right\}}{2}$	$p_b^{1MB*}=\dfrac{\left\{\begin{matrix}(1+r)(1+\delta)+(1+r)(\sigma+\varphi)e_A^{1MB*}+\\ \eta e_R^{1MB*}+w_A^{1MB*}+w_C^{1MB*}\end{matrix}\right\}}{2}$
p_C^{m*}	$\dfrac{\delta+\varphi e_A^{1MAC*}+w_C^{1MAC*}}{2}$		

根据均衡解的表达式，对于供应商 A 的绿色制造水平决策，我们可以计算得到：$\frac{\partial e_A^{1MAC*}}{\partial \varepsilon_A}<0$，$\frac{\partial e_A^{1MAC*}}{\partial \varepsilon_R}>0$，$\frac{\partial e_A^{1MB*}}{\partial \varepsilon_A}<0$，$\frac{\partial e_A^{1MB*}}{\partial \varepsilon_R}>0$。对于零售商的绿色营销水平决策，同理可以计算得到：$\frac{\partial e_R^{1MAC*}}{\partial \varepsilon_R}<0$，$\frac{\partial e_R^{1MB*}}{\partial \varepsilon_R}<0$ 和$\frac{\partial e_R^{1MAC*}}{\partial \varepsilon_A}>0$，$\frac{\partial e_R^{1MB*}}{\partial \varepsilon_A}>0$。针对零售商的捆绑销售情形，有$\frac{\partial e_R^{1MB*}}{\partial r}>0$ 和$\frac{\partial e_A^{1MB*}}{\partial r}>0$。

另外，我们可以在求解过程中计算得到$\frac{\partial e_A^{1MAC*}}{\partial e_R^{1MAC*}}<0$ 和$\frac{\partial e_A^{1MB*}}{\partial e_R^{1MB*}}<0$，供应商 A 的绿色创新度随着零售商的绿色营销投入的提高而降低。在绿色供应链中，由于消费者对绿色产品的偏好，零售商进行绿色营销有利于提高消费者对绿色产品的认知和偏爱，进而提高购买绿色产品的消费者数量。供应商和零售商均可以从提高的绿色产品销售收入中获益，但供应商会悄悄地降低其绿色创新度，降低成本以获得更大的利润。因此可以归纳得到如下命题。

命题 7.3：当互补产品供应商不进行绿色创新、零售商进行绿色营销时，如果有 $0<p_A^{1MAC}-\sigma e_A^{1MAC}-\zeta e_R^{1MAC}\leqslant\frac{p_C^{1MAC}-\varphi e_A^{1MAC}}{\delta}<1$，则供应链成员间的定价博弈具有子博弈均衡解如表 7－4 所示；供应链成员的绿色创新决策与其自身绿色投入系数呈负相关关系，而与其他成员的绿色投入系数呈正相关关系；随着零售商的绿色营销投入的增加，供应商会降低其产品的绿色创新度；当零售商进行捆绑销售时，供应商 A 和零售商的绿色投入水平随着互补产品绿色创新溢出系数和捆绑效应系数的增加而增加。

令$c_A=c_C=0$，对比零售商分别销售和捆绑销售情形下的供应商 A 绿色投入决策，假设$\frac{\sigma\varepsilon_R}{2(4\varepsilon_A-\zeta^2)\varepsilon_A-\sigma^2\varepsilon_R}<\frac{(\sigma+\varphi)(1+r)^2(1+\delta)\varepsilon_R}{3[4(1+r)(1+\delta)\varepsilon_A-\zeta^2]-(1+r)^2(\sigma+\varphi)^2\varepsilon_R}$，则有关于互补产品捆绑效应的条件为：$r>\frac{-2X+Y+\sqrt{Y^2-16X\delta\eta^2}}{2X}$，$X=\{[2(4\varepsilon_A-\zeta^2)\varepsilon_A-\sigma^2\varepsilon_R](\sigma+\varphi)(1+\delta)+(\sigma+\varphi)^2\varepsilon_R\}$，$Y=[12\sigma(1+\delta)\varepsilon_A]$。同样可以比较零售商在分别销售情形和捆绑情形下的绿色营销努力程度，可得到如下命题。

命题 7.4：当互补产品供应商不进行绿色创新、零售商进行绿色营销时，若有 $0<p_A^{1MAC}-\sigma e_A^{1MAC}-\zeta e_R^{1MAC}\leqslant\dfrac{p_C^{1MAC}-\varphi e_A^{1MAC}}{\delta}<1$，当捆绑效应较大时，相比于分别销售，捆绑销售更有利于促进零售商和供应商 A 提高绿色创新投入；否则，零售商的捆绑销售总是能提高供应链成员的绿色创新投入。

7.3.2　供应商 C 进行产品绿色创新情形

当互补产品供应商进行产品绿色创新时，供应商 C 除了要决策批发价格以外，还需要进行产品绿色度 e_C^m 的决策。另外，我们分别考虑零售商进行绿色产品营销和不进行绿色产品营销，以及分别销售和捆绑销售情形。若零售商进行产品绿色营销，假设对于进行绿色创新的产品 A 与产品 C 同时分别投入 e_R^m。与前文分析类似，消费者不同的购买行为可以得到的净效用如下：

$$U_{AC}^{2AC}=(1+\delta v)+(\sigma+\varphi)(e_A^{2AC}+e_C^{2AC})-p_A^{2AC}-p_C^{2AC} \tag{7-18}$$

$$U_A^{2AC}=v+\sigma e_A^{2AC}+\varphi e_C^{2AC}-p_A^{2AC} \tag{7-19}$$

$$U_b^{2B}=(1+r)[(1+\delta)v+(\sigma+\varphi)(e_A^{2B}+e_C^{2B})]-p_b^{2B} \tag{7-20}$$

$$U_{AC}^{2MAC}=(1+\delta)v+(\sigma+\varphi)(e_A^{2MAC}+e_C^{2MAC})+2\zeta e_R^{2MAC}-p_A^{2MAC}-p_C^{2MAC} \tag{7-21}$$

$$U_A^{2MAC}=v+\sigma e_A^{2MAC}+\varphi e_C^{2MAC}+\zeta e_R^{2MAC}-p_A^{2MAC} \tag{7-22}$$

$$U_B^{2MB}=(1+r)[(1+\delta)v+(\sigma+\varphi)(e_A^{2MB}+e_C^{2MB})]+\zeta e_R^{2MB}-p_b^{2MB} \tag{7-23}$$

通过对各种购买行为集中边界消费者的分析，可以得到不同情形下产品的需求，进而得到供应链成员的利润函数。与前文类似，这里不再赘述。通过定价博弈的逆序求解，可以得到子博弈均衡解如表 7-5 和表 7-6 所示。其中，在 $2AC$ 子博弈均衡状态中，市场中所有的消费者都同时购买产品 A 和产品 C，没有消费者单独购买产品 A。

表 7-5　2AC 和 2B 子博弈的均衡解

均衡解	2AC	2B
	$0<\frac{p_A^{2AC*}+p_C^{2AC*}-(\sigma+\varphi)(e_A^{2AC*}+e_C^{2AC*})}{(1+\delta)}<1$	$0<\frac{p_B^{2B*}-(1+r)(\sigma+\varphi)(e_A^{2B*}+e_C^{2B*})}{(1+r)(1+\delta)}<1$
e_A^{m*}	$\frac{4\varepsilon_C(1+\delta)^2(\sigma+\varphi)-4\varepsilon_C(1+\delta)(\sigma+\varphi)(c_A+c_C)}{\left\{\begin{array}{l}[8\varepsilon_A(1+\delta)-(\sigma+\varphi)^2][8\varepsilon_C(1+\delta)-(\sigma+\varphi)^2]-\\ [4\varepsilon_C(1+\delta)-(\sigma+\varphi)^2][4\varepsilon_A(1+\delta)-(\sigma+\varphi)^2]\end{array}\right\}}$	$\frac{4\varepsilon_C(1+\delta)^2(1+r)(\sigma+\varphi)-4\varepsilon_C(1+\delta)(\sigma+\varphi)(c_A+c_C)}{\left\{\begin{array}{l}[8\varepsilon_A(1+\delta)-(1+r)(\sigma+\varphi)^2][8\varepsilon_C(1+\delta)-(1+r)(\sigma+\varphi)^2]-\\ [4\varepsilon_C(1+\delta)-(1+r)(\sigma+\varphi)^2][4\varepsilon_A(1+\delta)-(1+r)(\sigma+\varphi)^2]\end{array}\right\}}$
e_C^{m*}	$\frac{4\varepsilon_A(1+\delta)^2(\sigma+\varphi)-4\varepsilon_A(1+\delta)(\sigma+\varphi)(c_A+c_C)}{\begin{array}{l}[8\varepsilon_C(1+\delta)-(\sigma+\varphi)^2][8\varepsilon_A(1+\delta)-(\sigma+\varphi)^2]\\ -[4\varepsilon_C(1+\delta)-(\sigma+\varphi)^2][4\varepsilon_A(1+\delta)-(\sigma+\varphi)^2]\end{array}}$	$\frac{4\varepsilon_A(1+\delta)^2(1+r)(\sigma+\varphi)-4\varepsilon_A(1+\delta)(\sigma+\varphi)(c_A+c_C)}{\left\{\begin{array}{l}[8\varepsilon_C(1+\delta)-(1+r)(\sigma+\varphi)^2][8\varepsilon_A(1+\delta)-(1+r)(\sigma+\varphi)^2]-\\ [4\varepsilon_C(1+\delta)-(1+r)(\sigma+\varphi)^2][4\varepsilon_A(1+\delta)-(1+r)(\sigma+\varphi)^2]\end{array}\right\}}$
w_A^{m*}	$\frac{4\varepsilon_A(1+\alpha)}{\sigma+\varphi}e_A^{2AC*}+c_A$	$\frac{4\varepsilon_A(1+\delta)}{\sigma+\varphi}e_A^{2B*}+c_A$
w_C^{m*}	$\frac{4\varepsilon_C(1+\delta)}{\sigma+\varphi}e_C^{2AC*}+c_C$	$\frac{4\varepsilon_C(1+\delta)}{\sigma+\varphi}e_C^{2B*}+c_C$
$p_A^{m*}+p_C^{m*}$	$\frac{(1+\delta)+(\sigma+\varphi)(e_A^{2AC*}+e_C^{2AC*})+w_A^{2AC*}+w_C^{2AC*}}{2}$	$p_b^{m*}=\frac{(1+r)(1+\delta)+(1+r)(\sigma+\varphi)(e_A^{2B*}+e_C^{2B*})+w_A^{2B*}+w_C^{2B*}}{2}$

表 7－6　2MAC 和 2B 子博弈的均衡解

均衡解	2MAC		2MB
	$0<p_A^{2MAC*}-\sigma e_A^{2MAC*}-\varphi e_C^{2MAC*}-\zeta e_R^{2MAC*}\leqslant\frac{p_C^{2MAC*}-\varphi e_A^{2MAC*}-\sigma e_C^{2MAC*}-\zeta e_R^{2MAC*}}{\delta}<1$	其他	$0<\frac{p_B^{2MB*}-\delta e_R^{2MB*}-(1+r)(\sigma+\varphi)(e_A^{2MB*}+e_C^{2MB*})}{(1+r)(1+\delta)}<1$
e_A^{m*}	$\frac{(8\delta\varepsilon_R-\sigma\zeta^2+\varphi\zeta^2)(w_A^{m*}-c_A)}{4[8\delta\varepsilon_R-\zeta^2(1+\delta)]\varepsilon_A}$	$\frac{(\sigma+\varphi)\varepsilon_R(w_A^{m*}-c_A)}{[4(1+\delta)\varepsilon_R-\zeta^2]\varepsilon_A}$	$\frac{(1+r)(\sigma+\varphi)\varepsilon_R(w_A^{m*}-c_A)}{[4(1+r)(1+\delta)\varepsilon_R-\zeta^2]\varepsilon_A}$
e_C^{m*}	$\frac{(8\delta\varepsilon_R-\sigma\zeta^2+\varphi\zeta^2)(w_C^{m*}-c_C)}{4[8\delta\varepsilon_R-\zeta^2(1+\delta)]\varepsilon_C}$	$\frac{(\sigma+\varphi)\varepsilon_R(w_C^{m*}-c_C)}{[4(1+\delta)\varepsilon_R-\zeta^2]\varepsilon_C}$	$\frac{(1+r)(\sigma+\varphi)\varepsilon_R(w_C^{m*}-c_C)}{[4(1+r)(1+\delta)\varepsilon_R-\zeta^2]\varepsilon_C}$
w_A^{m*}	$\frac{\left\{\begin{array}{l}N_2 4[8\delta\varepsilon_R-\zeta^2(1-\delta)][8\delta\varepsilon_R-\zeta^2(1+\delta)]\varepsilon_C+\\N_1[8\delta^2\varepsilon_R+\delta\zeta^2(1-\delta)][8\delta\varepsilon_R-\zeta^2(1+\delta)]\varepsilon_A\end{array}\right\}}{M_1N_2-M_2N_1}$	$\frac{(M_3-N_3)2K(1+\delta)\varepsilon_A\varepsilon_C}{M_3N_4-M_4N_3}$	$\frac{(M_3-N_3)2K(1+r)(1+\delta)\varepsilon_A\varepsilon_C}{M_3N_4-M_4N_3}$
w_C^{m*}	$\frac{\left\{\begin{array}{l}M_2 4[8\delta\varepsilon_R-\zeta^2(1-\delta)][8\delta\varepsilon_R-\zeta^2(1+\delta)]\varepsilon_C+\\M_1[8\delta^2\varepsilon_R+\delta\zeta^2(1-\delta)][8\delta\varepsilon_R-\zeta^2(1+\delta)]\varepsilon_A\end{array}\right\}}{M_1N_2-M_2N_1}$	$\frac{(N_4-M_4)2K(1+\delta)\varepsilon_A\varepsilon_C}{M_3N_4-M_4N_3}$	$\frac{(N_4-M_4)2K(1+r)(1+\delta)\varepsilon_A\varepsilon_C}{M_3N_4-M_4N_3}$
e_R^{m*}	$\frac{\left\{\begin{array}{l}\zeta[2\delta+(\delta\sigma+\varphi)e_A^{m*}+(\delta\varphi+\sigma)e_C^{m*}-\\\delta w_A^{m*}-w_C^{m*}]\end{array}\right\}}{8\delta\varepsilon_R-\zeta^2(1+\delta)}$	$\frac{\left\{\begin{array}{l}(1+\delta)\zeta+(\sigma+\varphi)\zeta(e_A^{m*}+e_C^{m*})-\\\eta(w_A^{m*}+w_C^{m*})\end{array}\right\}}{4(1+\delta)\varepsilon_R-\zeta^2}$	$\frac{(1+r)(1+\delta)\zeta+(1+r)(\sigma+\varphi)\zeta(e_A^{m*}+e_C^{m*})-\zeta(w_A^{m*}+w_C^{m*})}{4(1+Y)(1+\delta)\varepsilon_R-\zeta^2}$
p_A^{m*}	$\frac{1+\sigma e_A^{m*}+\varphi e_C^{m*}+\zeta e_R^{m*}+w_A^{m*}}{2}$	$p_A^{m*}+p_C^{m*}=\frac{\left\{\begin{array}{l}2\varepsilon_R(1+\delta)(\sigma+\varphi)\zeta(e_A^{m*}+e_C^{m*})\\2(1+\delta)^2\zeta+[2\varepsilon_R(1+\delta)-\zeta^2](w_A^{m*}+w_C^{m*})\end{array}\right\}}{4(1+\delta)\varepsilon_R-\zeta^2}$	$p_b^{m*}=\frac{\left\{\begin{array}{l}2(1+r)^2(1+\delta)^2\eta+\\2\varepsilon_R(1+r)^2(1+\delta)(\sigma+\varphi)\zeta(e_A^{m*}+e_C^{m*})+\\{[2\varepsilon_R(1+r)(1+\delta)-\zeta^2](w_A^{m*}+w_C^{m*})}\end{array}\right\}}{4(1+r)(1+\delta)\varepsilon_R-\zeta^2}$
p_C^{m*}	$\frac{\delta+\varphi e_A^{m*}+\sigma e_C^{m*}+\zeta e_R^{m*}+w_C^{m*}}{2}$		

式中，$M_1=4[8\delta\varepsilon_R-\zeta^2(1+\delta)](16\delta\varepsilon_R-2\zeta^2)\varepsilon_A-(8\delta\zeta\varepsilon_R-\sigma\zeta^2+\varphi\zeta^2)(8\delta\varepsilon_R-\sigma\zeta^2+\varphi\zeta^2)$，$M_2=(8\delta\varphi\varepsilon_R-\delta\varphi\zeta^2+\delta\sigma\zeta^2)(8\delta\varepsilon_R-\sigma\zeta^2+\varphi\zeta^2)-4\delta\zeta^2[8\delta\varepsilon_R-(1+\delta)\zeta^2]\varepsilon_A$，$N_1=(8\delta\varphi\varepsilon_R-\varphi\zeta^2+\zeta^3)(8\sigma\varepsilon_R-\sigma\zeta^2+\varphi\zeta^2)-4\zeta^2[8\delta\varepsilon_R-(1+\delta)\zeta^2]\varepsilon_C$，$N_2=4[8\delta\varepsilon_R-\zeta^2(1+\delta)](16\delta\varepsilon_R-2\zeta^2)\varepsilon_C-(8\delta\sigma\varepsilon_R-\delta\sigma\zeta^2+\delta\varphi\zeta^2)(8\sigma\varepsilon_R-\sigma\zeta^2+\varphi\zeta^2)$，$K=4(1+r)(1+\delta)\varepsilon_R-\zeta^2$，$M_3=4K\varepsilon_A\varepsilon_C-2(1+r)^2(\sigma+\varphi)^2\varepsilon_R\varepsilon_C$，$M_4=2K\varepsilon_A\varepsilon_C-2(1+r)^2(\sigma+\varphi)^2\varepsilon_R\varepsilon_C$，$N_3=2K\varepsilon_A\varepsilon_C-2(1+r)^2(\sigma+\varphi)^2\varepsilon_R\varepsilon_A$，$N_4=4K\varepsilon_A\varepsilon_C-2(1+r)^2(\sigma+\varphi)^2\varepsilon_R\varepsilon_A$。

当零售商不进行绿色产品营销时，无论采用分别销售策略还是捆绑销售，通过对博弈求解过程的分析发现，与互补产品供应商不进行绿色创新情形相比，$e_A^{2AC*}>e_A^{1AC*}$，$e_A^{2B*}>e_A^{1B*}$，在互补产品供应商进行绿色创新时，供应商 A 的产品绿色创新度更高；$\frac{\partial e_A^{2AC*}}{\partial e_C^{2AC*}}=\frac{\sigma\varphi}{8\varepsilon_A-\sigma^2}>0$，$\frac{\partial e_A^{2B*}}{\partial e_C^{2B*}}=\frac{(1+r)(\sigma+\varphi)^2}{8\varepsilon_C(1+\delta)-(1+r)(\sigma+\varphi)^2}>0$，供应商 A 的产品绿色创新度随着互补产品供应商绿色创新度的提高而提高，且有$\frac{\partial e_C^{2AC*}}{\partial e_A^{2AC*}}>0$，$\frac{\partial e_C^{2B*}}{\partial e_A^{2B*}}>0$，即互补产品供应商的绿色创新度随着 A 产品的绿色创新度提高而提高；当零售商进行绿色产品营销时，我们同样可以在求解过程中计算得到$\frac{\partial e_A^{2MAC*}}{\partial e_C^{2MAC*}}>0$ 和$\frac{\partial e_C^{2MB*}}{\partial e_A^{2MB*}}>0$，另外有$\frac{\partial e_A^{2MAC*}}{\partial e_R^{2MAC*}}<0$，$\frac{\partial e_C^{2MAC*}}{\partial e_R^{2MAC*}}<0$ 和$\frac{\partial e_A^{2MB*}}{\partial e_R^{2MB*}}<0$，$\frac{\partial e_C^{2MB*}}{\partial e_R^{2MB*}}<0$，即供应商 A 和互补产品供应商 C 的绿色创新度随着零售商的绿色营销投入的提高而降低。

根据表 7-5 和表 7-6 中的子博弈均衡解，我们可以进行参数分析得到类似于命题 7.1 和命题 7.3 中关于各关键参数对供应商 A 绿色创新决策的影响结论。由于当互补产品供应商进行产品绿色创新时，供应商 C 与供应商 A 的绿色创新决策完全对称，因此受到关键参数的影响相同。这里不再详述。除此之外，我们可以计算得到，$\frac{\partial e_A^{2B*}}{\partial r}>0$，$\frac{\partial e_C^{2B*}}{\partial r}>0$，$\frac{\partial e_A^{2MB*}}{\partial r}>0$ 和$\frac{\partial e_C^{2MB*}}{\partial r}>0$，在零售商进行捆绑销售时，互补产品的绿色创新度随着互补产品捆绑效应的增加而增加。

命题 7.5：互补产品供应商进行产品绿色创新，有利于鼓励供应商 A 提高其产品的绿色创新度；且在两者同时进行产品绿色创新时，互补产品的最优绿色创新度呈正相关关系；另外，零售商进行捆绑销售时，互补产品的捆绑效应越明显，互补产品的绿色创新度越高。

对比零售商在分别销售情形和捆绑销售情形下供应商的绿色创新程度，我们可以发现，当 $1+r>\frac{48(1+\delta)^2\varepsilon_A\varepsilon_C[\delta\sigma(8\varepsilon_A-\sigma^2)+\varphi\sigma^2]}{\left\{\begin{array}{l}4(1+\delta)(\sigma+\varphi)^2(\varepsilon_A+\varepsilon_C)[\delta\sigma(8\varepsilon_A-\sigma^2)+\varphi\sigma^2]+\\4\varepsilon_A(1+\delta)^2(\sigma+\varphi)[8\delta\varepsilon_C(8\varepsilon_A-\sigma^2)-\sigma^2(8\varepsilon_A-\sigma^2+\varphi^2)]\end{array}\right\}}$ 即当 $r>r^{2B}$ 时，$e_C^{2B*}>e_C^{2AC*}$；当 $r>r^{2B^{\circ}}$ 时，$e_A^{2B*}>e_A^{2AC*}$。另外，通过对比计算分析得到，当 $r>r^{2MB\cdot}$ 时，$e_C^{2MB*}>e_C^{2MAC*}$；当 $r>r^{2MB^{\circ}}$ 时，$e_A^{2MB*}>e_A^{2MAC*}$，其中 $e_C^{2B*}(r^{2B})=e_C^{2AC*}(r^{2B})$，$e_A^{2B*}(r^{2B^{\circ}})=e_A^{2AC*}(r^{2B^{\circ}})$，$e_C^{2MB*}(r^{2MB\cdot})=e_C^{2MAC*}(r^{2MB\cdot})$，$e_A^{2MB*}(r^{2MB^{\circ}})=e_A^{2MAC*}(r^{2MB^{\circ}})$。因此，类似于命题 7.2 和命题7.3，我们可以得到以下命题。

命题 7.6: 在供应链上两个互补产品的供应商均进行产品绿色创新情形下，无论零售商是否进行绿色营销，若互补产品捆绑效应足够大，捆绑销售有利于促进供应商提高产品绿色创新程度。

7.4　捆绑与绿色创新决策分析

基于前一部分定价博弈分析得到的子博弈均衡解，这一部分将进一步分析零售商的捆绑和绿色营销努力决策，以及互补供应商 C 的绿色创新决策。假设零售商与供应商的决策依据是其自身销售利润最大化，这也是非合作供应链中非常常见的运营目标。另外，为了得到更加清晰的解析结果，在接下来的分析中忽略产品的生产成本，即假设 $c_A=c_C=0$。

7.4.1　零售商的捆绑与绿色营销努力决策

根据互补产品供应商的产品绿色创新决策，零售商首先决策是否进行绿色营销投入，然后决策面对消费者进行分别销售还是捆绑销售。因此，采用逆序分析的方法，我们首先分析零售商在不同情形下的销售决策。由子博弈均衡解，我们可以计算得到零售商在不同决策组合情形下的利润，对其进行比较。

当供应商 C 不进行绿色创新时，若零售商不进行绿色产品营销，$1AC$ 和 $1B$ 子博弈中零售商的利润可以表示为：

$$\Pi_R^{1B}=\frac{4(1+r)(1+\delta)^3\varepsilon_A^2}{[12(1+\delta)\varepsilon_A-(1+r)(\sigma+\varphi)^2]^2} \tag{7-24}$$

$$\Pi_R^{1AC}=\frac{64\delta\varepsilon_A^2+[8\delta\varepsilon_A-\delta\sigma^2+\varphi\sigma]^2}{16\delta(8\varepsilon_A-\sigma^2)^2} \tag{7-25}$$

在零售商分别销售情形下，利润与互补产品的捆绑效应无关，而在零售商捆绑销售情形下，利润随着捆绑效应的增加而增加，即有$\frac{\partial \Pi_R^{1AC}}{\partial r}>0$。因此，令 $\Pi_R^{1AC}=L_{1AC}$，可得 $r=r^{1B}$。当 $r>r^{1B}$时，有 $\Pi_R^{1B}>L_{1AC}$，零售商捆绑销售，获得更高的利润，即捆绑销售为最优策略。若零售商进行绿色营销，同理可以得到捆绑销售成为最优策略的条件为：$r>r^{1MB}(\Pi^{1MB}(r^{1MB})=\Pi^{1MAC}(r^{1MB}))$。

因此，我们可以分别分析出零售商不进行绿色营销和进行绿色营销情形下，根据互补产品的捆绑效应做出的最优销售策略，以及在最优策略下的最优利润，最后通过比较可以得到零售商的绿色营销策略。由于解析表达式较为复杂，为了展示更加清晰的结果和结论，我们将通过合适的算例来进一步分析。根据模型假设和参考相关文献资料，令 $\delta=0.6$，$\sigma=0.2$，$\varphi=0.1$，$\varepsilon=0.05$，$r\in[0.1,0.99]$，$c_A=c_C=0$。利用 Excel 计算和制图，可以得到不同的情形下零售商利润随互补效应变化的变化趋势如图 7－3 和图 7－4 所示。

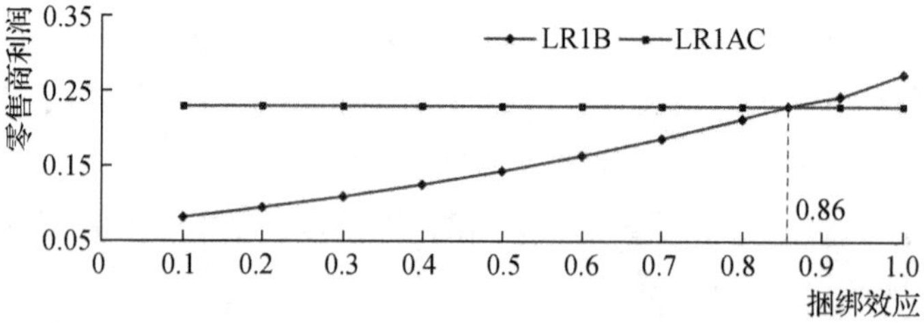

图 7－3　供应商 C 不进行绿色营销，零售商不进行绿色产品营销时，零售商利润随捆绑效应变化

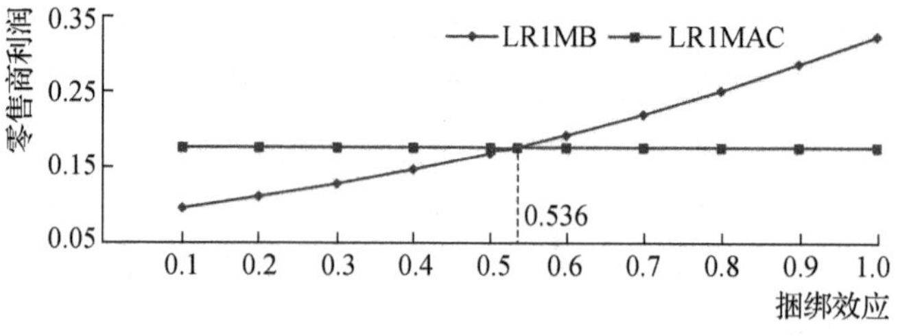

图 7－4　供应商 C 不进行绿色营销，零售商进行绿色产品营销时，零售商利润随捆绑效应变化

在图 7-3 中，当零售商进行分别销售时，其利润不随互补产品的捆绑效应的增加而变化，表现为一条水平的趋势线，而当零售商进行捆绑销售时，其利润随捆绑效应的增加而增加，当 $r>0.86$ 时，零售商捆绑销售的利润高于分别销售情形。因此，当零售商不进行绿色营销时，其销售策略是当捆绑效应小于 r^{1B} 时分别销售，当捆绑效应大于 r^{1B} 时捆绑销售。同理我们可以通过图 7-4 总结零售商在进行绿色营销时的销售策略为：当捆绑效应大于 r^{1MB} 时，采用捆绑销售，否则采用分别销售。

根据零售商的销售策略，可以得到零售商在进行绿色营销和不进行绿色营销情形下，利润随捆绑效应的变化趋势，如图 7-5 所示。当捆绑效应足够大时（$r>0.775$），零售商进行绿色营销情形下的利润要高于不进行绿色营销。因此，零售商的绿色营销策略为：当 $r>r^{1M}$ 时，进行绿色营销投入，否则不进行绿色营销。

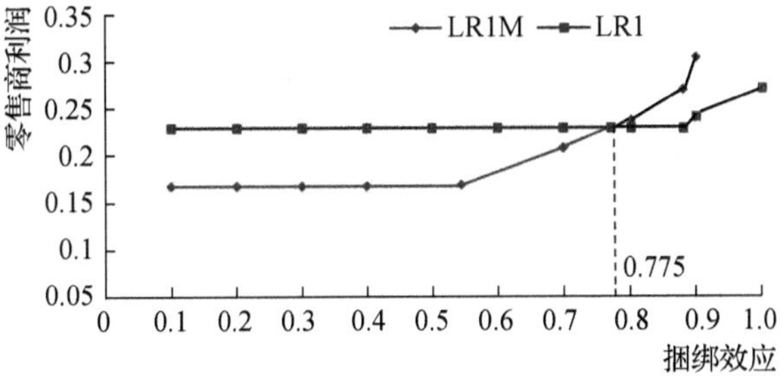

图 7-5　供应商 C 不进行绿色制造，零售商不进行绿色营销和进行绿色营销时，利润随捆绑效应变化

综上所述，在供应商不进行绿色制造情形下，零售商的绿色营销和销售策略可以表示为如下命题。

命题 7.7：供应商不进行绿色制造的情况下，当 $r\geqslant r^{1M}$ 时，零售商进行绿色营销投入，若 $r\geqslant r^{1MB}$ 时，采用捆绑销售，否则采用分别销售；当 $0<r<r^{1M}$ 时，零售商不进行绿色营销投入，若 $r\geqslant r^{1B}$，采用捆绑销售，否则采用分别销售。

其中，r^{1B} 通过等式 $\Pi_R^{1AC}(r^{1B})=\Pi_R^{1B}(r^{1B})$ 求得，r^{1MB} 通过等式 $\Pi_R^{1MAC}(r^{1MB})=\Pi_R^{1MB}(r^{1MB})$ 求得，r^{1M} 通过等式 $\max(\Pi_R^{1MAC}(r^{1M}),\Pi_R^{1MB}(r^{1M}))=\max(\Pi_R^{1AC}(r^{1M}),\Pi_R^{1B}(r^{1M}))$ 求得。

当供应商 C 进行绿色制造时，同样可以通过分析零售商不进行绿色营销和进行绿色营销情形下，根据互补产品的捆绑效应做出最优销售策略，以及在最优策略下的最优利润，最后通过比较可以得到零售商的绿色营销策略。利用表 7－5 中的均衡解，可以计算得到：当 $0<\delta<1,r>0$ 时，$\Pi_R^{2B}>\Pi_R^{2AC}$，即当互补供应商 C 进行绿色制造和零售商不进行绿色营销时，捆绑销售始终是零售商的最优销售策略。当零售商进行绿色营销时，利用均衡解，可以求出 r^{2MB} 使得 $\Pi_R^{2MAC}(r^{2MB})=\Pi_R^{2MB}(r^{2MB})$，当 $r>r^{2MB}$ 时有 $\Pi_R^{2MB}>\Pi_R^{2MAC}$。然后，可以计算得到当 $0<\alpha<1,r>0$ 时，$\Pi_R^{2MAC}>\Pi_R^{2B}$ 和 $\Pi_R^{2MB}>\Pi_R^{2B}$。

根据算例：$\delta=0.6,\sigma=0.4,\varphi=0.05,\varepsilon=0.005,r\in[0.1,0.99],c_A=c_C=0$，可以得到图 7－6～图 7－8。

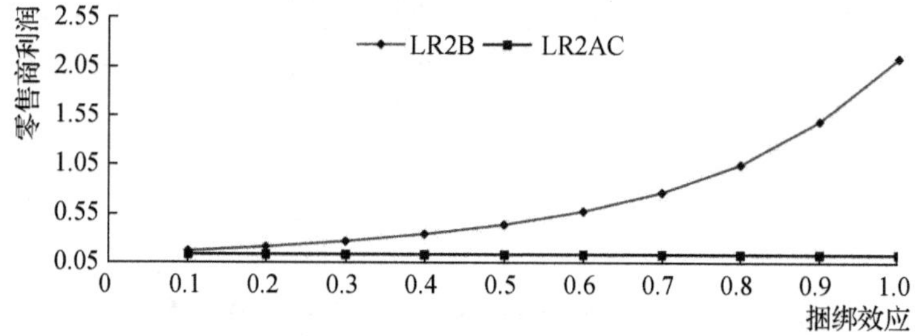

图 7－6　供应商 C 进行绿色营销，零售商不进行绿色产品营销时，零售商利润随捆绑效应变化

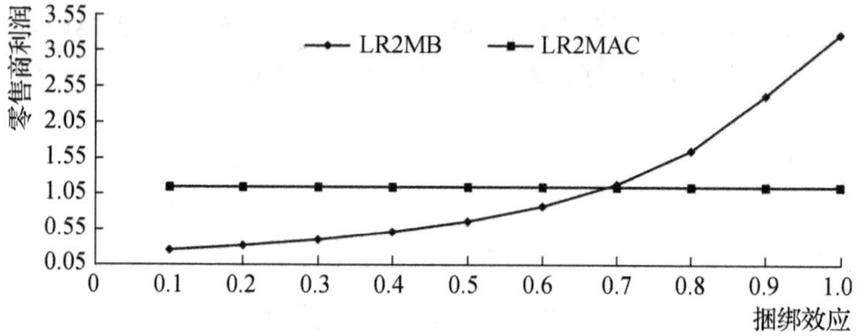

图 7－7　供应商 C 进行绿色营销，零售商进行绿色产品营销时，零售商利润随捆绑效应变化

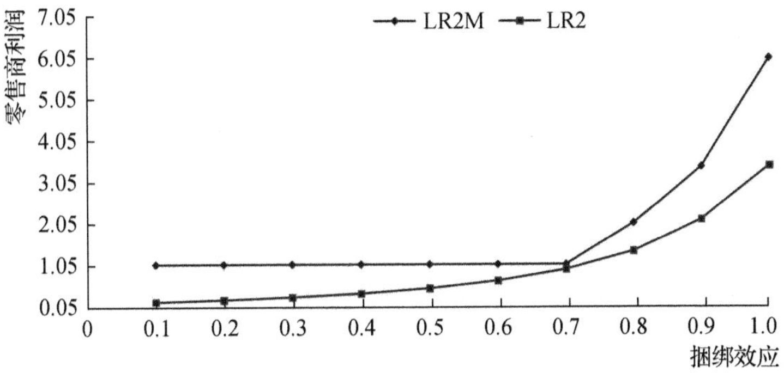

图 7-8　供应商进行绿色制造，零售商不进行绿色营销和进行绿色营销时，利润随捆绑效应变化

在图 7-6 中，当零售商进行分别销售时，其利润不随捆绑效应的变化而变化，而在捆绑销售策略中，其利润随捆绑效应的增加而提高，且捆绑利润总是高于分别销售利润。利用表 7-5 中的均衡解，可以计算得到当 $0<\delta<1, r>0$ 时，$\Pi_R^{2B}>\Pi_R^{2AC}$，即当互补供应商 C 进行绿色制造和零售商不进行绿色营销时，捆绑销售始终是零售商的最优销售策略。但在图 7-7 中，当捆绑效应足够大时（$r>r^{2MB}$），捆绑销售才成为零售商的最优策略，否则零售商应该选择分别销售。

根据零售商在不同绿色营销行为下的捆绑销售策略，分别计算和绘出零售商在进行绿色营销和不进行绿色营销情形下的利润随捆绑效应变化的趋势。如图 7-8 所示，随着捆绑效应的增加，两种情形下的零售商利润均呈增长趋势，且零售商进行绿色营销时，其获得的利润总是高于不进行绿色营销情形。

综上所述，在供应商进行绿色制造情形下，零售商的绿色营销和销售策略可以表示为如下命题。

命题 7.8：在供应商进行绿色制造情形下，零售商的最优策略是进行绿色营销投入，当 $r>r^{2MB}$ 时，采用捆绑销售，否则采用分别销售。

7.4.2　互补产品供应商 C 的绿色创新决策分析

最后对互补供应商 C 的绿色制造决策进行分析，即供应商 C 根据零售商对其绿色制造策略和定价决策的最优反应，以其利润最大化为目标进行决策：是否进行绿色制造。

当供应商 C 不进行绿色制造时，根据命题 7.7 所述的零售商绿色营销和销售策略，供应商 C 的利润可以表示为表 7－7。当供应商 C 进行绿色制造时，根据命题 7.8 可以知道，其利润可以表示为表 7－8。

表 7－7　供应商 C 不进行绿色制造时利润

$0<r<r^{1M}$		$r\geqslant r^{1M}$	
$0<r<r^{1B}$	$r\geqslant r^{1B}$	$0<r<r^{1MB}$	$r\geqslant r^{1MB}$
$\Pi_C^{1*}=\Pi_C^{1AC}$	$\Pi_C^{1*}=\Pi_C^{1B}$	$\Pi_C^{1*}=\Pi_C^{1MAC}$	$\Pi_C^{1*}=\Pi_C^{1MB}$

表 7－8　供应商 C 进行绿色制造时的利润

$0<r<r^{2MB}$	$r\geqslant r^{2MB}$
$\Pi_C^{2*}=\Pi_C^{2MAC}$	$\Pi_C^{2*}=\Pi_C^{2MB}$

因此，根据捆绑效应的大小比较对应的不进行绿色制造时的利润和进行绿色制造时的利润，可以得到互补供应商 C 的绿色制造策略如命题 7.9 所示。根据不同子博弈均衡解和供应商 C 的利润表达式，求出 r^2 使得 $\Pi_C^{2MB}(r^2)=\Pi_C^{1AC}(r^2)$ 和 $r^{2\times}$ 使得 $\Pi_C^{2MB}(r^{2\times})=\Pi_C^{1MB}(r^{2\times})$。

命题 7.9：当 $\Pi_C^{2MAC}>\max(\Pi_C^{1AC},\Pi_C^{1MAC})$ 时，供应商 C 的最优策略是进行绿色制造；当 $\Pi_C^{2MAC}<\max(\Pi_C^{1AC},\Pi_C^{1MAC})$ 时，若 $r>\min(r^2,r^{2\times})$，供应商 C 的最优策略是进行绿色制造，否则最优策略是不进行绿色制造。

根据算例：$\delta=0.6$，$\sigma=0.4$，$\varphi=0.05$，$\varepsilon=0.005$，$r\in[0.1,0.99]$，$c_A=c_C=0$，可以得到供应商 C 的利润如图 7－9 所示。从图中可以看出，当 $\Pi_C^{2MAC}<\max(\Pi_C^{1AC},\Pi_C^{1MAC})$ 且捆绑效应足够大时，供应商 C 进行绿色制造会获得更高的利润。

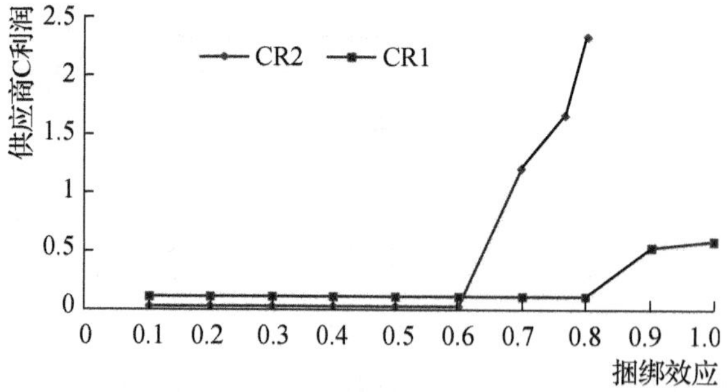

图 7－9　供应商 C 不进行绿色制造和进行绿色制造时，利润随捆绑效应变化

7.5 参数及策略影响分析

在互补产品供应链的定价和绿色制造等决策中，互补产品的互补效应和绿色制造溢出效应成为两种互补产品之间相互影响的纽带，也是影响成员决策的重要因素，同时也影响着成员之间的利润分配。另外，通过前一部分的决策分析发现，当零售商采用捆绑销售时，互补产品的捆绑效应成为影响供应链成员绿色投入和销售策略的重要影响因素，甚至是决定性因素。因此，接下来这一部分将主要通过算例来分析这些重要参数对供应链成员绿色决策和利润的影响，并对互补供应商 C 和零售商的绿色投入和销售策略进行影响分析。

7.5.1 供应链成员绿色决策影响分析

首先，假设 $r=0.5$，$\sigma=0.4$，$\varphi=0.05$，$\varepsilon=0.005$，$\delta\in[0.55,0.75]$，$c_A=c_C=0$，对互补产品的互补效应进行影响分析。通过数值实验，我们可以得到在不同情形中，供应链成员绿色投入随互补产品的互补效应的变化趋势，如图 7 - 10～图 7 - 12 所示。

通过观察图 7 - 10 可以发现，当供应商 C 不进行绿色制造时，如果零售商进行分别销售，供应商 A 的绿色制造水平不随两个产品的互补程度系数变化，而如果零售商进行捆绑销售，其绿色制造水平随着互补程度系数的增加而降低；当供应商 C 进行绿色制造时，只有当零售商进行绿色营销和分别销售时，供应商 A 的绿色制造水平随互补程度系数增加而增加，否则将成下降趋势。因此，大多数情况下，互补程度越高，供应商 A 的绿色制造水平越低，尤其是当零售商进行捆绑销售时。如图 7 - 11 所示，当供应商 C 进行绿色制造时，其制造水平随着互补程度的增加而降低；从图 7 - 12 中可见，在多数情况下零售商的绿色营销努力也会受到互补程度大小的影响，随着互补程度系数的增加而降低。

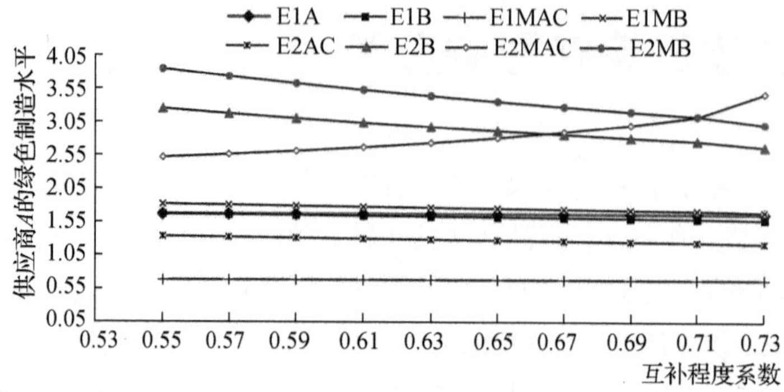

图 7-10　供应商 *A* 的绿色制造水平随互补产品的互补程度系数的变化趋势

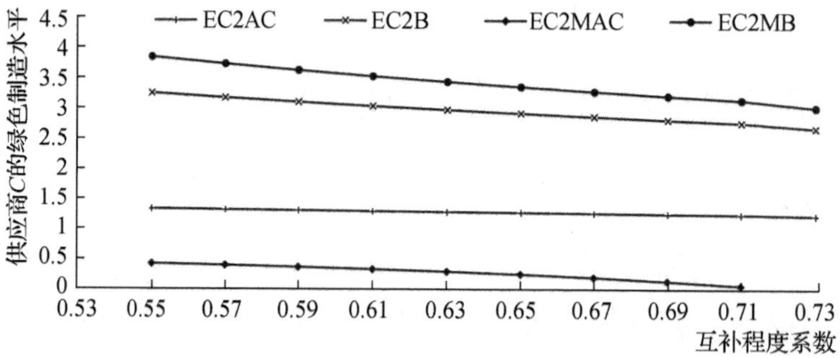

图 7-11　供应商 *C* 的绿色制造水平随互补产品的互补程度系数的变化趋势

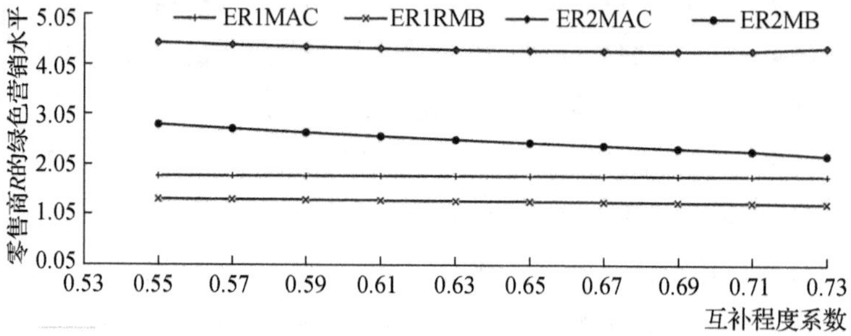

图 7-12　零售商 *R* 的绿色营销水平随互补产品的互补程度系数的变化趋势

接着，通过数值实验，假设 $r=0.5$，$\sigma=0.4$，$\varepsilon=0.005$，$\delta=0.5$，$\varphi\in[0.01, 0.055]$，$c_A=c_C=0$，对互补产品绿色创新的溢出效应进行影响分析，得到图 7-13 至图 7-15。由图 7-13 可见：在零售商投入绿色营销并进行分别销售时，互补产品的绿色创新溢出效应不影响供应商 A 的绿色制造水平，其他情形中供应商 A 的绿色制造水平随着溢出效应的提高而提高。通过观察图 7－14 发现，与互补程度系数不同，随着互补产品绿色制造溢出效应的增加，在零售商进行绿色营销和分别销售的情形下，互补产品供应商 C 的绿色制造水平有所下降，在其他情形中供应商 C 的绿色制造水平都有上升趋势。而在图 7－15 中，零售商的绿色营销努力随着溢出效应的增加而提高。

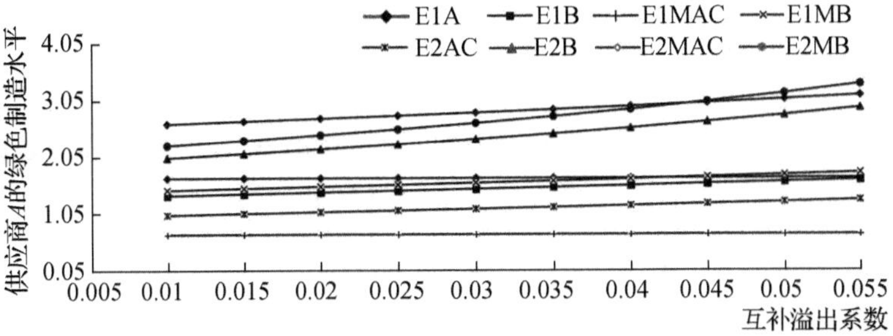

图 7－13　供应商 A 的绿色制造水平随互补产品的互补溢出系数的变化趋势

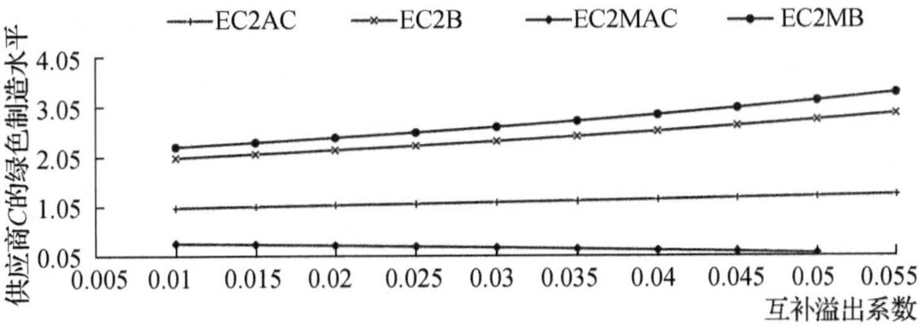

图 7－14　供应商 C 的绿色制造水平随互补产品的互补溢出系数的变化趋势

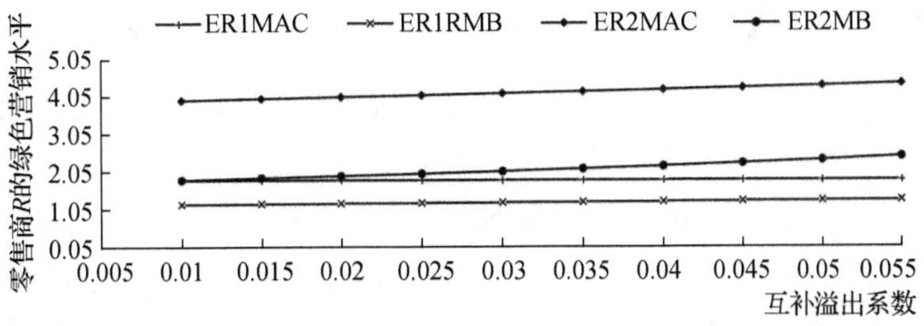

图 7－15　零售商 R 的绿色营销水平随互补产品的互补溢出系数的变化趋势

假设 $r\in[0.1,0.99]$，$\sigma=0.4$，$\varepsilon=0.005$，$\delta=0.5$，$\varphi=0.05$，$c_A=c_C=0$，分析捆绑效应对供应链成员绿色创新决策的影响，得到图 7－16～图 7－18。从图中可以

看出，随着捆绑效应的增加，在零售商捆绑策略中，供应商 A 和互补供应商 C 的绿色制造水平，以及零售商的绿色营销水平均随之提高。

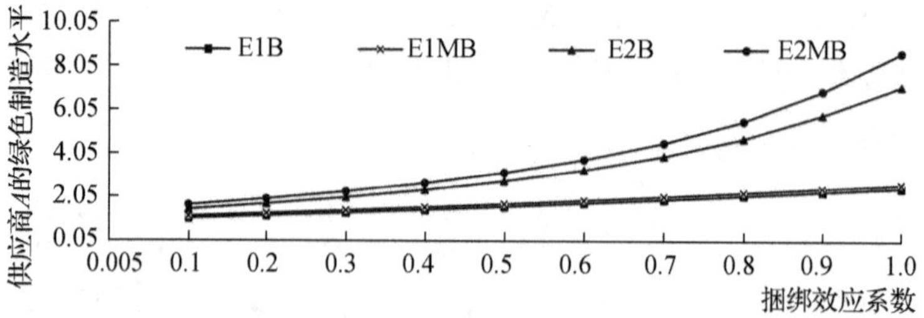

图 7-16　供应商 A 的绿色制造水平随互补产品的捆绑效应系数的变化趋势

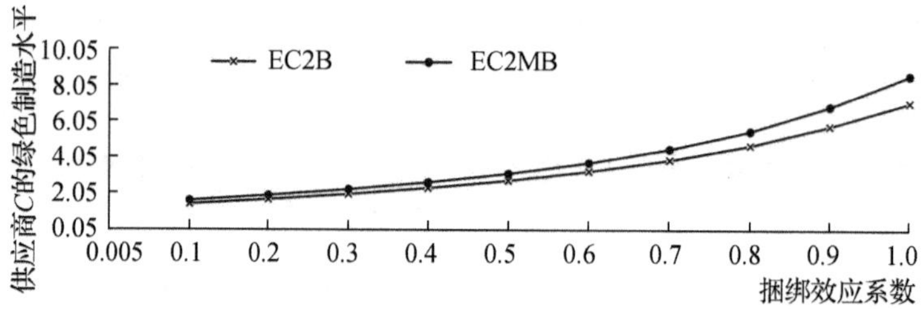

图 7-17　供应商 C 的绿色制造水平随互补产品的捆绑效应系数的变化趋势

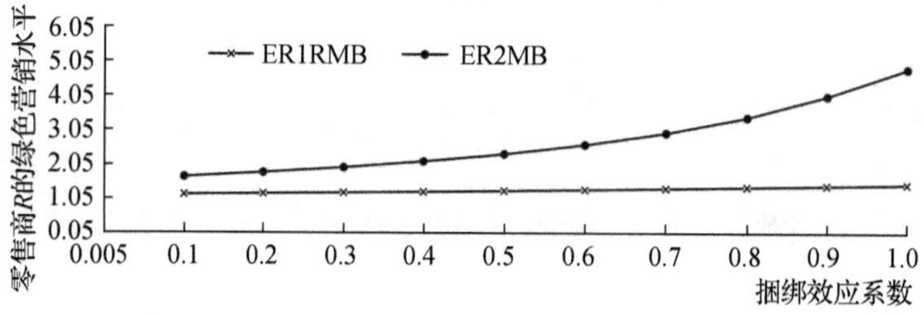

图 7-18　零售商 R 的绿色营销水平随互补产品的捆绑效应系数的变化趋势

另外，通过图 7-10～图 7-18 可以总结归纳出供应商 C 的绿色制造策略、零售商的绿色营销和捆绑销售策略对供应链成员的绿色创新决策影响。例如，观察图 7-10 发现，在基础模型中(零售商不进行绿色营销和捆绑销售)，供应商 C 的绿色制造投入使得供应商 A 降低绿色制造水平，但当零售商进行绿色营销或捆绑销售时，供应商 C 的绿色制造投入都会提高 A 的绿色制造水平；除了 C 不进行绿色制造且零售商不进行绿色营销情形，零售商的捆绑销售和绿色营销投入都将使得 A 提高绿色制造水平。因此，供应商 C 的绿色制造、零售商的绿色营销或捆绑销售策略均会促使供应商 A 提高其绿色制造水平。在图 7-13 和图 7-16 中，均可以得出类似的结论。而观察图 7-11、图 7-14 和图 7-17 发现，相比于零售商的分别销售情形，供应商 C 的绿色制造水平在捆绑销售情形下更高，且在捆绑销售情形下，零售商的绿色营销有利于提高 C 的制造水平。供应商 C 在零售商同时进行绿色营销和捆绑销售情形下最高。因此，零售商的绿色营销和捆绑销售策略多数情况下可以提高 C 的绿色创新水平。最后通过图 7-12、图 7-15 和图 7-18，可以得到供应商 C 的绿色制造有利于促使零售商提高其绿色营销努力，而捆绑销售策略不利于提高其绿色营销努力水平。

7.5.2　供应链利润影响分析

这一部分将分别利用数值实验分析供应链成员及供应链整体利润表现。首先，假设 $r\in[0.1,0.99]$，$\sigma=0.4$，$\varepsilon=0.005$，$\delta=0.5$，$\varphi=0.05$，$c_A=c_C=0$，得到图 7-19(a)至图 7-19(d)关于供应商 A 的利润在不同情形下随着捆绑效应系数的变化趋势，图 7-20 关于供应商 C 的利润随捆绑效应的变化趋势，图 7-21 关于零售商 R 的利润以及图 7-22 关于供应链整体的利润变化趋势。综合分析发现，在零售商捆绑销售情形下，供应商 A、供应商 C、零售商和供应链整体的利润均随着捆绑效应的增加而增加，即在零售商端由捆绑销售带来的附加值增值，沿着供应链会传递给上游供应商。

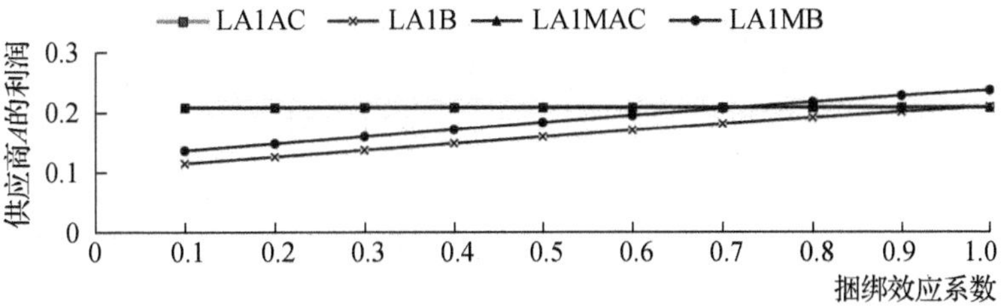

(a) 供应商 C 不进行绿色创新情形

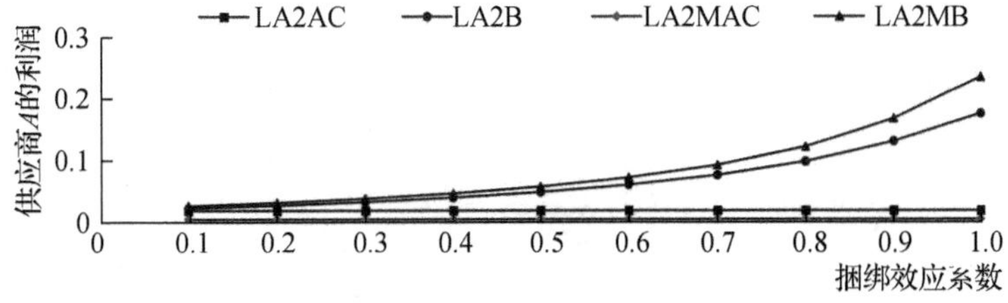

(b) 供应商 C 进行绿色创新情形

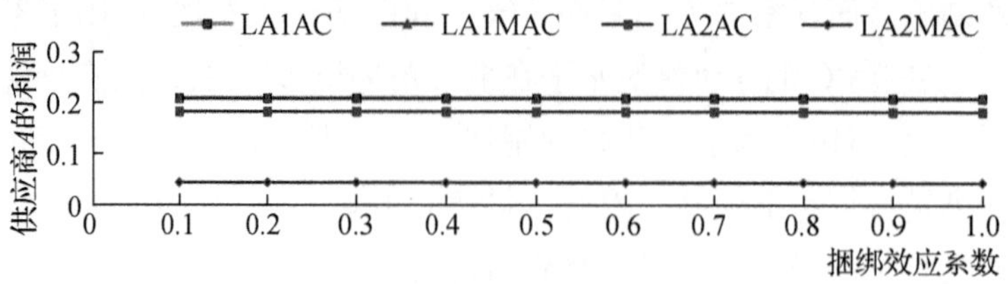

（c） 组件销售情形

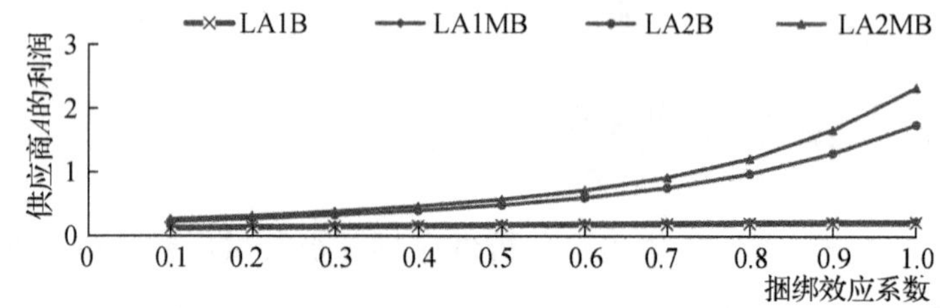

（d）捆绑销售情形

图 7 - 19 供应商 A 的利润随捆绑效应变化趋势

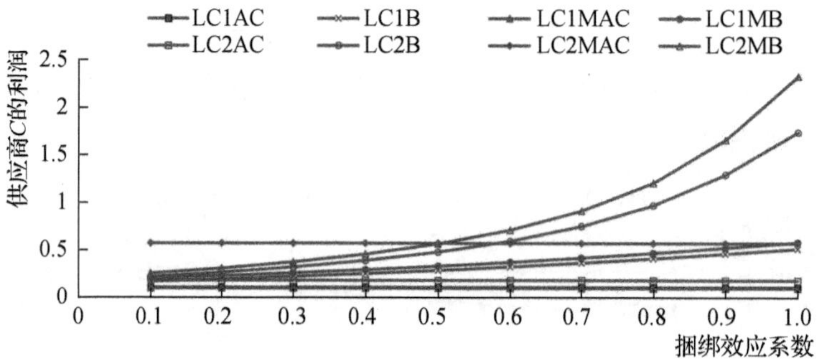

图 7 - 20 供应商 C 的利润随捆绑效应变化趋势

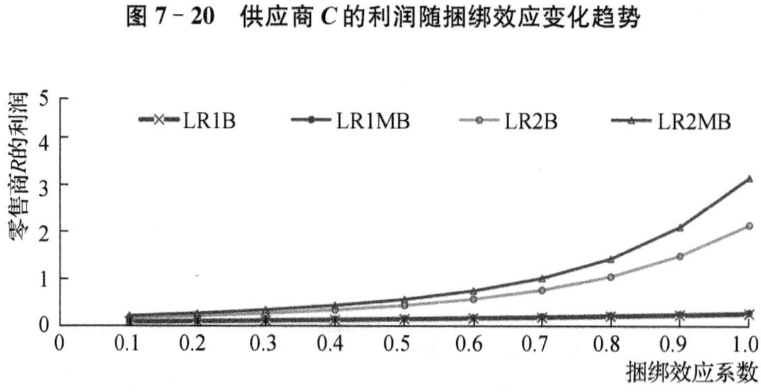

图 7 - 21 零售商 R 的利润随捆绑效应变化趋势

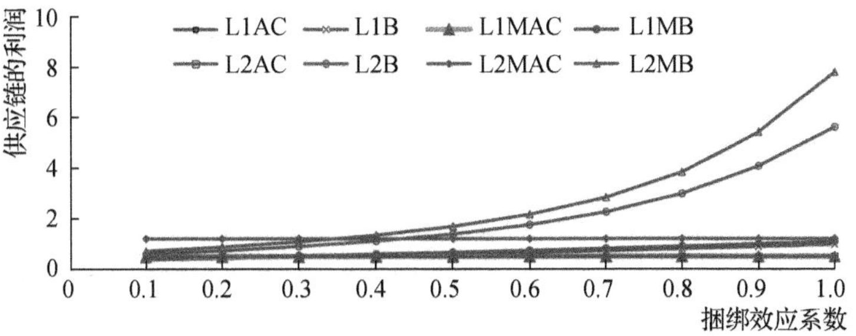

图 7-22　供应链的利润随捆绑效应变化趋势

综合图 7-19 可以看出，当零售商采用分别销售策略时，供应商 A 的利润在互补供应商 C 进行绿色制造时更低，而当零售商采用捆绑销售时，其利润在互补供应商 C 进行绿色制造情形下更高。在供应商 C 不进行绿色制造时，仅当捆绑效应足够高时，供应商 A 在捆绑情形下获得利润高于分别销售情形；而当供应商 C 进行绿色制造时，供应商 A 在捆绑销售情形下的利润总是高于分别销售情形。因此，互补供应商 C 的绿色制造投入和零售商的绿色营销投入在零售商捆绑销售情形下可以提高供应商 A 的利润，而零售商的捆绑销售策略在供应商 C 进行绿色制造时同样可以提高供应商 A 的利润。

同样通过图 7-20～图 7-22 的观察分析可以得到供应链成员的绿色创新和销售策略对供应商 C、零售商 R 和供应链整体利润的影响。对于供应商 C：零售商的捆绑销售策略总是可以提高其利润，而零售商的绿色营销投入在其进行绿色制造时能够显著提高其利润。对于零售商 R：供应商 C 的绿色制造仅在其进行绿色营销时能够显著提高其利润。对于供应链整体：当捆绑效应较大时，捆绑销售将有利于提高总利润；当零售商进行捆绑销售或供应商 C 进行绿色制造时，零售商的绿色营销就可以提高总利润；当零售商进行绿色营销或捆绑销售时，供应商 C 的绿色制造总是可以提高总利润。

最后，我们通过数值实验观察供应链成员利润与互补产品的绿色创新溢出效应系数的关系。同样是利用数例得到关于各种成员及供应链整体利润随绿色创新溢出效应系数变化趋势如图 7-23～图 7-27 所示。当供应商 C 不进行绿色制造时，若零售商分别销售，供应商 A 的利润不受互补产品的绿色创新溢出效应影响，但若零售商进行捆绑销售，供应商 A 的利润随溢出效应的增加而提高；当供应商 C 进行绿色制造时，若零售商进行分别销售，供应商 A 的利润随溢出效应的增加而降低，若零售商进行捆绑销售，A 的利润随溢出效应增加。对于供应商 C 的利润，多数情况下会随着溢出效应的增加而增加，除了其进行绿色制造的同时，零售商进行绿色营销和分别销售情形。对于零售商和供应链整体利润，在所有情形下总是随着互补产品的绿色创新溢出效应的增加而增加。因此，在绝大多数情况下，互补产品绿色创新溢出效益越高，供应链成员及整体的利润就会越高。

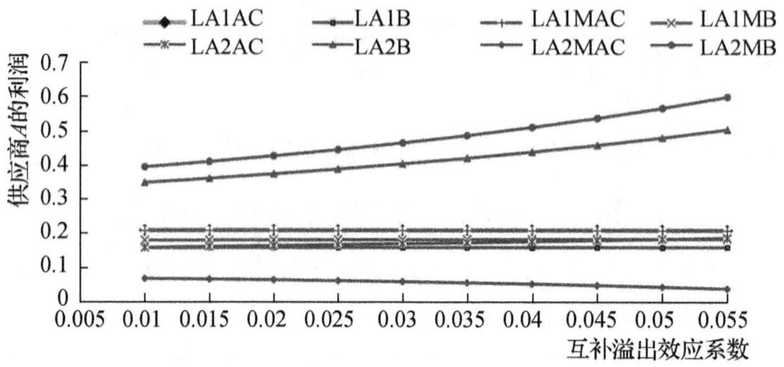

图 7－23　供应商 *A* 的利润随互补溢出效应变化趋势

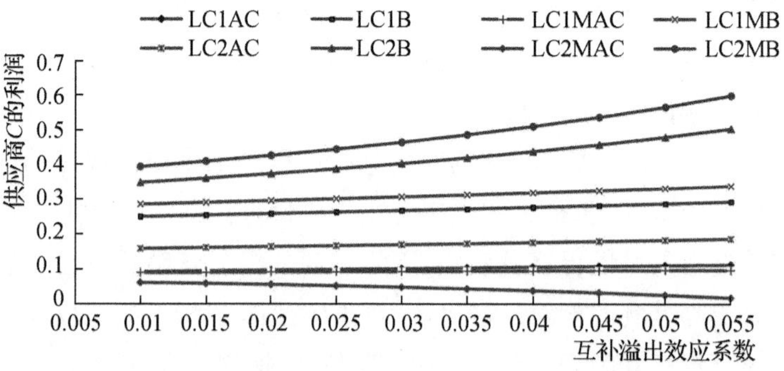

图 7－24　供应商 *C* 的利润随互补溢出效应变化趋势

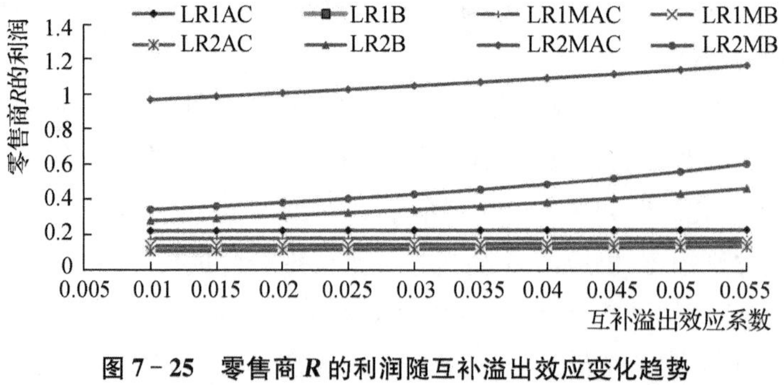

图 7－25　零售商 *R* 的利润随互补溢出效应变化趋势

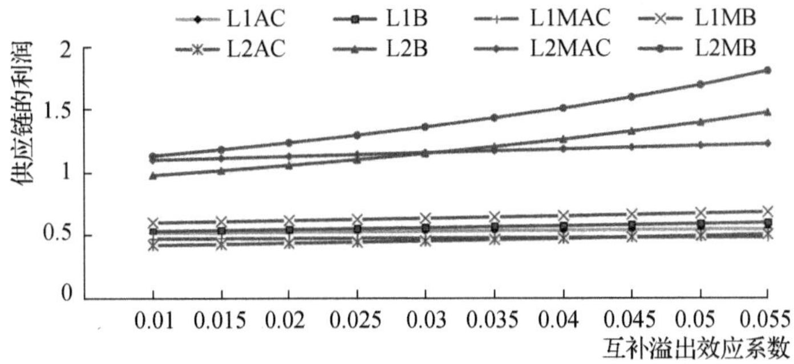

图 7 - 26　供应链的利润随互补溢出效应变化趋势

7.6　本章小结

本章以由两个互补产品供应商和一个零售商组成的二级供应链为对象，基于互补产品的绿色创新溢出效应和捆绑效应，研究供应商的绿色制造策略、零售商的绿色营销策略和捆绑销售策略，并分析了重要模型参数和供应链成员策略对供应链绿色制造水平和整体绩效的影响。我们分别考虑供应链中互补产品供应商不进行绿色制造和进行绿色制造、零售商不进行绿色营销和进行绿色营销、分别销售和捆绑销售等情形，通过构建多阶段斯坦伯格博弈模型，并求解得出子博弈精炼均衡最优解及存在条件，最后分析了互补供应商的绿色制造策略和零售商的相关策略。通过求解和分析得到以下结论：首先，对于互补产品供应商，当互补产品捆绑效应较大时，其最优策略是进行绿色制造，否则其最优选择是不进行绿色制造投入；接着，对于零售商，其绿色营销和捆绑策略与互补供应商的绿色制造策略和互补产品的捆绑效应大小有关，特别是当互补产品供应商进行绿色制造时，零售商的最优策略总是进行绿色营销投入，而若捆绑效应足够大时，其应该进行捆绑销售，否则应该分别销售。最后，我们通过给模型参数赋值，进行一系列数值试验进一步探讨一些重要参数对供应链成员策略和利润的影响，仿真结果显示，供应商 C 的绿色制造、零售商的绿色营销或捆绑销售策略均会促使供应商 A 提高其绿色制造水平，而零售商的绿色营销和捆绑销售策略多数情况下可以提高 C 的绿色创新水平；互补供应商 C 的绿色制造投入和零售商的绿色营销投入在零售商捆绑销售情形下可以提高供应商 A 的利润，而零售商的捆绑销售策略在供应商 C 进行绿色制造时同

样可以提高供应商 A 的利润。

本章的研究依然还存在一些不足和值得扩展研究的地方。首先，我们仅仅考虑了完全互补产品的情形，而对于不完全互补产品的绿色创新和捆绑策略研究也是非常有意义和更加贴近实践的。其次，我们缺少对市场竞争情形下的捆绑和绿色创新策略的研究，因此，可以将研究扩展到互补产品市场同时出现竞争的情形。最后，我们假设市场中消费者容量是固定规模，且在销售开始之前全部到达市场，在后续的研究中，可以考虑消费者到达规律和消费者的策略等待行为。

第8章

总结与展望

随着市场竞争的日益加剧，越来越多的企业开始关注并实施互补产品战略，一些研究文献对企业关于互补产品的相关运营决策进行了分析和研究，例如互补产品的定价、市场进入和竞争等。但是由于互补产品的相关性特征，互补产品的生产运营和销售相互影响，以及互补产品供应链的复杂性，从供应链管理视角研究互补产品的捆绑、定价和创新决策，帮助企业在考虑互补产品的捆绑效应、供应链权力结构、供应链成员竞争合作行为、供应链终端消费者行为，以及绿色供应链管理的情形下，采用合理的捆绑和定价策略，提高销售利润，优化供应链绩效是非常重要和有意义的。

DIBAZHANG

8.1 研究总结

本书在对现有关于互补产品定价与捆绑策略的研究工作进行综述分析，并对供应链成员行为和消费者策略行为对供应链运营决策的影响，以及绿色创新及绿色供应链管理理论与方法进行归纳阐述的基础上，以互补产品供应链为研究对象，基于互补产品的相关性特征、捆绑效应和绿色创新溢出效应，利用博弈理论和优化方法，从供应链视角研究了使企业利润最大化的互补产品的定价、捆绑和绿色创新策略，分别研究了考虑供应链权力结构的互补产品捆绑决策、互补产品供应链的捆绑与竞争合作策略、考虑消费者策略行为下的互补产品捆绑与升级策略，以及绿色供应链背景下考虑产品绿色创新互补产品创新策略，为互补产品供应链的优化提供了理论指导和决策依据。本书的研究成果主要包括以下几个方面。

(1) 基于捆绑效应考虑供应链权力结构的互补产品捆绑和定价决策

基于互补产品的捆绑效应，分析了分散供应链中互补产品捆绑和定价决策，及其对供应链绩效和供应链改进的影响，以及供应链权力结构对捆绑策略的影响。通过求解供应链成员在价格博弈中的最优定价决策，对比分析在不同销售策略下零售商利润和供应链绩效变化，发现在分散供应链中，只有当互补产品的捆绑效应达到或大于某一阈值时零售商的捆绑销售才能有利于自身利润和供应链绩效的改进；通过分析不同供应链权力结构下的互补产品捆绑和定价决策，发现相对于供应商主导型供应链，零售商主导供应链情形下捆绑实施和对利润改进的条件更加宽松，即捆绑效应阈值更小；另一方面，当供应链中成员渠道力量结构越均衡，决策越同步，互补产品捆绑有利于供应链改进的捆绑效应阈值越小，即捆绑销售越可能促进零售商和供应链的利润改善。

(2) 考虑供应链成员合作联盟行为的互补产品供应链捆绑与合作策略

基于合作博弈理论，考虑供应链中供应商和零售商的合作行为，分析不同合作联盟的稳定性、企业的合作和定价决策，以及零售商的捆绑策略，研究供应链成员合作对捆绑销售策略有效性的影响。研究结论表明：分散供应链中成员的决策冲突和双重边际化会削弱捆绑策略对零售商利润提高的有效性；当上游供应商考虑合作形成联盟时，只有当互补产品的捆绑效应比较显著时，供应商联盟才可以稳定形成，且捆绑销售会被零售商选择，当两种产品的价值非常相近时，供应商的合作行为有利于改善捆绑销售的有效性；当零售商考虑参与供应链合作时，若零售商与供应商的谈判力量适中，则由所有供应商和零售商形成的供应链联盟是可以稳定存在的，捆绑销售也将是供应链联盟的最优选择，而零售商的参与合作总是可以改善捆绑销售的有效性。

(3) 考虑供应链企业竞争的互补产品捆绑与产品竞争策略

研究了在两种不同的供应链竞争情形下，竞争企业的竞争产品策略和零售商的捆绑销售策略，并分析了捆绑销售策略对企业竞争决策和供应链整体绩效的影响。考虑了两种竞争情形：由供应链外部新的竞争企业在其直销渠道提供竞争产品形成的供应链外部竞争；由供应链内部原有供应商通过开通直销渠道提供差异化竞争产品的供应链内部竞争情形。在每种情形下，通过建立模型求解出均衡最优解，分析得到以下结论：首先，在供应链外部竞争情形中，外部新的竞争者的竞争产品策略与产品价值增值系数有关，当低质量产品的价值增值系数较高、两个互补产品的捆绑效应较大时，其最优选择是高质量的竞争产品策略，否则选择低质量产品更为合适。而面临供应链外部竞争时，捆绑销售始终是零售商的最优选择，通过捆绑销售策略，可以鼓励外部竞争者更倾向于提供低质量产品，进而降低竞争者利润、提高自己的利润。但是在供应链内部竞争情形下，零售商的捆绑策略并不影响竞争者的竞争产品策略，通过捆绑效应提升了供应链内部企业和整体的绩效；竞争企业总是会提供低质量产品，而零售商将选择捆绑销售。

(4) 考虑消费者策略行为的互补产品捆绑和升级策略

面对消费者策略行为和产品价值在整个销售期内存在阶段价值降低时，分析互补产品供应链的捆绑销售和升级策略。通过建立和求解消费者和销售商的购买博弈模型，对比分析不同策略下均衡决策和销售利润发现：面对消费者策略行为时，销售商选择在第一阶段捆绑互补产品销售相对于其他两种销售策略，将获得最高的销售利润，而在第二阶段捆绑销售中，销售商获得利润并不总是高于普通的第二阶段分别销售降价策略。考虑消费者策略购买行为，建立供应链成员的二阶段优化决策模型并求解，得到供应商的升级策略：模块化升级并不总是供应商的最优升级策略，当消费者购买第二阶段的升级模块可以获得适当的效用时，模块化升级更优于捆绑升级策略，若消费者的耐心程度较小时，同时使用模块升级和捆绑升级的整合升级策略将优于其他两种单独策略，与升级模块的价值升级系数无关。

(5) 考虑产品绿色创新的互补产品创新与扩散决策

以由一个进行产品绿色创新的双渠道供应商和一个互补产品供应商，以及一个共同零售商组成的互补产品供应链为研究对象，分析探讨了供应商的产品绿色决策和绿色产品扩散策略。考虑两种扩散渠道，即线上销售绿色产品线下销售普通产品或线下销售绿色产品线上销售普通产品，分别通过构建定价博弈模型并求解获得以下结论：相较于绿色产品线上渠道扩散策略，绿色创新供应商采用线下传统渠道销售绿色产品可以获得更高的利润，同时也会提高其产品的绿色度；在绿色产品线下渠道扩散策略中，零售商的绿色营销可以在适当的绿色投入系数条件下提高供应商的绿色创新度和供应链成员及整体的利润。另外，互补产品的互补性程度也会影响供应商的绿色创新决策，例如，在销售商不进行绿色营销时，产品互补性越高，供应商进行绿色创新的产品绿色度越高；但是当零售商进行绿色营销时，互补性越高，产品绿色度和绿色营销努力程度会降低。但是，产品互补性的增加基本不会改变绿色创新供应商的绿色产品销售渠道决策，但是当无绿色营销时，会缩小不同渠道模式下的利润差距。

(6) 绿色供应链情形下的互补产品捆绑与营销策略

基于互补产品绿色创新溢出效应和捆绑效应，考虑互补供应商绿色创新与否、零售商的绿色营销和捆绑销售情形，构建多阶段供应链定价与绿色度决策模型，并通过模型求解和数值实验，研究绿色供应链背景下的供应链成员绿色创新决策和互补产品的捆绑销售策略，为互补产品供应链绩效优化和绿色供应链建设提供理论建议。通过研究发现：当互补产品的捆绑效应较大时，互补供应商的最优策略是进行绿色制造，而零售商的绿色营销和捆绑销售策略与互补供应商的最优选择和捆绑效应大小有关；供应链中其他成员进行绿色制造和投入会促进绿色创新供应商提高绿色制造水平，且零售商的捆绑销售也会促使其提高产品绿色度；另外，互补产品的绿色创新溢出效应也会影响供应链成员及整体的利润。

8.2 本书的主要创新点

本书考虑互补产品的互补性、捆绑效应、绿色创新溢出效应，采用解析分析和数值实验相结合的方法，分析了不同供应链权力结构下的互补产品捆绑和定价决策，研究了考虑供应链内部成员竞争合作行为、终端消费者策略型行为情形下的互补产品捆绑和企业合作、竞争以及产品升级策略，探讨了绿色供应链背景下的互补产品供应链创新与捆绑定价策略。全书的主要创新点有以下几方面：

（1）考虑互补产品的相关性以及捆绑销售产生的消费者体验价值的增加，基于互补产品正的捆绑效应，研究捆绑和定价策略。

现有大部分关于互补产品的捆绑和定价决策的研究主要考虑互补产品的价格捆绑，即不存在产品的集成和产品价值的改变，捆绑产品的价值是被捆绑的单个产品的价值之和。而实际运营中，互补产品的捆绑效应可能成为企业或供应链选择捆绑策略的重要因素之一，也是捆绑策略影响市场竞争、企业行为和利润，以及供应链绩效的重要内因。本书所有的研究内容均基于互补产品捆绑销售产生的正的捆绑效应，分析捆绑销售有利于提高销售商利润和供应链绩效的条件，即捆绑效应阈值，研究销售商的捆绑销售和定价决策。研究结果证明，互补产品捆绑效应的大小，是影响销售商捆绑销售和定价行为的重要因素。

（2）考虑供应链结构和成员竞争合作行为，从供应链管理视角将互补产品的捆绑销售策略与供应链相关运营策略进行联合决策研究。

目前对互补产品捆绑的研究基本集中于单个综合销售系统或企业，忽视了分散供应链中的企业行为和冲突，而互补产品的相关性决定了互补产品供应链中企业之间的决策和行为相互影响。本书从供应链管理的视角，考虑供应链内企业各种行为因素，综合考察了互补产品的捆绑和相关运营策略，分别研究了考虑企业合作联盟情形下的互补产品捆绑和供应链合作策略，考虑供应链竞争情形下的互补产品捆绑策略与产品竞争策略，并分析了供应链企业行为对捆绑策略的影响。

（3）建立基于消费者策略行为的互补产品阶段捆绑决策模型，研究面对产品价值存在阶段折扣降低时，集中供应链的阶段捆绑策略和分散供应链中供应商的产品升级策略。

供应链终端消费者作为供应链决策和运营的出发点和终点，其购买行为必将成为影响供应链决策的重要因素，尤其当市场竞争日趋激烈时，消费者越来越多地表现出策略行为，即消费者会根据对产品销售价格和销售策略的理性预期，进行购买产品种类和购买时机的选择。而目前关于互补产品的研究文献几乎没有考虑到消费者的策略行为。

另外，现有的大部分关于互补产品销售决策的研究集中于单个销售阶段，没有考察捆绑销售对企业多阶段运营行为和利润的影响。而随着科技的发展和社会的进步，大部分商品的市场销售都会经历不同的阶段，以消费者价值的降低为标志，因此销售商通常会在不同的阶段采用不同的销售策略，从而追求整个销售阶段的利润最大化。

本书在两个阶段的销售周期内，建立了基于消费者策略行为的互补产品捆绑决策模型，研究了销售商的阶段捆绑销售策略和供应商的产品升级策略，并分析了消费者策略行为对互补产品捆绑策略的影响。

（4）从中国绿色发展的宏观背景和互补产品供应链管理的运营实践需求出发，以考虑产品绿色创新的互补产品市场需求、供应链结构和主体行为分析为突破口，基于绿色创新技术和营销投入对互补产品的溢出效用，研究考虑产品绿色创新的互补产品供应链绿色创新决策、扩散和营销优化。

目前关于绿色供应链管理和消费者绿色偏好的研究比较丰富，但是关注对象基本上是简单的供应链系统或存在竞争的供应链，对互补产品供应链的产品绿色创新几乎没有涉及。而互补产品供应链由于产品的相关性和结构的复杂性，相应产品绿色创新的决策问题也会与传统供应链有着很大的区别。因此，本书对绿色创新和互补产品供应链实践进行分析，构建了考虑产品绿色创新的互补产品需求模型和供应链结构模型，并在此基础上研究考虑产品绿色创新的互补产品供应链决策优化问题，例如绿色产品扩散渠道决策、最优创新决策、销售策略等。

8.3 研究展望

互补产品战略作为企业运营和供应链管理研究的重要课题，还没有形成系统的研究，本书虽然从供应链视角对互补产品的捆绑、定价和创新策略进行了一些探索性的研究，但由于作者能力和条件的限制，再加上问题本身的复杂性，本书的工作还存在许多不完善和尚待解决的问题。

（1）考虑互补产品之间的不完全互补性，利用连接函数理论，研究捆绑产品的需求模型、产品需求之间的相关性，以及捆绑效应的定量测度模型，进而研究不完全互补产品的混合捆绑和定价策略，并分析互补产品之间的互补程度和捆绑效应对捆绑策略和企业及供应链绩效的影响。

（2）当互补产品供应链同时存在竞争和合作行为时，分析互补产品企业之间的竞合关系，以及供应链横向和纵向结构的变化，研究基于供应链竞合关系，考虑企业信息共享和兼并联盟等行为的互补产品捆绑和定价策略，进一步研究提高供应链绩效的、考虑互补产品捆绑的联合优化策略。

（3）本书考虑供应链终端消费者的策略行为影响，并假设市场中所有的消费者都是策略型的。但实际消费者市场不仅存在策略型消费者，还可能存在一部分短视型消费者，尤其对于互补产品市场，消费者类型可能更加复杂。因此，后期的研究工作将深入考虑市场中的消费者类型和状态的复杂性，例如不同类型消费者所占的比例、消费者到达市场方式等，研究基于消费者购买行为的互补产品运营策略，并分析消费者特征对运营决策的影响，为企业提供更加贴合实践的管理建议和决策支持。

(4) 本书虽然列举了部分重要的捆绑案例，但是主要还停留在理论研究的层面，缺乏与实证研究的结合。运营实践中，越来越多的企业开始关注并实施互补产品战略，但产品的众多特征和企业所在的市场环境因素共同决定了特定行业和企业的运营策略的成功和有效性。因此，后期的研究有必要将理论研究与具体行业的供应链管理实践和互补品战略相结合，制定反映行业特征和企业特点的互补品战略和供应链管理方法，同时通过积累实证数据，为进一步完善互补产品的研究提供数据支持。

(5) 本书考虑互补产品供应链成员的绿色创新行为，包括供应商的绿色制造和销售商的绿色营销，以及消费者的绿色偏好，但是还没有涉及供应链成员在绿色创新方面的合作行为，以及绿色互补产品供应链的协调优化。因此，后期的研究工作将进一步研究互补产品制造商、销售商、政府等多主体的合作模式和供应链优化策略，并尝试通过互补产品供应链的实证分析，把理论模型和研究结果应用于实践，并将实证分析中遇到的问题再重新上升到理论和方法，完善理论，改进方法。

参考文献

[1] Stremersch S, Tellis G J. Strategic bundling of products and prices: A new synthesis for marketing[J]. Journal of Marketing, 2002, 66(1): 55 - 72.

[2] Drumwright M E. A demonstration of anomalies in evaluations of bundling [J]. Marketing Letters, 1992, 3(4): 311 - 321.

[3] Johnson M D, Herrmann A, Bauer H H. The effects of price bundling on consumer evaluations of product offerings [J]. International Journal of Research in Marketing, 1999, 16(2): 129 - 142.

[4] Bakos Y, Brynjolfsson E. Bundling information goods: Pricing, profits, and efficiency[J]. Management Science, 1999, 45(12): 1613 - 1630.

[5] Bakos Y, Brynjolfsson E. Bundling and competition on the Internet[J]. Marketing Science, 2000, 19(1): 63 - 82.

[6] Eppen G D, Hanson W A, Martin R K. Bundling: New products, new markets, low risk[J]. Sloan Management Review, 1991, 32(4): 7 - 14.

[7] Wilson O, Weiss A M, John G. Unbundling of industrial systems[J]. Journal of Marketing Research, 1990, 27(2): 123 - 138.

[8] Soman D, Gourville J T. Transaction decoupling: How price bundling affects the decision to consume[J]. Journal of Marketing Research, 2001, 38(1): 30 -44.

[9] Yadav M S. How buyers evaluate product bundles: A model of anchoring and adjustment[J]. Journal of Consumer Research, 1994, 21(2): 342 - 353.

[10] Yadav M S. Bundle evaluation in different market segments: The effects of discount framing and buyers' preference heterogeneity[J]. Journal of the Academy of Marketing Science, 1995, 23(3): 206 - 215.

[11] Ansari A, Siddarth S, Weinberg C B. Pricing a bundle of products or

services: The case of nonprofits[J]. Journal of Marketing Research, 1996, 33(1): 86 - 93.

[12] Ben-Akiva M, Gershenfeld S. Multi-featured products and services: Analysing pricing and bundling strategies[J]. Journal of Forecasting, 1998, 17(3/4): 175 - 196.

[13] Carbajo J, De Meza D, Seidmann D J. A strategic motivation for commodity bundling[J]. The Journal of Industrial Economics, 1990, 38(3): 283 - 298.

[14] Pierce B, Winter H. Pure vs. mixed commodity bundling[J]. Review of Industrial Organization, 1996, 11(6): 811 - 821.

[15] Preston McAfee R, John McMillan, Whinston M D. Multiproduct Monopoly, Commodity Bundling, and Correlation of Values[J]. The Quarterly Journal of Economics, 1989, 104(2): 371 - 383.

[16] Chen Y D. Equilibrium product bundling[J]. The Journal of Business, 1997, 70(1): 85 - 103.

[17] Kanemoto Y. Price and quantity competition among heterogeneous suppliers with two part pricing: Applications to clubs, local public goods, networks, and growth controls[J]. Regional Science and Urban Economics, 2000, 30(16): 587 - 608.

[18] Matutes C, Regibeau P. Compatibility and bundling of complementary goods in a duopoly[J]. The Journal of Industrial Economics, 1992, 40(1): 37 - 54.

[19] Martin S. Strategic and welfare implications of bundling[J]. Economics Letters, 1999, 62(3): 371 - 376.

[20] Salinger M A. A graphical analysis of bundling[J]. The Journal of Business, 1995, 68(1): 85 - 98.

[21] Olderog T, Skiera B. The benefits of bundling strategies[J]. Schmalenbach Business Review, 2000, 52: 137 - 159.

[22] Schmalensee R. Gaussian demand and commodity bundling[J]. The Journal of Business, 1984, 57: 211 - 230.

[23] Fang H M, Norman P. To bundle or not to bundle[J]. The RAND Journal of Economics, 2006, 37(4): 946 - 963.

[24] McCardle K F, Rajaram K, Tang C S. Bundling retail products: Models and analysis[J]. European Journal of Operational Research, 2007, 177(2): 1197 - 1217.

[25] Eckalbar J C. Closed-form solutions to bundling problems[J]. Journal of Economics and Management Strategy, 2010, 19(2): 513 - 544.

[26] Chen Y M, Riordan M H. Profitability of product bundling [J]. International Economic Review, 2013, 54(1): 35 - 57.

[27] Prasad A, Venkatesh R, Mahajan V. Product bundling or reserved product pricing? Price discrimination with myopic and strategic consumers [J]. International Journal of Research in Marketing, 2015, 32(1): 1 - 8.

[28] Ma M H, Mallik S. Bundling of vertically differentiated products in a supply chain[J]. Decision Sciences, 2017, 48(4): 625 - 656.

[29] Chakravarti D, Krish R, Paul P, et al. Partitioned presentation of multicomponent bundle prices: Evaluation, choice and underlying processing effects[J]. Journal of Consumer Psychology, 2002, 12(3): 215 - 229.

[30] Gilbride T J, Guiltinan J P, Urbany J E. Framing effects in mixed price bundling[J]. Marketing Letters, 2008, 19(2): 125 - 139.

[31] Dominique-Ferreira S, Vasconcelos H, Proença J F. Determinants of customer price sensitivity: An empirical analysis[J]. Journal of Services Marketing, 2016, 30(3): 327 - 340.

[32] Kameshwaran S, Viswanadham N, Desai V. Bundling and pricing of product with after-sale services[J]. International Journal of Operational Research, 2009, 6(1): 92 - 109.

[33] Ghosh B, Balachander S. Competitive bundling and counter bundling with generalist and specialist firms: Researth Note 1[J]. Management Science, 2007, 53(1): 159 - 168.

[34] Choi J P. Tying and innovation: A dynamic analysis of tying arrangements [J]. Economic Journal, 2004, 114: 83 - 101.

[35] Armstrong M, Vickers J. Competitive non-linear pricing and bundling[J]. Review of Economic Studies, 2010, 77(1): 30 - 60.

[36] Chung H L, Chen H Y, Hu J L, et al. Bundling with quality choice[J]. Hitotsubashi Journal of Economics, 2014, 55(2): 147 - 165.

[37] Honhon D, Pan X A. Improving profits by bundling vertically differentiated products[J]. Production and Operations Management, 2017,26(8): 1481 - 1497.

[38] Whinston M D. Tying, foreclosure, and exclusion[R]. National Bureau of Economic Research, 1989.

[39] Nalebuff B. Bundling as an entry barrier [J]. Quarterly Journal of Economics, 2004, 119: 159 - 187.

[40] Gilbert R J, Riordan M H. Product improvement and technological tying in a winner-take-all market[J]. Journal of Industrial Economics, 2007, 55: 113 - 139.

[41] Peitz M. Bundling may blockade entry [J]. International Journal of Industrial Organization, 2008, 26: 41 - 58.

[42] Hu Q. Bundling and consumers' reservation value: Effects on market entry [J]. Technology and Investment, 2015, 6(1): 77 - 81.

[43] Hahn J H, Kim S H. Interfirm bundled discounts as a collusive device[J]. The Journal of Industrial Economics, 2016, 64(2): 255 - 276.

[44] Etro F. Mergers of complements and entry in innovative industries[J]. International Journal of Industrial Organization, 2019, 65: 302 - 326.

[45] Lin X G, Zhou Y W, Xie W, et al. Pricing and product-bundling strategies for E-commerce platforms with competition [J]. European Journal of Operational Research, 2020, 283(3): 1026 - 1039.

[46] 吕魁，胡汉辉，王旭辉. 考虑范围经济与转换成本的混合捆绑竞争[J]. 管理科学学报，2012(12): 10 - 24.

[47] 魏航. 同质时鲜产品捆绑销售的最优策略[J]. 管理科学学报，2012(6): 7 - 21.

[48] 陶娜，张胜. 寡头垄断市场下纯捆绑与部件销售模式的选择模型[J]. 运筹与管理，2014(5): 187 - 191.

[49] 马祖军，陈良勇，刘桃香. 捆绑销售商品购买决策的影响因素研究[J]. 管理学报，2015(8): 1184 - 1190.

[50] 高尚，滕春贤，孙嘉轶. 不同主导力量下基于捆绑销售的旅游供应链决策分

析[J]. 中国软科学，2016(7)：155－161.

[51] 吴思卓，汪峻萍. 不同权力结构下捆绑销售产品供应链博弈分析[J]. 合肥工业大学学报(自然科学版)，2020，43(12)：1703－1712.

[52] 尤美虹，潘林. 收益共享下电商平台跨店捆绑销售定价决策[J]. 计算机集成制造系统，2021. 27(11)：3356－3364.

[53] Farrell J, Katz M L. Innovation, rent extraction, and integration in systems markets[J]. Journal of Industrial Economics, 2000, 48 (4):413－432.

[54] Gabszewicz J, Sonnac N, Wauthy X. On price competition with complementary goods[J]. Economics Letters, 2001, 70 (3): 431－437.

[55] Venkatesh R, Kamakura W. Optimal bundling and pricing under monopoly: Contrasting complements and substitutes from independently valued products[J]. Journal of Business, 2003, 76(2): 211－231.

[56] Casadesus-Masanell R, Nalebuff B J, Yoffie D. Competing complements[R/OL]. SSRN Working paper, 2006. http://ssrn. com/abstract=1032461.

[57] Chen K, Nalebuff B J. One-way essential complements[R/OL]. SSRN Working paper, 2006. http://ssrn. com/abstract=937384.

[58] Cheng L K, Nahm J. Product boundary, vertical competition, and the double mark-up problem[J]. The RAND Journal of Economics, 2007, 38 (2):447－466.

[59] Arora R. Price bundling and framing strategies for complementary products [J]. Journal of Product & Brand Management, 2008, 17(7): 475－484.

[60] Wäppling A, Strugnell C, Farley H. Product bundling strategies in Swedish markets: Links to business orientation and perceived effects on consumer influence [J]. International Journal of Consumer Studies, 2010, 34(1): 19－27.

[61] Yan R L, Bandyopadhyay S. The profit benefits of bundle pricing of complementary products[J]. Journal of Retailing and Consumer Services, 2011, 18 (4), 355－361.

[62] Myers C, Yan R L, Wang J, et al. Bundling products to success: The influence of complementarity and advertising[J]. Journal of Retailing and Consumer Services, 2014, 21: 48－53.

[63] Gwon J H. Bundling competition between multi-product and single-product

firms[J]. Journal of Economic Development, 2015, 40(3): 27-54.

[64] Halmenschlager C, Mantovani A. On the private and social desirability of mixed bundling in complementary markets with cost savings [J]. Information Economics and Policy, 2017, 39: 45-59.

[65] Taleizadeh A A, Babaei M, Sana S S, et al. Pricing decision within an inventory model for complementary and substitutable products [J]. Mathematics, 2019, 7(7): 568-589.

[66] Li H. Intertemporal price discrimination with complementary products: E-books and E-readers[J]. Management Science,2019, 65(6): 2665-2694.

[67] Giri R N, Mondal S K, Maiti M. Bundle pricing strategies for two complementary products with different channel powers [J]. Annals of Operations Research,2020,287(2):701-725.

[68] 李善民，曾昭灶. 质量差异化与产品互补型企业兼并问题[J]. 管理科学学报，2003，6(6)：54-60.

[69] 杨勇，达庆利. 基于最优脉冲控制的战略互补产品创新投资决策[J]. 东南大学学报(自然科学版)，2005，35(6)：958-962.

[70] 项保华，王延飞. 互补品对海尔集团竞争优势的影响分析[J]. 管理现代化，2009(2)：9-11.

[71] 胡知能，谢瑞坤，徐玖平. 免费商品对互补产品扩散的影响[J]. 中国管理科学，2012，20(6)：167-175.

[72] 浦徐进，赵媛媛，李栋栋. 基于二层供应链捆绑销售策略及垂直合作广告机制[J]. 北京理工大学学报(社会科学版)，2016(5)：83-90.

[73] 田晨，卢静会，魏杰. 基于电商平台的互补产品物流服务和销售模式选择研究[J]. 工业工程与管理，2021，26(2)：188-195.

[74] Wang Y Z. Joint pricing-production decisions in supply chains of complementary products with uncertain demand[J]. Operations Research, 2006, 54(6): 1110-1127.

[75] Wei J, Zhao J, Li Y J. Pricing decisions for complementary products with firms' different market powers [J]. European Journal of Operational Research, 2013, 224:507-519.

[76] Bhargava H K. Retailer-driven product bundling in a distribution channel

[J]. Marketing Science, 2012, 31 (6): 1014-1021.

[77] Chakravarty A, Mild A, Taudes A. Bundling decisions in supply chains[J]. European Journal of Operational Research, 2013, 231(3): 617-630.

[78] 张玉忠，楚永杰，刘层层. 二级供应链上不完美互补产品的定价决策[J]. 运筹与管理，2016(3): 57-64.

[79] 李四杰，尚优，贾东峰. 竞争-竞争市场结构下的互补产品捆绑策略[J]. 系统工程学报，2020，35(6): 748-759.

[80] 张子健，刘文静. 线上平台产品竞争的渠道模式选择研究[J/OL]. 中国管理科学：1-12[2022-02-23]. DOI: 10.16381/j.cnki.issn1003-207x.2020.0678.

[81] Dalkir S, Eisenstadt D, Gerstle A, et al. Complementary goods, monopoly vs. monopoly power: A reassessment of merger effects[D]. Ithaca: Cornell University, 2002.

[82] Au K F, Choi T M, Yu Y. Fashion retail forecasting by evolutionary neural networks[J]. International Journal of Production Economics, 2008, 114(2): 615-630.

[83] 但斌，田丽娜，董绍辉. 考虑溢出效应的互补品企业合作促销行为研究[J]. 管理工程学报，2010(4): 78-83.

[84] Flores-Fillol R, Moner-Colonques R. Endogenous mergers of complements with mixed bundling[J]. Review of Industrial Organization, 2011, 39(3): 231-251.

[85] Pardo-Garcia C, Sempere-Monerris J J. Equilibrium mergers in a composite good industry with efficiencies[J]. SERIEs, 2015, 6(1): 101-127.

[86] Mantovani A, Vandekerckhove J. The strategic interplay between bundling and merging in complementary markets [J]. Managerial and Decision Economics, 2016, 37(1): 19-36.

[87] Granot D, Sošić G. Formation of alliances in internet-based supply exchanges[J]. Management Science, 2005, 51(1): 92-105.

[88] Nagarajan M, Bassok Y. A bargaining framework in supply chains: The assembly problem[J]. Management Science, 2008, 54(8): 1482-1496.

[89] Nagarajan M, Sošić G. Coalition stability in assembly models [J]. Operations Research, 2009, 57 (1): 131-145.

[90] Yin S. Alliance formation among perfectly complementary suppliers in a price-sensitive assembly system[J]. Manufacturing & Service Operations Management, 2010, 12(3): 527 - 544.

[91] Mialon S H. Product bundling and incentives for mergers and strategic Alliances[J]. Economic Inquiry, 2014, 52(2): 562 - 575.

[92] 李昌文，周永务，卓翔芝，等. 基于合作博弈的组装供应链转移定价策略[J]. 运筹与管理，2016(6)：34 - 38.

[93] Besanko D, Winston W L. Optimal price skimming by a monopolist facing rational consumers[J]. Management Science, 1990, 36(5): 555 - 567.

[94] Anderson C K, Wilson J G. Wait or buy? The strategic consumer: Pricing and profit implications[J]. Journal of the Operational Research Society, 2003,54(3): 299 - 306.

[95] Belobaba P P. OR practice—application of a probabilistic decision model to airline seat inventory control[J]. Operations Research, 1989, 37(2): 183 - 197.

[96] Zhou Y P, Fan M, Cho M. On the threshold purchasing behavior of customers facing dynamically priced perishable products [D]. Seattle: University of Washington, 2005.

[97] Gallego G, Van Ryzin G. Optimal dynamic pricing of inventories with stochastic demand over finite horizons[J]. Management Science, 1994, 40 (8): 999 - 1020.

[98] Asvanunt A, Kachani S. Optimal purchasing policy for strategic customers under different dynamic pricing models[C]//Presentation at the 6th Annual INFORMS Revenue Management and Pricing Section Conference. New York: Columbia University, 2006.

[99] Su X M, Zhang F Q. On the value of commitment and availability guarantees when selling to strategic consumers[J]. Management Science, 2009, 55(5): 713 - 726.

[100] Aviv Y, Pazgal A. Optimal pricing of seasonal products in the presence of forward-looking consumers [J]. Manufacturing Service Operations Management, 2008, 10(3): 339 - 359.

[101] Dasu S, Tong C Y. Dynamic pricing when consumers are strategic:

Analysis of posted and contingent pricing schemes[J]. European Journal of Operational Research, 2010, 204(3):662 - 671.

[102] Levin Y, McGill J, Nediak M. Dynamic pricing in the presence of strategic consumers and oligopolistic competition[J]. Management Science, 2009, 55(1): 32 - 46.

[103] Jerath K, Netessine S, Veeraraghavan S K. Revenue management with strategic customers: Last-minute selling and opaque selling [J]. Management Science, 2010, 56(3): 430 - 448.

[104] Liu Q, Zhang D. Dynamic pricing competition with strategic customers under vertical product differentiation[J]. Management Science, 2013, 59 (1): 84 - 101.

[105] 陈晓红，谭运强. 考虑策略型消费者双层因素的多零售商动态博弈定价[J]. 管理工程学报，2015，29(4)：178 - 185.

[106] 李宗活，杨文胜，司银元，等. 短视型与策略型消费者并存的双渠道两阶段动态定价策略[J]. 系统工程理论与实践，2019，39(8)：2080 - 2090.

[107] 刘海英，毕文杰. 考虑消费者参照效应与策略行为的多产品动态定价[J/OL]. 中国管理科学，2021 - 06 - 17. https://doi.org/10.16381/j.cnki.issn1003 - 207x.2019.1248.

[108] Liu Q, Van Ryzin G. Strategic capacity rationing when customers learn[J]. Manufacturing & Service Operations Management, 2011, 13(1): 89 - 107.

[109] Krishnan V, Ramachandran K. Integrated product architecture and pricing for managing sequential innovation[J]. Management Science, 2011, 57 (11): 2040 - 2053.

[110] Ovchinnikov A, Milner J M. Revenue management with end-of-period discounts in the presence of customer learning [J]. Production and Operations Management, 2012, 21(1):69 - 84.

[111] 黎维斯，任建标. 基于异质策略消费者的订货与质量决策[J]. 西南民族大学学报(自然科学版)，2012，38(1)：113 - 118.

[112] Wang T, Hu Q Y. Risk-averse newsvendor model with strategic consumer behavior[J]. Journal of Applied Mathematics, 2013, 2013:1 - 12.

[113] Yang D J, Qi E S, Li Y J. Quick response and supply chain structure with

strategic consumers[J]. Omega, 2015, 52: 1 - 14.

[114] 纪雅杰,马德青,胡劲松. 供应商管理库存下基于消费者行为偏好的全渠道运营策略[J]. 中国管理科学,2021,29(1):82 - 96.

[115] 李娟,黄培清,顾锋. 基于顾客战略行为下的供应链系统的绩效研究[J]. 中国管理科学,2007,15(4):77 - 82.

[116] Su X M, Zhang F Q. Strategic customer behavior, commitment, and supply chain performance[J]. Management Science, 2008, 54(10):1759 - 1773.

[117] Cachon G P, Swinney R. The impact of strategic consumer behavior on the value of operational flexibility[M]//Tang C S, Netessine S. Consumer-driven demand and operations management models. New York: Springer, 2009.

[118] 杨道箭,齐二石,魏峰. 顾客策略行为与风险偏好下供应链利润分享[J]. 管理科学学报,2011,14(12):50 - 59.

[119] 彭志强,熊中楷,李根道. 考虑顾客策略行为的易逝品定价与再制造柔性补货机制研究[J]. 管理科学,2010,18(2):32 - 41.

[120] 彭志强,熊中楷,李根道. 考虑策略性顾客的动态定价和差价返还机制[J]. 管理工程学报,2010,24(4):53 - 57.

[121] 姜宏,齐二石,霍艳芳,等. 基于顾客惰性行为的无理由退货策略研究[J]. 管理学报,2012,9(10):1531 - 1535.

[122] 黄松,杨超,张曦. 考虑战略顾客行为带预算约束的多产品报童问题[J]. 中国管理科学,2011,19(3):70 - 78.

[123] 黄松,杨超,张曦. 考虑战略顾客行为时的供应链性能分析与协调[J]. 管理科学学报,2012,15(2):47 - 58.

[124] 官振中,康怀飞. 考虑策略型消费者后悔心理的定价和库存策略[J/OL]. 系统工程,2021 - 06 - 17. http://kns.cnki.net/kcms/detail/43.1115.N.20201204.1506.004.html.

[125] Kemp R, Arundel A, Smith K. Survey indicators for environmental innovation [C]// Conference Towards Environmental Innovation Systems. Garmisch-Partenkirchen, Germany,2002.

[126] Chen Y S, Lai S B, Wen C T. The influence of green innovation performance on corporate advantage in Taiwan[J]. Journal of Business

Ethics, 2006, 67(4): 331 - 339.

[127] Kammerer D. The effects of customer benefit and regulation on environmental product innovation: Empirical evidence from appliance manufacturers in Germany[J]. Ecological Economics, 2009, 68(8/9): 2285 - 2295.

[128] Horwitch M, Mulloth B. The interlinking of entrepreneurs, grassroots movements, public policy and hubs of innovation: The rise of Cleantech in New York City[J]. The Journal of High Technology Management Research, 2010, 21(1): 23 - 30.

[129] Chan H K, Yee R W Y, Dai J, et al. The moderating effect of environmental dynamism on green product innovation and performance[J]. International Journal of Production Economics, 2016, 181: 384 - 391.

[130] Dangelico R M, Pujari D, Pontrandolfo P. Green product innovation in manufacturing firms: A sustainability-oriented dynamic capability Perspective [J]. Business Strategy and the Environment, 2017, 26(4): 490 - 506.

[131] Huang J W, Li Y H. Green innovation and performance: The view of organizational capability and social reciprocity[J]. Journal of Business Ethics, 2017, 145(2): 309 - 324.

[132] Wang X J, Chan H K. A hierarchical fuzzy TOPSIS approach to assess improvement areas when implementing green supply chain initiatives[J]. International Journal of Production Research, 2013, 51(10): 3117 - 3130.

[133] Gmelin H, Seuring S. Determinants of a sustainable new product development[J]. Journal of Cleaner Production, 2014, 69: 1 - 9.

[134] 徐建中，贯君，朱晓亚. 政府行为对制造企业绿色创新模式选择影响的演化博弈研究[J]. 运筹与管理，2017，26(9)：68 - 77.

[135] Melander L. Customer and supplier collaboration in green product innovation: External and internal capabilities[J]. Business Strategy and the Environment, 2018, 27(6): 677 - 693.

[136] 杨光勇，计国君. 碳排放规制与顾客环境意识对绿色创新的影响[J]. 系统工程理论与实践，2021，41(3)：702 - 712.

[137] Walker H, Di Sisto L, McBain D. Drivers and barriers to environmental

supply chain management practices: Lessons from the public and private sectors[J]. Journal of Purchasing and Supply Management, 2008, 14(1): 69 - 85

[138] Lin R J. Using fuzzy DEMATEL to evaluate the green supply chain management practices[J]. Journal of Cleaner Production, 2013, 40: 32 - 39.

[139] Nicolau J J N. Impact of RFID information-sharing coordination over a supply chain with reverse logistics [D]. West Lafayette: Purdue University, 2016.

[140] 曹裕，刘子豪. 无政府激励的绿色供应链管理的可行性分析[J]. 管理工程学报，2017，31(2)：119 - 127.

[141] Zhang C T, Liu L P. Research on coordination mechanism in three-level green supply chain under non-cooperative game[J]. Applied Mathematical Modelling, 2013, 37(5): 3369 - 3379.

[142] Zhao J, Wei J, Li Y. Pricing decisions for substitutable products in a two-echelon supply chain with firms' different channel powers[J]. International Journal of Production Economics, 2014, 153:243 - 252.

[143] 江世英，李随成. 考虑产品绿色度的绿色供应链博弈模型及收益共享契约[J]. 中国管理科学，2015，23(6)：169 - 176.

[144] Zhang L H, Wang J G, You J X. Consumer environmental awareness and channel coordination with two substitutable products [J]. European Journal of Operational Research, 2015, 241(1): 63 - 73.

[145] Li B, Zhu M Y, Jiang Y S, et al. Pricing policies of a competitive dual-channel green supply chain[J]. Journal of Cleaner Production, 2016, 112: 2029 - 2042.

[146] Li X, Li Y J. Chain-to-chain competition on product sustainability[J]. Journal of Cleaner Production, 2016, 112: 2058 - 2065.

[147] Zhao R, Liu Y Y, Zhang N, et al. An optimization model for green supply chain management by using a big data analytic approach[J]. Journal of Cleaner Production, 2017, 142: 1085 - 1097.

[148] Song H H, Gao X X. Green supply chain game model and analysis under revenue-sharing contract[J]. Journal of Cleaner Production, 2018, 170:

183 - 192.

[149] Jamali M B, Rasti-Barzoki M. A game theoretic approach for green and non-green product pricing in chain-to-chain competitive sustainable and regular dual-channel supply chains[J]. Journal of Cleaner Production, 2018, 170: 1029 - 1043.

[150] 马鹏,张晨. 绿色供应链背景下互补品定价策略[J]. 控制与决策,2018(10):1861 - 1870.

[151] 杨天剑,田建改. 不同渠道权力结构下供应链定价及绿色创新策略[J]. 软科学,2019(12):127 - 132.

[152] 周艳菊,胡凤英,周正龙. 零售商主导下促进绿色产品需求的联合研发契约协调研究[J]. 管理工程学报,2020(2):194 - 204.

[153] 楼高翔,裘银浩,夏海洋. 考虑研发努力与营销投入的绿色供应链协调[J]. 工业工程与管理,2020(4):131 - 139.

[154] Safarzadeh S, Rasti-Barzoki M. A game theoretic approach for assessing residential energy-efficiency program considering rebound, consumer behavior, and government policies[J]. Applied Energy, 2019, 233 - 234: 44 - 61.

[155] Safarzadeh S, Rasti-Barzoki M. A game theoretic approach for pricing policies in a duopolistic supply chain considering energy productivity, industrial rebound effect, and government policies[J]. Energy, 2019, 167: 92 - 105.

[156] Zand F, Yaghoubi S. Effects of a dominant retailer on green supply chain activities with government cooperation[J]. Environment, Development and Sustainability,2021(prepublish)

[157] Liu Z L, Anderson T D, Cruz J M. Consumer environmental awareness andcompetition in two-stage supply chains [J]. European Journal of Operational Research, 2012, 218(3): 602 - 613.

[158] Dond C W, Shen B, Chow P S. Sustainability investment under cap and trade regulation[J]. Annals of Operations Research, 2016, 240(2):509 - 531.

[159] Yang H X, Luo J W, Wang H J. The role of revenue sharing and first-mover advantage in emission abatement with carbon tax and consumer

environmental awareness [J]. International Journal of Production Economics, 2017, 193: 691-702.
[160] 刘会燕，戢守峰. 考虑消费者绿色偏好的竞争性供应链的产品选择与定价策略[J]. 管理学报，2017，14(3)：451-458.
[161] 张艳丽，胡小建，杨海洪. 消费者异质性环保偏好下的绿色产品定价模型[J]. 统计与决策，2017(6)：40-45.
[162] Liu J, Hu C. Study on green supply chain cooperation and carbon tax policy considering consumer's behavior [J]. Mathematical Problems in Engineering, 2020(1): 1-17.
[163] Ferrer J C, Mora H, Olivares F. On pricing of multiple bundles of products and services [J]. European Journal of Operational Research, 2010, 206(1): 197-208.
[164] Dedrick J, Kraemer K L, Linden G. The distribution of value in the mobile phone supply chain[J]. Telecommunications Policy, 2011, 35(6): 505-521.
[165] Yang B B, Ng C T. Pricing problem in wireless telecommunication product and service bundling[J]. European Journal of Operational Research, 2010, 207(1): 473-480.
[166] 中国联通公司. iphone 5C "预存话费送手机"合约计划[EB/OL]. [2020-02-06]. http://www.10010.com/goodsdetail/911311228934.html.
[167] Lawson T E, Hepp R L. Measuring the performance impact of human resource initiatives[J]. People and Strategy, 2001, 24(2): 36.
[168] Sheikhzadeh M, Elahi E. Product bundling: Impacts of product heterogeneity and risk considerations [J]. International Journal of Production Economics, 2013, 144: 209-222.
[169] Derdenger T, Kumar V. The dynamic effects of bundling as a product strategy[J]. Marketing Science, 2013, 32(6):827-859.
[170] Girju M, Prasad A, Ratchford B T. Pure components versus pure bundling in a marketing channel[J]. Journal of Retailing, 2013, 89: 423-437.
[171] Aumann R J, Maschler M. The bargaining set for cooperative games[R]. Princeton University Econometric Research Program, 1961.
[172] Chacko G K. Bargaining strategy in a production and distribution problem

[J]. Operations Research, 1961, 9(6): 811 - 827.

[173] Nagarajan M, Sošić G. Stable farsighted coalitions in competitive markets [J]. Management Science, 2007, 53 (1): 29 - 45.

[174] Jin M Z, Wu S D. Supplier coalitions in on-line reverse auctions: Validity requirements and profit distribution scheme[J]. International Journal of Production Economics, 2006, 100: 183 - 194.

[175] Oshkai S, Wu D. Supplier coalition formation in buyer-oriented market [R]. PA Working Paper, Lehigh University Bethlehem, 2005.

[176] Konishi H, Pan C Y. Sequential formation of alliances in survival contests [J]. International Journal of Economic Theory,2020,16(1): 95 - 105.

[177] Roth A E, Malouf M W. Game-theoretic models and the role of information in bargaining[J]. Psychological Review, 1979, 86(6): 574 - 594.

[178] Muthoo A. A bargaining model based on the commitment tactic[J]. Journal of Economic Theory, 1996, 69(1): 134 - 152.

[179] Muthoo A. Bargaining theory with applications [M]. Cambridge: Cambridge University Press, 1999.

[180] Marx L M, Shaffer G. Opportunism in multilateral vertical contracting: Nondiscrimination, exclusivity, and uniformity: Comment [J]. The American Economic Review, 2004, 94(3): 796 - 801.

[181] Choi J P, Stefanadis C. Tying, investment, and the dynamic leverage theory[J]. The RAND Journal of Economics, 2001, 32: 52 - 71.

[182] Carlton D W, Waldman M. The strategic use of tying to preserve and create market power in evolving industries[J]. The RAND Journal of Economics, 2002, 33: 194 - 220.

[183] Avenali A, D'Annunzio A, Reverberi P. Bundling, competition and quality investment: A welfare analysis [J]. Review of Industrial Organization, 2013, 43(3): 221 - 241.

[184] Brito D, Vasconcelos H. Interfirm bundling and vertical product differentiation[J]. The Scandinavian Journal of Economics, 2015, 117(1): 1 - 27.

[185] Pashigian B P. Demand uncertainty and sales: A study of fashion and

markdown pricing[J]. The American Economic Review, 1988:936 - 953.
[186] Elmaghraby W, Keskinocak P. Dynamic pricing in the presence of inventory considerations: Research overview, current practices, and future directions[J]. Management Science, 2003, 49(10): 1287 - 1309.
[187] Bitran G, Caldentey R. An overview of pricing models for revenue management[J]. Manufacturing & Service Operations Management, 2003, 5(3): 203 - 229.
[188] Shen Z J M, Su X M. Customer behavior modeling in revenue management and auctions: A review and new research opportunities[J]. Production and Operations Management, 2007, 16(6): 713 - 728.
[189] Yin R, Aviv Y, Pazgal A, et al. Optimal markdown pricing: Implications of inventory display formats in the presence of strategic customers[J]. Management Science, 2009, 55(8): 1391 - 1408.
[190] Chen M, Chen Z L. Recent developments in dynamic pricing research: Multiple products, competition, and limited demand information [J]. Production and Operations Management, 2015, 24(5): 704 - 731.
[191] Coase R H. Durability and monopoly [J]. The Journal of Law and Economics, 1972, 15(1): 143 - 149.
[192] Shan H Y, Zhang C, Wei G. Bundling or unbundling? Pricing strategy for complementary products in a green supply chain[J]. Sustainability, 2020, 12(4):1331.

附 录

第 6 章符号表示

$$E=t[(\alpha_1+\beta_3)^2-4k\beta_1]+k\beta_3(\beta_3-\alpha_1)-2k\alpha_1\beta_3-k\alpha_2(\alpha_1+\beta_3)+2k\alpha_1\alpha_2$$

$$F=4k^2\beta_1+4k\alpha_1^2-4k\alpha_1(\alpha_1+\beta_3)$$

$$G=(k\beta_1-\alpha_1\beta_3)(\alpha_1+\beta_3)$$

$$H=(ka_1+a\alpha_1)(\alpha_1+\beta_3)-a[(\alpha_1+\beta_3)^2-4k\beta_1]-2ka\beta_1-2ka_1\alpha_1$$

$$M=t[(\alpha_1+\beta_3)^2-4k\beta_1]+k\beta_3(\beta_3-\alpha_1)-k\alpha_2(\alpha_1+\beta_3)-2k\alpha_1\alpha_2$$

$$N=2k[(\alpha_1+\beta_3)^2-4k\beta_1]+2t\beta_3(\alpha_1+\beta_3)+4t^2\beta_1+2t\alpha_2(\alpha_1+\beta_3)-4k\alpha_2\beta_3$$

$$L=t\beta_1(\alpha_1-\beta_3)-\alpha_2(\alpha_1+\beta_3)\beta_3-2k\alpha_2\beta_3$$

$$I=2ta\beta_1+a\alpha_2(\alpha_1+\beta_3)+2ka_1\alpha_2-a[(\alpha_1+\beta_3)^2-4k\beta_1]-ta_1(\alpha_1+\beta_3)$$

$$J=k\beta_1(\alpha_1+\beta_3)+2k\beta_1\beta_3$$

$$K=t\beta_1(\alpha_1+\beta_3)+2k\beta_1\beta_3+\beta_2[(\alpha_1+\beta_3)^2-4k\beta_1]-\beta_3^2(\alpha_1+\beta_3)-2t\beta_1\beta_3$$

$$O=4k\beta_1^2-3\beta_1\beta_3(\alpha_1+\beta_3)+4\beta_1\beta_3^2$$

$$Q=a\beta_1(\alpha_1+\beta_3)-2ka_1\beta_1-a[(\alpha_1+\beta_3)^2-4k\beta_1]+\beta_3(\alpha_1+\beta_3)a_1-2a\beta_1\beta_3$$

$$u=\frac{(GK+EO)(HN+EL)-(GN+EL)(HK+EQ)}{(GK+EO)(EM+FN)-(GN+EL)(EJ+FK)}$$

$$v=\frac{(EJ+FK)(HN+EL)-(EM+FN)(HK+EQ)}{(GK+EO)(EM+FN)-(GN+EL)(EJ+FK)}$$

$$s_1=\frac{(GK+EO)Er[(\alpha_1+\beta_3)^2-4k\beta_1]}{(GK+EO)(EM+FN)-(GN+EL)(EJ+FK)}$$

$$s_2=\frac{(EJ+FK)Er[(\alpha_1+\beta_3)^2-4k\beta_1]}{(GK+EO)(EM+FN)-(GN+EL)(EJ+FK)}$$

$$W=a_1-\frac{\beta_3(H-Fu+Gv)}{E}+\alpha_1u-\beta_1v$$

$$X=a+t\frac{(H-Fu+Gv)}{E}+ku-\beta_3 v$$

$$s_3=\frac{\beta_3(Fs_1-Gs_2)}{E}+\alpha_1 s_1-\beta_1 s_2$$

$$s_4=\frac{t(Fs_1-Gs_2)}{E}+\beta_3 s_2-ks_1$$

$$E_2=4k\alpha_2(\alpha_2+\beta_2)-4k^2\beta_1-4k\alpha_2^2$$

$$F_2=(\alpha_2+\beta_2)(\alpha_2\beta_2-k\beta_1)$$

$$G_2=t[(\alpha_2+\beta_2)^2-2k\beta_1]+(\alpha_2+\beta_2)(k\beta_3+t\alpha_2)-2k(\alpha_2\beta_3+\beta_1)+$$
$$(t\alpha_2-k\alpha_1)(\alpha_2+\beta_2)-2k\beta_1+2k\alpha_1\alpha_2$$

$$H_2=a[(\alpha_2+\beta_2)^2-4k\beta_1]-k(\alpha_2+\beta_2)a_1+2ka_1\alpha_2-k\alpha_1(\alpha_2+\beta_2)$$

$$M_2=k(\alpha_2+\beta_2)\beta_3+2kt\beta_1+t[(\alpha_2+\beta_2)^2-4k\beta_1]-t\alpha_2(\alpha_2+\beta_2)-2k\alpha_2\beta_3-2tk\beta_1-$$
$$\alpha_1 k(\alpha_2+\beta_2)-2k\alpha_1\alpha_2+t\alpha_2(\alpha_2+\beta_2)$$

$$N_2=2k[(\alpha_2+\beta_2)^2-4k\beta_1]+2t(\alpha_2+\beta_2)\beta_3-4t\beta_1+2\alpha_1 t(\alpha_2+\beta_2)-4k\alpha_1\beta_3$$

$$L_2=t(\alpha_2+\beta_2)\beta_1-2t\beta_1\beta_2-\alpha_1\beta_2(\alpha_2+\beta_2)+2k\alpha_1\beta_1,\ I_2=-2ka_1\alpha_1-ta_1(\alpha_2+\beta_2)$$

$$J_2=k\beta_1(\alpha_2+\beta_2)-2k\beta_1\beta_2-2k\alpha_2\beta_1+\alpha_2\beta_2(\alpha_2+\beta_2)$$

$$K_2=t\beta_1(\alpha_2+\beta_2)+2k\beta_1\beta_3+\beta_2\beta_3(\alpha_2+\beta_2)-2t\beta_2\beta_1+\beta_3[(\alpha_2+\beta_2)^2-4k\beta_1]$$

$$O_2=2\beta_2\beta_1(\alpha_2+\beta_2)-4k\beta_1^2+2\beta_2\beta_1(\alpha_2+\beta_2)-\beta_1\beta_2^2$$

$$Q_2=a_1[(\alpha_2+\beta_2)^2-4k\beta_1]+4ka_1\beta_1-a_1\beta_2(\alpha_2+\beta_2)$$

$$s_5=K_2[2t\beta_1+\alpha_1(\alpha_2+\beta_2)]-N_2[\beta_1(\alpha_2+\beta_2)+2\beta_1\beta_2]$$

$$s_6=2K_2k\beta_1-G_2[\beta_1(\alpha_2+\beta_2)+2\beta_1\beta_2]-K_2\alpha_2(\alpha_2+\beta_2)$$

$$s_7=\frac{(K_2F_2+G_2O_2)s_5r-(K_2L_2+N_2O_2)[s_6r+K_2((\alpha_2+\beta_2)^2-4k\beta_1)]}{(K_2F_2+G_2O_2)(K_2M_2+N_2J_2)-(K_2L_2+N_2O_2)(K_2E_2+G_2J_2)}$$

$$s_8=\frac{(K_2M_2+N_2J_2)(s_6r+K_2[(\alpha_2+\beta_2)^2-4k\beta_1)]+(K_2E_2+G_2J_2)s_5r}{(K_2F_2+G_2O_2)(K_2M_2+N_2J_2)-(K_2L_2+N_2O_2)(K_2E_2+G_2J_2)}$$

$$u_1=\frac{(K_2F_2+G_2O_2)[K_2J_2+N_2Q_2+s_5a]-(K_2L_2+N_2O_2)[K_2H_2+G_2Q_2+s_6a]}{(K_2F_2+G_2O_2)(K_2M_2+N_2J_2)-(K_2L_2+N_2O_2)(K_2E_2+G_2J_2)}$$

$$v_1=\frac{(K_2E_2+G_2J_2)[K_2I_2+N_2Q_2+s_5a]-(K_2M_2+N_2J_2)[K_2H_2+G_2Q_2+s_6a]}{(K_2F_2+G_2O_2)(K_2M_2+N_2J_2)-(K_2L_2+N_2O_2)(K_2E_2+G_2J_2)}$$

$$u_2=\frac{Q_2-a[\beta_1(\alpha_2+\beta_2)+2\beta_1\beta_2]-J_2u_1+O_2v_1}{K_2}$$

$$s_9=\frac{[\beta_1(\alpha_2+\beta_2)+2\beta_1\beta_2]r-J_2s_7+O_2s_8}{K_2}$$

$$A=\frac{\left\{\begin{array}{l}[2\beta_1\delta(k(\alpha_2+\beta_2)-2k\alpha_2)+\delta(2k\beta_1-\alpha_2(\alpha_2+\beta_2)+((\alpha_2+\beta_2)^2-4k\beta_1))(\alpha_2+\beta_2)+\\(\alpha_2+\beta_2)(2k\beta_1-\beta_2(\alpha_2+\beta_2))+2k(\beta_1(\alpha_2+\beta_2)\delta-2\beta_1\beta_2)]a_1-\\ [2\beta_1\delta(2k\beta_1-\alpha_2(\alpha_2+\beta_2))+2\beta_1\delta(2k\beta_1-\alpha_2(\alpha_2+\beta_2)+((\alpha_2+\beta_2)^2-4k\beta_1))+\\(\alpha_2+\beta_2)\delta(\beta_1(\alpha_2+\beta_2)-2\beta_2\beta_2)+(\alpha_2+\beta_2)(\beta_1\delta(\alpha_2+\beta_2)-2\beta_1\beta_2)]a+\\ [(\alpha_2+\beta_2)\delta a_1-2\beta_1\delta a]((\alpha_2+\beta_2)^2-4k\beta_1)\end{array}\right\}}{2\beta_1\delta^2[(\alpha_2+\beta_2)^2-4k\beta_1]+2\eta_R[(\alpha_2+\beta_2)^2-4k\beta_1]^2}$$

$$B=\frac{\left\{\begin{array}{l}[2\beta_1\delta(k(\alpha_2+\beta_2)-2k\alpha_2)+\delta(2k\beta_1-\alpha_2(\alpha_2+\beta_2)+((\alpha_2+\beta_2)^2-4k\beta_1))(\alpha_2+\beta_2)+\\(\alpha_2+\beta_2)(2k\beta_1-\beta_2(\alpha_2+\beta_2))+2k(\beta_1(\alpha_2+\beta_2)\delta-2\beta_1\beta_2)]\alpha_2-\\ [2\beta_1\delta(2k\beta_1-\alpha_2(\alpha_2+\beta_2))+2\beta_1\delta(2k\beta_1-\alpha_2(\alpha_2+\beta_2)+((\alpha_2+\beta_2)^2-4k\beta_1))+\\(\alpha_2+\beta_2)\delta(\beta_1(\alpha_2+\beta_2)-2\beta_1\beta_2)+(\alpha_2+\beta_2)(\beta_1\delta(\alpha_2+\beta_2)-2\beta_1\beta_2)]k-\\ [\delta(2k\beta_1-\alpha_2(\alpha_2+\beta_2))+((\alpha_2+\beta_2)^2-4k\beta_1))]((\alpha_2+\beta_2)^2-4k\beta_1)\end{array}\right\}}{2\beta_1\delta^2[(\alpha_2+\beta_2)^2-4k\beta_1]+2\eta_R[(\alpha_2+\beta_2)^2-4k\beta_1]^2}$$

$$C=\frac{\left\{\begin{array}{l}[2\beta_1\delta(k(\alpha_2+\beta_2)-2k\alpha_2)+\delta(2k\beta_1-\alpha_2(\alpha_2+\beta_2)+((\alpha_2+\beta_2)^2-4k\beta_1))(\alpha_2+\beta_2)+\\(\alpha_2+\beta_2)(2k\beta_1-\beta_2(\alpha_2+\beta_2))+2k(\beta_1(\alpha_2+\beta_2)\delta-2\beta_1\beta_2)](-\beta_3)-\\ [2\beta_1\delta(2k\beta_1-\alpha_2(\alpha_2+\beta_2))+2\beta_1\delta(2k\beta_1-\alpha_2(\alpha_2+\beta_2)+((\alpha_2+\beta_2)^2-4k\beta_1))+\\(\alpha_2+\beta_2)\delta(\beta_1(\alpha_2+\beta_2)-2\beta_1\beta_2)+(\alpha_2+\beta_2)(\beta_1\delta(\alpha_2+\beta_2)-2\beta_1\beta_2)]t-\\ (\beta_3\delta(\alpha_2+\beta_2)+2\delta t\beta_1)((\alpha_2+\beta_2)^2-4k\beta_1)\end{array}\right\}}{2\beta_1\delta^2[(\alpha_2+\beta_2)^2-4k\beta_1]+2\eta_R[(\alpha_2+\beta_2)^2-4k\beta_1]^2}$$

$$D=\frac{\left\{\begin{array}{l}[2\beta_1\delta(k(\alpha_2+\beta_2)-2k\alpha_2)+\delta(2k\beta_1-\alpha_2(\alpha_2+\beta_2)+((\alpha_2+\beta_2)^2-4k\beta_1-4k\beta_1))(\alpha_2+\beta_2)+\\(\alpha_2+\beta_2)(2k\beta_1-\beta_2(\alpha_2+\beta_2))+2k(\beta_1(\alpha_2+\beta_2)\delta-2\beta_1\beta_2)]\beta_1-\\ [2\beta_1\delta(2k\beta_1-\alpha_2(\alpha_2+\beta_2))+2\beta_1\delta(2k\beta_1-\alpha_2(\alpha_2+\beta_2)+((\alpha_2+\beta_2)^2-4k\beta_1))+\\(\alpha_2+\beta_2)\delta(\beta_1(\alpha_2+\beta_2)-2\beta_1\beta_2)+(\alpha_2+\beta_2)(\beta_1\delta(\alpha_2+\beta_2)-2\beta_1\beta_2)]\beta_2+\\ [\beta_1\delta(\alpha_2+\beta_2)-2\beta_1\beta_2]((\alpha_2+\beta_2)^2-4k\beta_1)\end{array}\right\}}{2\beta_1\delta^2[(\alpha_2+\beta_2)^2-4k\beta_1]+2\eta_R[(\alpha_2+\beta_2)^2-4k\beta_1]^2}$$

$$Z=\frac{\left\{\begin{array}{l}-[2\beta_1\delta(2k\beta_1-\alpha_2(\alpha_2+\beta_2))+2\beta_1\delta(2k\beta_1-\alpha_2(\alpha_2+\beta_2)+((\alpha_2+\beta_2)^2-4k\beta_1))+\\(\alpha_2+\beta_2)\delta(\beta_1(\alpha_2+\beta_2)-2\beta_1\beta_2)+(\alpha_2+\beta_2)(\beta_1\delta(\alpha_2+\beta_2)-2\beta_1\beta_2)]r-\\ 2\beta_1\delta r((\alpha_2+\beta_2)^2-4k\beta_1)\end{array}\right\}}{2\beta_1\delta^2[(\alpha_2+\beta_2)^2-4k\beta_1]+2\eta_R[(\alpha_2+\beta_2)^2-4k\beta_1]^2}$$

$$E_3=2[\alpha_2(\alpha_2+\beta_2)-2k\beta_1](\delta B+k)-2\alpha_2[2k\alpha_2-k(\alpha_2+\beta_2)]-$$
$$2\delta B[(\alpha_2+\beta_2)^2-4k\beta_1]$$

$$F_3=[\alpha_2(\alpha_2+\beta_2)-2k\beta_1](\delta D+\beta_2)-\beta_1[2k\alpha_2-k(\alpha_2+\beta_2)]-\delta D[(\alpha_2+\beta_2)^2-4k\beta_1]$$

$$G_3=\alpha_2[2k\alpha_1+t(\alpha_2+\beta_2)]-\beta_3[2k\alpha_2-k(\alpha_2+\beta_2)]-[\alpha_2(\alpha_2+\beta_2)-2k\beta_1](\zeta C+t)+$$

$$((\alpha_2+\beta_2)^2-4k\beta_1)(t+\zeta C)-(k+\zeta B)[2t\beta_1+\alpha_2(\alpha_2+\beta_2)]$$

$$H_3=a[(\alpha_2+\beta_2)^2-4k\beta_1]+[2k\alpha_2-k(\alpha_2+\beta_2)]a_1-[\alpha_2(\alpha_2+\beta_2)-2k\beta_1](a+\zeta A)+ [(\alpha_2+\beta_2)^2-4k\beta_1]\zeta A$$

$$M_3=[2t\beta_1+\alpha_1(\alpha_2+\beta_2)](\zeta B+k)-[2k\alpha_1+t(\alpha_2+\beta_2)]\alpha_2+[2k\alpha_2-k(\alpha_2+\beta_2)]\beta_3+ [\alpha_2(\alpha_2+\beta_2)-2k\beta_1](t+\zeta C)-((\alpha_2+\beta_2)^2-4k\beta_1)(t+\zeta C)$$

$$N_3=2k((\alpha_2+\beta_2)^2-4k\beta_1)+2\beta_3[2k\alpha_1+t(\alpha_2+\beta_2)]+2(t+\zeta C)[2t\beta_1+\alpha_2(\alpha_2+\beta_2)]$$

$$L_3=[2t\beta_1+\alpha_1(\alpha_2+\beta_2)](\beta_2+\zeta D)-[2k\alpha_1+t(\alpha_2+\beta_2)]\beta_1$$

$$I_3=a[(\alpha_2+\beta_2)^2-4k\beta_1]+[2k\alpha_1+t(\alpha_2+\beta_2)]a_1-[2t\beta_1+\alpha_1(\alpha_2+\beta_2)](a+\zeta A)$$

$$J_3=\beta_3[(\alpha_2+\beta_2)^2-4k\beta_1]+[2k\beta_1-\beta_2(\alpha_2+\beta_2)]\beta_3-[2\beta_2\beta_1-\beta_1(\alpha_2+\beta_2)](t+\zeta C)$$

$$K_3=[2k\beta_1-\beta_2(\alpha_2+\beta_2)]\alpha_2+[2\beta_2\beta_1-\beta_1(\alpha_2+\beta_2)](k+\zeta B)$$

$$O_3=-[2\beta_2\beta_1-\beta_1(\alpha_2+\beta_2)](\beta_2+\zeta D)-2\beta_1[2k\beta_1-\beta_2(\alpha_2+\beta_2)]$$

$$Q_3=a_1((\alpha_2+\beta_2)^2-4k\beta_1)+[2\beta_2\beta_1-\beta_1(\alpha_2+\beta_2)](a+\zeta A)+[2k\beta_1-\beta_2(\alpha_2+\beta_2)]a_1$$

$$s_{10}=\frac{\left\{\begin{array}{l}(K_3L_3+M_3O_3)[E_3(2t\beta_1+\alpha_1(\alpha_2+\beta_2))(\sigma+\zeta Z)-M_3(\alpha_2(\alpha_2+\beta_2)-2k\beta_1)-\\((\alpha_2+\beta_2)^2-4k\beta_1))(\sigma+\zeta Z)]+(E_3L_3-M_3F_3)[M_3(2\beta_2\beta_1-\beta_1(\alpha_2+\beta_2))(\sigma+\zeta Z)]-\\K_3(2t\beta_1+\alpha_1(\alpha_2+\beta_2))(\sigma+\zeta Z)]\end{array}\right\}}{(E_3N_3+M_3G_3)(K_3L_3+M_3O_3)-(E_3L_3-M_3F_3)(K_3N_3+M_3J_3)}$$

$$s_{11}=\frac{\left\{\begin{array}{l}(K_3N_3+M_3J_3)[E_3(2t\beta_1+\alpha_1(\alpha_2+\beta_2))(\sigma+\zeta Z)-M_3(\alpha_2(\alpha_2+\beta_2)-2k\beta_1)-\\((\alpha_2+\beta_2)^2-4k\beta_1)(\sigma+\zeta Z)]+(E_3N_3+M_3G_3)[M_3(2\beta_2\beta_1-\beta_1(\alpha_2+\beta_2))(\sigma+\zeta Z)-\\K_3(2t\beta_1+\alpha_1(\alpha_2+\beta_2))(\sigma+\zeta Z)]\end{array}\right\}}{(E_3N_3+M_3G_3)(K_3L_3+M_3O_3)-(E_3L_3-M_3F_3)(K_3N_3+M_3J_3)}$$

$$s_{12}=\frac{[2t\beta_1+\alpha_1(\alpha_2+\beta_2)](\sigma+\zeta Z)-N_3s_{10}+L_3s_{11}}{M_3}$$

$$u_3=\frac{(K_3L_3-M_3O_3)(E_3I_3+M_3H_3)-(E_3L_3-M_3F_3)(K_3I_3+M_3Q_3)}{(E_3N_3+M_3G_3)(K_3L_3+M_3O_3)-(E_3L_3+M_3F_3)(K_3N_3+M_3J_3)}$$

$$v_3=\frac{(K_3N_3+M_3J_3)(E_3I_3-M_3H_3)-(E_3N_3+M_3G_3)(K_3I_3+M_3Q_3)}{(E_3N_3+M_3G_3)(K_3L_3+M_3O_3)-(E_3L_3-M_3F_3)(K_3N_3+M_3J_3)}$$

$$u_4=\frac{I_3-N_3u_3+L_3v_3}{M_3}$$

后　记

书稿付印之际，感慨良多。本书的顺利完成，首先要感谢我的博士导师李四杰教授，在我的博士学习和工作中，从科研选题、资料查找、内容构架，到研究成果的撰写与修改，每一个环节中无不凝聚着恩师的汗水和心血。李老师国际化的视野，前沿而精髓的学术造诣，严谨勤奋的治学精神，从容、乐观和豁达的处事风格，不仅教给了我渊博的知识，还让我明白了如何看待事物，懂得了如何规划自己的人生，深刻影响着我今后的工作和生活。

感谢东南大学系统工程研究所赵林度教授、王海燕教授、吴广谋教授、韩瑞珠教授、何勇教授、符小玲副教授、薛巍立副教授和孙胜楠老师等对我的悉心指导和无私帮助。从他们身上，我学会了更多独特和新颖的研究方法、感悟到了独树一帜的学术思想，获得了弥足珍贵的博众家之长的机会。感谢安徽工业大学管理科学与工程学院的汪和平教授、岳朝龙教授、包菊芳教授、陈荣教授、陈荣虎教授、王治莹副教授和张水旺老师等对我工作上的关心和帮助。他们精益求精的工作作风、平易近人的生活态度，深深地感染和激励着我，让我感觉到了管科学院大家庭的温暖。

本书得到国家自然科学基金项目（青年）“考虑产品绿色创新的互补产品供应链决策与优化研究”（项目号：71801004）的资助。本书的编写和出版得到了东南大学出版社的大力支持，在此表示衷心的感谢。此外，本书在写作过程中参考了大量的文献，难免存在疏忽和遗漏，特向漏列作者表示歉意，并向所有参考文献作者表示诚挚的谢意。

最后，要特别感谢我的丈夫吴楼平老师，他给我信心，与我并肩作战、共同进步。感谢我们的女儿，吴一晗和吴一楠小朋友，在我们学习和工作的时候，她们总能乖乖地在一边独自学习和玩耍，当我们遇到困难感到沮丧时，她们总能以孩子最纯真的方式感动我们，给我们莫大的鼓舞和欣慰。

祝福所有关心和支持我的老师、同学、朋友和亲人幸福永远。

邵灵芝

2021 年 6 月于南京